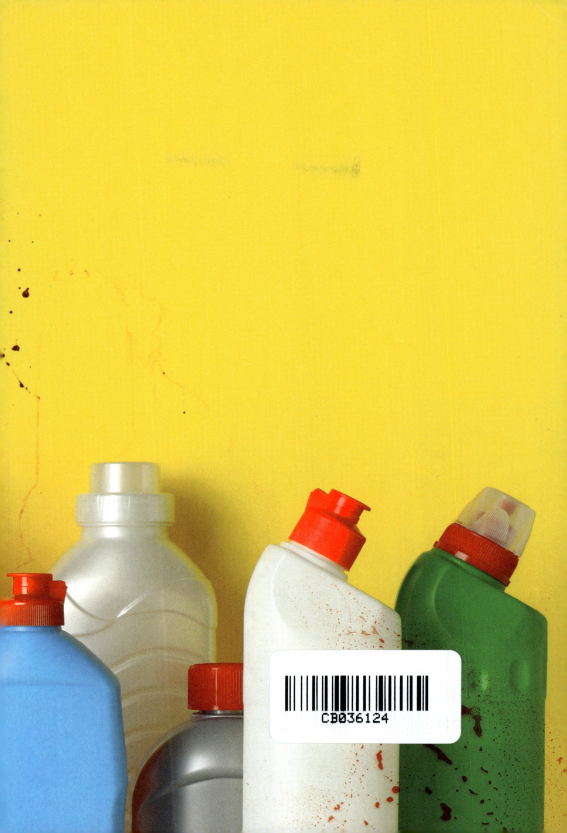

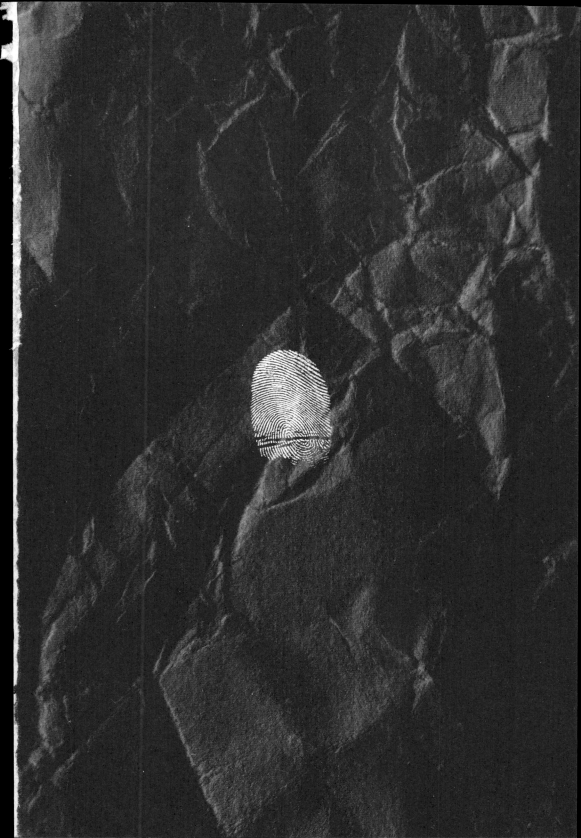

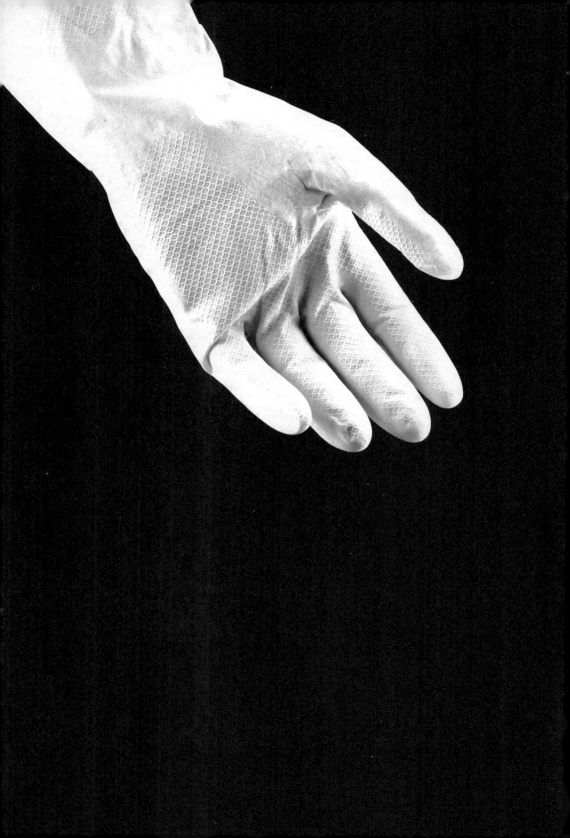

CRIME SCENE
DARKSIDE

THE TRAUMA CLEANER
Copyright © 2017 by Sarah Krasnostein
Todos os direitos reservados.

Tradução para a língua portuguesa
© Regiane Winarski, 2024

Diretor Editorial
Christiano Menezes

Diretor Comercial
Chico de Assis

Diretor de Novos Negócios
Marcel Souto Maior

Diretor de MKT e Operações
Mike Ribera

Diretora de Estratégia Editorial
Raquel Moritz

Gerente Comercial
Fernando Madeira

Gerente de Marca
Arthur Moraes

Editora Assistente
Jéssica Reinaldo

Capa e Proj. Gráfico
Retina 78

Coordenador de Arte
Eldon Oliveira

Coordenador de Diagramação
Sergio Chaves

Designer Assistente
Jefferson Cortinove

Preparação
Cristina Lasaitis

Revisão
Arthur Ramos
Vic Vieira
Yonghui Qio
Retina Conteúdo

Finalização
Sandro Tagliamento

Impressão e Acabamento
Braspor

DADOS INTERNACIONAIS DE CATALOGAÇÃO NA PUBLICAÇÃO (CIP)
Jéssica de Oliveira Molinari – CRB-8/9852

Krasnostein, Sarah
 Nem tudo que resta é lixo / Sarah Krasnostein ; tradução de
Regiane Winarski. — Rio de Janeiro : DarkSide Books, 2024.
 256 p.

 ISBN: 978-65-5598-383-8
 Título original: Trauma cleaner

 1. 1. Pankhurst, Sandra – Biografia 2. Acidentes 3. Morte I. Título II.
Winarski, Regiane

23-4998   CDD 920.72

Índice para catálogo sistemático:
1. Pankhurst, Sandra – Biografia

[2024]
Todos os direitos desta edição reservados à
DarkSide® Entretenimento LTDA.
Rua General Roca, 935/504 — Tijuca
20521-071 — Rio de Janeiro — RJ — Brasil
www.darksidebooks.com

Sarah Krasnostein

Coleção
PROFISSIONAIS DA
MORTE
DARKSIDE

Nem Tudo Que Resta É Lixo

TRADUÇÃO
REGIANE WINARSKI

DARKSIDE

"Antes que continue com este conto, eu gostaria de fazer uma observação geral — o teste de uma inteligência afiada é a capacidade de ter duas ideias opostas na mente ao mesmo tempo e conseguir continuar funcionando. Por exemplo, essa pessoa deve ser capaz de ver que as coisas não têm solução, mas, ainda assim, estar determinada a fazer o oposto."

— F. Scott Fitzgerald, *The Crack-Up* —

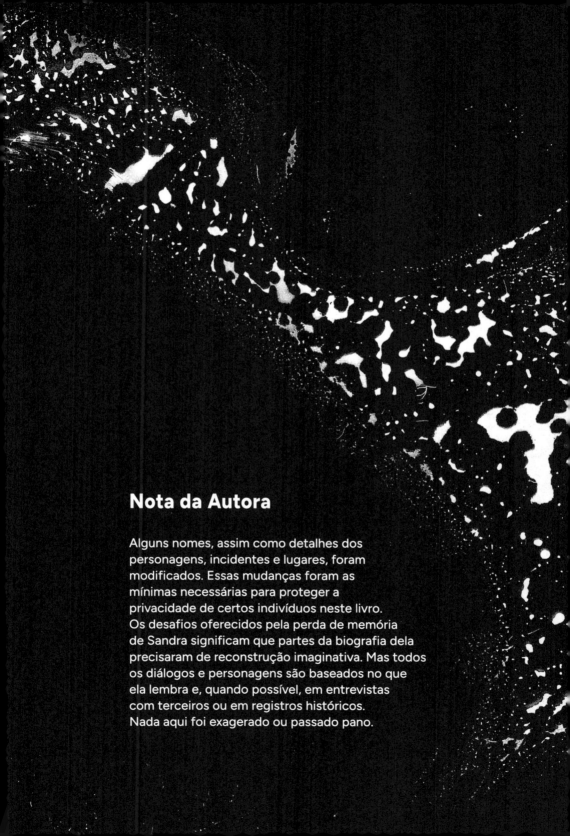

Nota da Autora

Alguns nomes, assim como detalhes dos personagens, incidentes e lugares, foram modificados. Essas mudanças foram as mínimas necessárias para proteger a privacidade de certos indivíduos neste livro. Os desafios oferecidos pela perda de memória de Sandra significam que partes da biografia dela precisaram de reconstrução imaginativa. Mas todos os diálogos e personagens são baseados no que ela lembra e, quando possível, em entrevistas com terceiros ou em registros históricos. Nada aqui foi exagerado ou passado pano.

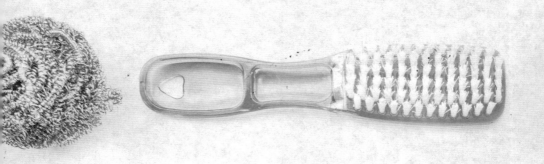

Nota da Edição

Nem Tudo que Resta é Lixo desvela com coragem a intricada tapeçaria da dor humana, entrelaçando a crueza dos horrores vividos com a sensibilidade que busca curar as feridas invisíveis. A autora, com admirável sensibilidade, tece narrativas que não hesitam em mostrar a nitidez dos horrores enfrentados pelos personagens aqui retratados. Um equilíbrio delicado é mantido, onde a busca pela autenticidade não se afasta da responsabilidade de tratar esses temas com o respeito que merecem.

Ao abordar o passado de Sandra, a autora faz a escolha de adotar nomes e pronomes masculinos, uma opção alinhada com os relatos pessoais de Sandra colhidos ao longo de entrevistas. Esse aspecto ganha significado mais profundo no contexto da Austrália da segunda metade do século XX, uma realidade muitas vezes

desconhecida para os leitores brasileiros. É uma época e lugar em que a compreensão e aceitação da diversidade LGBTQIAPN+ eram menos difundidas, apresentando um contexto desafiador para as experiências pessoais de Sandra e outros indivíduos.

O conteúdo do livro explora territórios sensíveis e multifacetados, envolvendo crimes violentos, diversas condições mentais, violência sexual e descrições explícitas que abrangem cenários de potenciais gatilhos. Ao mergulhar nessas páginas, somos convidados a testemunhar as trajetórias humanas através de suas mais sombrias provações. A autora nos guia por esses relatos com respeito e delicadeza, abrindo espaço para uma reflexão profunda sobre as experiências que moldam nossa compreensão da complexidade da existência.

É isto que está escrito no verso do cartão de visitas de Sandra Pankhurst:

"Excelência não é acidente"
Limpeza e descontaminação para acumuladores de objetos e de animais de estimação • Propriedades sujas ou destruídas • Preparação de lares para atuação de agências de cuidados hospitalares • Desodorização • Cenas de homicídio, suicídio e morte • Propriedades e bens de falecidos • Desinfecção e desodorização em casos de mofo, inundação e incêndio • Desmonte de laboratório de metanfetamina • Acidentes industriais • Limpeza de celas

Vi Sandra pela primeira vez em uma conferência de serviços de apoio forense. Uma multidão de funcionários públicos, advogados e acadêmicos tinha acabado de sair de uma palestra sobre criminosos com lesões cerebrais adquiridas e estava partindo para cima de jarros com café ruim e pratos de queijo suarento. Passei por uma mesa no saguão com livretos ao lado de uma placa que convidava todos a deixar o cartão de visitas em um balde de gelo em troca da oportunidade de ganhar uma garrafa de Shiraz. Ao lado do balde de gelo (prateado e com uma cabeça de cervo de cada lado), uma pequena televisão mostrava cenas de antes e depois do trabalho de limpeza de locais onde aconteceram eventos traumáticos e trágicos (o que trouxe à mente palavras como "fezes" e "explosão"). Atrás da mesa, uma mulher muito alta, com um penteado perfeito e usando um tanque de oxigênio, balançou a mão e me convidou a incluir meu cartão. Hipnotizada pelo sorriso, pelos olhos azuis enormes, pela máscara de oxigênio que ela usava como se fosse uma joia e pelas imagens na televisão dela, expliquei com uma certa hesitação que não tinha um cartão de visitas. Mas peguei um dos livretos, que li compulsivamente ao longo do dia.

Sandra é a fundadora da Specialised Trauma Cleaning (STC) Services Pty Ltd [Serviços de Limpeza Especializados em Trauma]. Durante vinte anos seu trabalho a levara para lares sombrios onde a morte, a doença e a loucura abreviaram repentinamente as vidas que ali habitavam.

A maioria das pessoas nunca vai pensar na noção de "limpeza de locais de eventos traumáticos". Mas, quando percebem que isso existe — que obviamente precisa existir —, elas ficam surpresas em descobrir que a polícia não faz a limpeza pós-trauma. Nem bombeiros, ambulâncias ou outros serviços de emergência. É por isso que o trabalho de Sandra é diversificado e inclui cenas de crimes, de inundações e de incêndios. Além disso, as agências de habitação social e de saúde mental, as imobiliárias, as organizações comunitárias, os executores de propriedades de falecidos e indivíduos particulares, todos procuram Sandra para resolver mortes de pessoas sozinhas, suicídios ou casos de negligência de longo prazo em lares que, nas palavras dela, "estão malvistos" por causa de doença mental do morador, de envelhecimento ou incapacidade física. Famílias de luto também contratam Sandra para ajudar a separar, dividir e descartar os pertences dos entes queridos.

O trabalho dela, resumidamente, é um catálogo das formas como morremos física e emocionalmente, e da força e da delicadeza necessárias para tratar das coisas que deixamos para trás.

Nossa especialidade são as tarefas desagradáveis que você precisa que sejam resolvidas. Executando um serviço de utilidade pública tão vital quanto sinistro, Sandra é uma especialista não oficial sobre os aspectos vivos da morte. Muita coisa fica clara no livreto, que também divulga seu senso prático extremo. Citando do Livreto de Pankhurst:

As pessoas não entendem sobre os fluidos corporais. Os fluidos corporais são como ácido. Têm as mesmas enzimas que digerem nossa comida. Quando essas enzimas poderosas entram em contato com móveis e objetos similares, a deterioração é rápida. Já vi enzimas que atravessaram um sofá e corroeram as molas, mofo que se disseminou através de um móvel inteiro, e testemunhei a rápida deterioração de um colchão contaminado.

A maioria de nós nunca vai se dar conta de quantos desses lugares existem e de que podem ser encontrados em todos os bairros, independentemente da situação socioeconômica. Nós nunca os veremos, nem sentiremos o cheiro, nem tocaremos neles. Não vamos conhecer esses lugares nem lamentá-los. Mas esse é o ambiente em que Sandra passa a maior parte do tempo; é onde ela trabalha, recebe telefonemas e envia e-mails, onde ri e tem as conversas triviais de escritório que a maioria de nós tem no elevador do prédio; foi onde ela chegou e passou a meia-idade.

A STC Services tem a compaixão para lidar com os residentes, uma exigência bastante subestimada, mas valorizada pelos clientes.

Seu material de propaganda enfatiza a compaixão, mas isso vai bem mais fundo do que o equivalente em inteligência emocional da habilidade técnica de neutralizar patógenos advindos do sangue. Sandra conhece os clientes tão bem quanto eles conhecem a si mesmos. Ela areja o ambiente para retirar os odores deles, joga fora a pornografia esquisita, as fotos, as cartas, os resquícios de DNA presentes em sabonetes e escovas de dentes. Contudo, não apaga essas pessoas. Nem poderia. Ela vivenciou as mesmas dores.

• • •

"Oi, Sarah, aqui é a Sandra. Acho que você fez contato comigo para marcar uma entrevista. Se puder ligar para [número], eu agradeceria, mas acho que não hoje, porque estou *soterrada* no momento e a caminho de um suicídio. Se você puder me ligar amanhã, quem sabe, para [número], eu agradeço. Tchauzinho."

Quando retorno a ligação, descubro que Sandra tem uma risada calorosa e que precisa de um transplante de pulmão. Ela me pergunta quando eu gostaria de me encontrar com ela. Digo que posso encaixar no horário que ela preferir. Ela diz "Beleza" e abre a agenda. "Que tal no café do Hospital Alfred?", sugere, e explica de forma rápida que tem duas horas livres na semana seguinte antes da consulta com o pneumologista.

Naquele momento, me dei conta de que, para Sandra Pankhurst, a morte e a doença são parte da vida. Não de uma forma budista, mas de uma forma que surge em recados de caixa postal e de reuniões na hora do almoço. Ao longo dos anos seguintes, ela revelaria para mim como essa persistência implacável em seguir em frente, fundamental de sua personalidade, salvou sua vida.

Durante o tempo que passei com Sandra, conheci um encadernador de livros, um criminoso sexual, uma titereira, um acumulador de livros de culinária, uma acumuladora de gatos, um acumulador de madeira e uma mulher silenciosa cuja casa não era adequada para seus muitos coelhos e cuja pele estava tão inchada que achei que explodiria a qualquer momento como um balão de água. Ouvi Sandra retorcer a língua em palavras e expressões que eram só dela: "conjecturavelmente", "esposmadicamente", "apalpada sem mãos!". Tive a experiência arrebatadora, muitas vezes, de apenas a ouvir xingar. Vi maravilhas do mundo sombrio, tão autênticas na nossa vida coletiva quanto as estações de rádio ou os cartões de aniversário: paredes que ficaram moles de tanto mofo, comidas que se liquefizeram, bebidas que se solidificaram, moscas criadas a partir de sangue humano, a gosma rosa dos recém-falecidos e ossos de galinha de dezoito anos caídos feito runas no fundo de uma panela.

Ouvi as notícias de Sandra como se estivéssemos na metade da dinastia Han e ela tivesse acabado de voltar da Rota da Seda, mas na verdade estava só me contando sobre sua manhã e tarde — quando esperou uma equipe do hospital psiquiátrico recolher o homem que matou o próprio cachorro para que ela pudesse limpar o sangue do piso; sobre um "esfaqueamento de triângulo amoroso"; sobre o homem que morreu no sótão da casa enquanto espionava a família; sobre o eremita morto que foi comido pelo cachorro; sobre o contêiner de 240 litros que ela encheu de seringas e retirou de uma casa que servia de ponto de drogas; sobre o homem que se jogou em uma serra de mesa e a sujeira que ele deixou para a família encontrar.

Descobri os muitos lados de Sandra: a comentarista social ("Temos algumas áreas onde nenhuma habilidade prática é ensinada; estamos tendo uma geração atrás da outra de puro desleixo."); a obscena ("Já encarei mais paus do que pratos de comida."); a confiante ("Se minha saúde fosse melhor, eu me candidataria para o governo e seria foda."); a autocompassiva ("Não tenho vergonha do que tive que fazer pra chegar aonde eu precisava."); a filosófica ("Tudo acontece por um motivo e na hora é muito difícil saber por quê."); a perfeccionista ("Eu sempre tenho padrões exigentes. Quando era prostituta, era uma ótima prostituta. Agora que sou faxineira, sou excelente faxineira. Tudo que faço é da melhor maneira que consigo."); e a positiva ("Este ano vai ser o melhor ano da minha vida.").

Isso tudo é para dizer que descobri que Sandra é exatamente como eu, você ou qualquer pessoa que conhecemos e, ao mesmo tempo, totalmente inigualável.

Mas tem uma coisa que Sandra não é: uma narradora confiável. Tem sessenta e poucos anos e não está tão velha para que isso seja o motivo de ela ser tão ruim com a sequência básica da vida, ainda mais o começo. Muitos fatos do passado de Sandra foram completamente esquecidos, mudam toda hora, estão ordenados de maneira neurótica, entram em conflito ou têm uma ligação fraca com a realidade. Ela fala abertamente sobre o fato de que as drogas afetaram sua memória ("Não sei, não consigo lembrar. A lição aqui é a seguinte: não usem drogas, isso fode com o cérebro."). Eu também acredito que a perda de memória seja resultado de trauma.

Mas me convenci de uma outra coisa ao longo dos anos que conversei com ela. A maioria das pessoas da idade de Sandra consegue contar em detalhes como cresceram, sobre as emoções e tragédias de ser um jovem adulto no mundo pela primeira vez. Isso não ocorre porque seus cérebros são melhores que o de Sandra, ou porque fizeram menos uso de drogas e bebida, tampouco porque tiveram infâncias mais tranquilas. Isso acontece porque elas contaram suas histórias com mais frequência. Porque estavam sempre cercadas de amigos, pais, companheiros ou crianças que estavam interessados em vê-las como pessoas inteiras.

É assim que a verdadeira conexão ocorre. É assim que eventos se tornam histórias, histórias se tornam lembranças e lembranças se tornam narrativas individuais e familiares, das quais tiramos identidade e força. Parte do motivo para a linha do tempo nunca estar clara para Sandra, por mais que repetíssemos tudo, é que, até agora, ela nunca teve motivo para repeti-la de forma honesta e completa.

"Muita gente sabe uma parte da história, mas não toda." E é aí que me dou conta do que estamos fazendo ao contar essa história. É uma coisa ao mesmo tempo familiar e completamente nova para Sandra: estamos arrumando a bagunça da vida dela por respeito básico ao valor inerente de sua pessoa.

Usando palavras como desinfetantes, somos os faxineiros dos traumas. Palavra a palavra, frase a frase, estamos reunindo os fragmentos espalhados pelo caos para criar calor e luz. Não podemos sempre eliminar o que está estragado, quebrado e perdido, mas podemos nos esforçar para botar tudo no lugar, com a Ordem sendo o oposto verdadeiro do Trauma.

E assim, sua história é imperfeita, Sandra, mas aqui está, completa, e é minha carta de amor a você.

Kim

À uma distância curta de carro de Geelong mora uma mulher em uma casa com janelas quebradas e palavras escuras pichadas nas paredes externas, com letras que parecem ter vindo da mão de um gigante. Elas dizem EU TE ODEIO e CÉREBRO e BEM-ESTAR? e HUMANIDADE e A VERGONHA. As janelas viradas para a rua estão cobertas de formas variadas, com cobertores, uma persiana velha presa por uma flauta azul de plástico e um pedaço de papelão. No gramado, montes aleatórios de pedras grandes, tijolos, tábuas de madeira, grelhas de metal e fios cobrem a grama morta. Uma placa grande escrita à mão, que diz HIPÁCRITAS, está equilibrada sobre dois desses montes. Há dois gnomos de jardim desbotados pelo sol e um saco enorme de adubo no qual mais palavras foram escritas com tinta preta: MESMA MÚSICA, ESPADAS, SEM-TETO.

    Sandra está sentada em um carro branco impecável com um adesivo grande na janela traseira que diz MISSIBITCHI. Ela tem que fazer um orçamento de limpeza às 9 horas. Como sempre, chegou cedo e está no celular. Alguém do Exército da Salvação está perguntando sobre o valor da lavagem de roupas para um cliente com infestação de percevejos nas camas. Sandra responde que são 35 dólares por saco e uma taxa de retirada e de entrega. Ela cobre o celular e sussurra em tom de culpa: "Comecei a cobrar isso agora". Ela encerra a ligação, abre a porta e estica as pernas longas e torneadas. Sandra está usando batom rosa-choque, uma blusa azul-marinho, calça jeans *skinny* escura e sapatilhas brancas imaculadas. Como sempre, o cabelo loiro platinado está perfeitamente arrumado e flutua em volta dela quando ela se vira na luz da manhã.

A moradora do trabalho dessa manhã se chama Kim. Sandra foi avisada de que Kim se descreve como titereira, mágica e treinadora de animais e que, embora seja uma "mulher inteligente", desconfia muito de quem tenta ajudar. Ela vai falar sobre suas doenças autodiagnosticadas, que incluem transtorno bipolar e um tumor na cabeça. Kim está "furiosa" porque a faxineira anterior se livrou dos animaizinhos dela, "trinta ratos, todos mortos". Ainda estou digerindo a imagem de trinta ratos mortos enquanto nos aproximamos da casa. Sandra começa explicando que o objetivo é deixar Kim à vontade o suficiente com o processo de limpeza para que o trabalho provoque o mínimo de consternação nela.

Para chegar ao curto lance de escadas que leva até a porta da frente, Sandra anda por um caminho de concreto rachado, contorna o saco enorme de adubo, passa por um sombreiro vermelho e debaixo de uma rede improvisada baixa e cheia de água. Apesar de Kim abrir a porta da frente, ela fica escondida dentro de casa enquanto Sandra explica que veio para ajudar, mas primeiro precisa dar uma olhada no lugar.

"Sou de uma empresa particular", explica Sandra, sem fôlego pelo esforço que a pequena subida impôs aos pulmões maltratados. "Nós organizamos as coisas. Trabalhamos *com* você, arrumamos as suas coisas e cuidamos para que esteja tudo protegido. Fazemos tudo com você, *nós trabalhamos juntas*." Ela está com dificuldade de respirar, e claramente toma fôlego o quanto consegue entre as palavras. Depois de um momento olhando para Sandra, Kim parece aceitar isso e dá um passo para trás, para permitir que ela entre.

Seria fácil confundir Kim com um jovem garoto, mas ela é mãe e tem quarenta e poucos anos. É baixa, tem feições delicadas, ossos pequenos e está inchada. Tem pele pálida e olhos azuis espevitados feito andorinhas. Está usando coturnos pretos pesados, uma calça cáqui larga, uma camiseta preta grande e um cachecol preto comprido; além disso, tem uma luva preta sem dedos em uma das mãos. Tem um cobertor preto velho enrolado na cintura dela, como uma saia. O cabelo loiro foi cortado acima dos ombros e uma faixa branca de couro cabeludo se destaca, onde o cabelo foi raspado aleatoriamente. Ela tem tatuagens caseiras em um braço. Uma colher comprida de madeira foi presa no ombro dela como uma tala. Parada na porta, ao sair da escuridão da casa, ela poderia parecer uma guerreira troglodita, exceto pelo fato de que irradia um medo tão vibrante que chega a ser contagioso.

"Vocês podem tomar cuidado onde pisam?", pede Kim. "Deixei tudo o mais seguro que consegui." A voz dela também soa feito a de um garoto, aguda e rude, tentando ser corajosa. Ela indica uma caixa e diz de um jeito distraído: "Eu estudo coisas de mágica, não que vá fazer um dia".

Ao entrar, Sandra bota a mão no ombro de Kim e diz: "Soube que você treina animais. Preciso de ajuda com um cachorro. Aqui, olhe". Ela começa a mostrar fotos no celular, a unha vermelha comprida estalando na tela até chegar em uma foto de Lana, pequena e branca, olhando para a câmera enquanto treme. "Ela é Lana Turner e eu sou Bette Davis", explicou Sandra na primeira vez que encontrei a criatura diminuta e maltratada, que latiu sem parar em um tom que me fez apertar os olhos. "É minha segurança. Peguei em um abrigo pra animais, mas foi ela quem me salvou."

Sandra explica para Kim que Lana deve ter sofrido maus-tratos, porque ela se encolhe a qualquer movimento rápido, ainda se recusa a ser segurada no colo e sai correndo, e isso é muito difícil por causa de seu problema de pulmão, sabe? Kim abre um meio-sorriso e fica de quatro de repente para explicar, lá de baixo, que Sandra só precisa adotar uma "linguagem física submissa permissiva" com a cadela. Sandra assente ao ouvir as palavras com um interesse vago, sem perceber o fato de que acabou de executar intuitivamente o mesmo gesto com Kim, que — mesmo ao explicar aquilo —, o está espelhando de volta para Sandra.

"Certo. Você pode me ajudar, eu posso te ajudar", diz Sandra. "Nós vamos trabalhar juntas." Ela olha ao redor, ansiosa para começar.

O que Sandra faz é magnífico. Lindo. Se todos conversássemos assim, com camaradagem calorosa e sem julgamento nenhum, muita dor seria poupada e muita felicidade seria gerada. E embora eu não vá dizer que é totalmente altruísta — que, pela forma tão inconsciente de lidar com os clientes feridos, a mim ela parece São Francisco de Assis arrulhando para um pombo amedrontado —, é uma coisa tocante de se ver.

Um dos talentos de Sandra é que ela é maravilhosa em... não vou chamar de trivialidades, apesar de também ser verdade, porque é mais a forma do que a função. Ela é maravilhosa em transmitir instantaneamente uma mistura de respeito, calor, humor e interesse que estabelece uma imparcialidade humana básica e deixa quase todo mundo à vontade para retribuir o favor na mesma hora. Esse gesto é o oposto da vergonha à qual ela foi submetida consistentemente ao longo da vida, e é lindo testemunhar seu efeito salutar em todo o espectro da humanidade.

Claro que a habilidade de Sandra em fazer os outros se sentirem seguros também elimina uma série de ameaças a ela mesma e otimiza sua capacidade de seguir em frente com o trabalho e a vida, porque Sandra é um talento da sobrevivência. Como ela me disse uma vez, "Sinto que sou boa porque consigo falar com a sra. Vaca Rica, com o sr. Pobre de Marré. Consigo me colocar em qualquer nível, provavelmente porque sou uma atriz, sabe o que quero dizer? Consigo lidar com *quem* preciso lidar e *como* preciso lidar".

A casa está escura, embora um pouco de luz entre pelas frestas em volta das coberturas das janelas. Tem uma marionete de madeira pendurada ao lado da porta de entrada. Palavras de cores diferentes estão escritas em todas as paredes. "Isto parece o hotel Hilton em comparação com o que estava antes", diz Kim, ao explicar que está arrumando há dois dias sem dormir. Ela coça uma das feridas abertas no braço.

"O que estou pensando em fazer aqui para que possamos limpar tudo pra você — me diz o que você acha — é trazer um contêiner com tampa para todas as suas coisas", fala Sandra com delicadeza antes de ser interrompida pelo celular. Ela atende à ligação e se vira para a parede. O momento é horrivelmente constrangedor, mas há pouquíssimas conversas, ou talvez nenhuma, que Sandra não interrompa para atender uma ligação. Não adianta se ofender por isso porque, no Grande Ciclo

Cármico de Pankhurst, há bem poucas, talvez nenhuma conversa que ela não interrompa para atender a *sua* ligação. Ela logo lida com o que precisa e volta a se concentrar na conversa.

Kim está apontando para o lado de fora da casa. "Aquilo ali foi só o meu protesto. Está feito, acabou", diz ela com pressa, mencionando que tentou pintar por cima das palavras, apesar de a tinta não ser exatamente a mesma, como gesto de boa vontade para com o proprietário. Mas, do lado de dentro, ela insiste que escrever nas paredes é terapêutico.

"Eu tenho muitos traumas, sabe? E o que estou fazendo aqui é o que se chama laboratório de terapia comportamental hipnótica de violência doméstica."

"Certo", murmura Sandra, em tom encorajador.

"Tudo bem, então, aquela parede" — Kim gesticula pelo aposento onde estão — "tem a ver com choque, tem a ver com trauma. Eu mesma comecei isso. Eu estava traumatizada. Só estava andando pela casa toda sozinha, porque a garagem pegou fogo e... mudou... tudo. Foi ruim." A voz de Kim treme e ela explica que a garagem pegou fogo quatro anos antes.

Com um sinal para uma tala improvisada no ombro, Kim diz: "Eu tenho... músculos... muito ruins. Acho que tem a ver com meus tumores, que estão atrapalhando a sinalização do meu corpo. Desta vez, trabalhei demais e meu ombro está doendo muito, é um recado para que eu não o force". Ela aperta a boca em uma linha estoica e olha para o chão.

"Quero sua opinião sobre como você quer que fique aqui, porque é esse meu objetivo", fala Sandra, para tranquilizar.

Um cachorrinho arranha a porta de tela, e Kim avisa a Sandra para não deixá-lo entrar porque os ratos dela, que agem como "seguranças de porta", não estão na gaiola. "Eles moram na poltrona", explica ela, indicando uma poltrona grande com um cobertor amontoado no assento. "E andam pela casa. Mas não vão se mexer agora. Estão se cagando de medo."

"Que tal se a gente chegasse em um meio-termo, se arrumássemos tudo e conseguíssemos umas telas pra você fazer a arte do seu tratamento terapêutico? Acho que é a melhor solução, você não acha?" Sandra olha com sinceridade para Kim.

"É sim, é sim", concorda Kim, suspirando fundo. "Mas você sabe o que é... Eu desenho. É minha terapia, sei lá. Mas fiquei trancada, internada, presa ilegalmente. Cara, ficar olhando paredes brancas..."

"Eu entendo", interrompe Sandra. "Mas, se pudermos deixar este lugar como se fosse uma galeria, com suas artes, estaríamos matando dois coelhos com uma cajadada só."

Como parte do processo de fazer o orçamento, é costume de Sandra tirar fotos com uma pequena câmera. Kim a aconselha a não usar o flash perto demais da lareira, onde um aquecedor foi arrancado. "Vai irritar eles", explica Kim, referindo-se aos ratos. Ela começa a insistir que essa limpeza não pode ser igual a última tentativa. O faxineiro anterior roubou seu aparelho de DVD. "Mas bens não são nada. O que acabou comigo é que eu chego em casa" — ela está indignada, incrédula — "e ele jogou os ratos no quintal."

"Inaceitável", comenta Sandra.

"É. Além disso, tive que aceitar a eutanásia. Os ratos mais velhos que eu tinha... Eu passava dia e noite com eles, estava fazendo um vídeo de Natal na época, estava ficando lindo... Eu chego em casa e eles foram envenenados. E esse *não* foi o acordo. Não tá certo. Não tá certo." Ela está ficando visivelmente furiosa.

Sandra bota a mão no ombro de Kim. Fico me perguntando há quanto tempo Kim não é tocada assim. "Vamos dar uma olhada na casa, que tal?"

Fico para trás, um pouco abalada com o cheiro. Acima de tudo, há um de dois cheiros (o outro é morte) que vou descobrir e passar a conhecer durante meu tempo vendo Sandra trabalhar: sujeira humana em lugares fechados ao longo do tempo. Não temos uma palavra para isso, esse cheiro. Não temos adjetivo para descrever o quanto é repulsivo e perturbador. Não é só de eflúvios humanos e podridão, também não é uma simples questão de imundície, sujeira ou fetidez ou falta de limpeza. Não é somente ruim ou nojento ou repugnante, nem o "Ufh!" da minha avó. Fico pensando se, em épocas menos higiênicas, nós tínhamos uma palavra para isso ou se existe em outros idiomas. Ou se a ausência dessa palavra comunica, na verdade, algo mais efetivo do que a língua seria capaz — que um cheiro desses é proibido porque significa um tabu desestabilizador: um nível de alienação e autonegligência que é, essencialmente, uma morte em vida.

Parada no corredor, imagino o cheiro caindo feito neve no meu cabelo e na minha pele, entrando feito fumaça pelo meu nariz e minha boca; penetrando nas fibras da minha roupa e nos vãos das minhas orelhas. Assim como a morte, é um cheiro velho; tão fundamentalmente humano que só pode ser repudiado. Nós evitamos esse cheiro cada vez que tomamos um banho ou lavamos as mãos. Cada vez que escovamos os dentes, damos descarga no banheiro e lavamos os lençóis e as toalhas. A cada prato que esfregamos, a cada coisa derramada que limpamos e a cada saco de lixo que fechamos e jogamos fora. Cada vez que abrimos uma janela ou saímos para a rua, respirando fundo, para esticar as pernas e ficar um pouco no sol. Esse cheiro é a presença duradoura de todas as coisas físicas que recebemos e lavamos do nosso corpo. Mas é igualmente o inefável cheiro de derrota, de isolamento, de ódio por si mesmo. Ou, simplesmente, o cheiro da dor.

Porém, de uma forma instrutiva, enquanto nos demoramos aqui, Sandra sussurra para mim que "essa casa não fede" e também que "tem um fedor forte de ratos", uma observação surpreendente e um pouco paradoxal que revela muito sobre as coisas que ela encontra em sua rotina.

Saio da sala e entro em um aposento menor, parecido com um armário, porque a maioria das paredes e o teto foram pintados de preto. Há um colchão apoiado em uma parede e duas cadeiras de madeira, mas a maior parte do espaço está ocupada por pilhas de objetos aleatórios amarrados e formando cabanas esquisitas, ou empilhados como lenha por todo o aposento: camisetas amarradas, cordas, canos, um ukulele, uma tocha de jardim, chapéus, fios, gravetos.

Paro e fico olhando, hipnotizada, para um mural em papel e giz de cera que domina uma das paredes pretas. É vivaz, lindo. Mostra o céu noturno, linhas grossas de cores psicodélicas rodopiando em torno de si mesmas e em volta de uma garota segurando uma tocha acesa. A garota foi arrancada de um livro, grudada na parede e integrada ao cosmos maior da imagem. Ela está parada, equilibrada com firmeza entre uma adaga amarelo-limão e a palavra "conhecimento". A imagem é bastante primitiva, mas ao mesmo tempo possui grande potencial alegórico e, embora possa ser loucura de alguma forma, parece vibrar na parede escura com uma promessa talismânica de poder. Também transmite com a simplicidade de uma placa na estrada os milhares de quilômetros entre o lugar onde Kim está agora e onde deveria estar. Com todos os eletrodomésticos removidos, demoro um tempo para me dar conta de que aquele aposento já tinha sido a cozinha.

Sandra entra no cômodo com Kim e elogia o mural enquanto pensa em voz alta como pode falar a favor de Kim para preservá-lo sob os termos do aluguel. Talvez, reflete ela, elas possam botar uma moldura no mural, na própria parede. Kim tenta imediatamente incluir uma pintura em outro aposento no acordo. Vou atrás delas a passos lentos pelo corredor, passando por uma estante grafitada cheia de fitas de videocassete e de DVDs. *Pernalonga. Peter Pan. Aladdin. Mary Poppins.* Apoiada nas fitas, há a foto de meninos gêmeos de cerca de dez anos em uniforme de escola. O mesmo rosto de Kim, mas lindos e cheios de vida.

Ouço Kim explicar para Sandra outra imagem grande na parede. Executada com o mesmo talento da primeira, esta é arrepiante e preta em sua maior parte. Mostra uma figura escura, do tipo que uma criança desenharia, com cabelo espetado e membros irregulares, mas foi alongada, distorcida, como se vista por um espelho de casa maluca de parque de diversões. Destaca-se contra um céu azul-escuro no qual flutuam números e letras. Tem um vórtice tempestuoso ou uma fornalha ardente no meio da figura. E, arranhado na tinta preta, várias e várias vezes, há as linhas de outra figura: a sombra desse homem sombra. É um mundo humano de crise e isolamento perfeitamente executado, tão eficaz quanto qualquer Giacometti ou Bacon ou Munch. Só que não está pendurado no Tate nem no MoMA, está pintado em uma parede suja ao lado de um armário com as portas arrancadas.

"Isso é de quando minha mãe se envolveu em um assassinato-suicídio. Eu tinha 5 anos", explica Kim, encostada em uma porta na qual estão rabiscadas as palavras TRAUMA e PUNIR e MENTE/CUSTO em giz de cera verde-ervilha. (Em uma caligrafia diferente, de criança, vejo a palavra "pequenininha", escrita em laranja e com cuidado.) "Não preciso de remédios. É trauma. Precisa sair. Meu cérebro tem pesadelos horríveis." Ela explica que acordou de um pesadelo e começou a desenhar na parede porque precisava, e penso nela sozinha naquela casa escura em uma noite escura. Exorcizando aquela imagem na parede mais próxima.

O quarto. Kim dorme na cama superior de uma beliche, ao lado de um freezer horizontal quebrado com a palavra BOCETA escrita com letras grandes e marrons. Há um acordeão no meio da cama dela. Uma teia de celofane e corda foi enrolada nas vigas verticais da cama; tem vários livretos funerários presos ali, suspensos feito moscas. No andar de cima, nos outros dois quartos, pilhas de roupas e lençóis, tudo da cor de tinta de jornal. Tem também uma guitarra sem as cordas e um helicóptero de brinquedo, com a hélice pintada de giz de cera.

"Posso arranjar uma geladeira pra você", diz Sandra casualmente para Kim quando elas estão descendo a escada. "E uma máquina de lavar, toda bacana, novinha. E uma secadora." Quando Sandra cuida do lar de um falecido que não tem nenhum parente para ficar com a roupa de cama, a televisão ou os móveis, ela guarda os itens abandonados e espera o encaixe perfeito, depois os instala de graça nas casas limpas dos clientes acumuladores ou que viviam na imundície e na miséria.

Com um cliente autista que dormia no piso de cimento do apartamento vazio, ela explicou: "A televisão veio de um assassinato, eu a guardei, deixei que arejasse e ficasse boa para outra pessoa; havia um divã e eu tinha uma mesa, que também dei pra ele". Ela deu para outro cliente, que estava passando por um divórcio, "uma sala decente, com poltrona reclinável, cama dobrável, aspirador de pó, coisas de cozinha e uma porção de roupas de cama. Também levei travesseiros pra ele. Vai ser uma transformação e tanto pra esse cara".

Ela faz isso porque é muito generosa, mas essa não é a explicação inteira. Também tem a motivação dela de executar todos os trabalhos com a maior perfeição, o que a destaca dos outros faxineiros industriais que ficam satisfeitos em apenas fazer o trabalho adequado. Mas isso também ainda não é a história completa. Ela conserta intuitivamente o ambiente

— limpando, organizando, coordenando, preenchendo os vãos quando pode, escondendo quando não pode — desde que era criança. É o jeito dela de botar ordem em seu mundo, e isso lhe dá uma profunda satisfação.

Kim sai do quarto e entra na pequena lavanderia que leva ao lado de fora. Ela é volátil e irradia instabilidade feito ondas de rádio. Eu também me sinto tensa, nervosa. Enquanto o tipo de energia que Sandra emite sempre parece morna, como um motor de carro depois de rodar por horas, a de Kim é crepitante. De repente, ela sai correndo do aposento e corre em círculos em volta de nós, inclinada para a frente. Levo um susto e, sem pensar, seguro o braço de Sandra.

"É o cachorro", diz Sandra com leveza na voz. O cachorro de Kim conseguiu entrar e ela está correndo atrás dele para que saia e não ataque os ratos. Continuamos até a lavanderia, onde uma porta de tela leva ao quintal. Não tem máquina de lavar nem secadora. Só torneiras na parede. Tem uma mesa baixa coberta com um lençol e uma almofada de veludo no centro, na qual vários objetos estão guardados em caixas que já armazenaram velas pequenas e papel de enrolar cigarro. Tem uma chaleira rabiscada de giz de cera e uma torradeira, pacotes vazios de batatas chips, de pão, de saquinhos de chá. Uma gravura pequena da Virgem Maria ocupa um lugar alto na parede dessa cozinha improvisada. Também um cartão-postal de Einstein. O piso sujo está coberto por uma manta marrom no qual talheres com cabo cor-de-rosa parecem ter sido deliberadamente posicionados. Tem um banheiro em um pequeno aposento ali do lado; o piso está coberto com dez volumes do *World Book* e as paredes estão pintadas de azul e cobertas com escrita verde: OOH PUNCH & JUDY SHOW!,* CONTA DO SUICÍDIO ~~111~~ 11, MARY TINHA UMA OVELHINHA. Há uma frigideira na base da privada, um crucifixo pendurado no suporte de papel higiênico.

---

*   *Punch & Judy* é um tradicional teatro de marionetes famoso nos países de língua inglesa. [Notas da Edição]

Ao observar a situação relacionada à alimentação, Sandra pergunta a Kim se ela gostaria de um micro-ondas. "Eu, hã, eu... hã... eu faria isso...", responde Kim baixinho, e prende uma lata de café entre os pés e a joga do outro lado do aposento.

O quintal é enorme. Tem um varal rotativo enfiado como um guarda-sol de coquetel no centro do gramado morto; os detritos estão por toda parte da grama esponjosa e amarelada. Apesar de ser final do verão, os arbustos e as árvores próximos à cerca estão sem folhas. No canto extremo do quintal, um monte desorganizado de lixo e de móveis quebrados parece escorrer na direção da casa. Foi lá que Kim colocou as coisas que estavam amontoadas até o teto do lado de dentro na última inspeção.

Ouço Kim contar uma história como se estivesse no bar com amigos; Sandra cai na gargalhada com ela. Elas saem para o quintal e Kim, de testa franzida, se agacha e acende uma guimba de cigarro. O celular de Sandra toca. "Bom dia, aqui é a Sandra", responde ela com vigor enquanto se senta em uma caixa de leite e cruza as pernas, majestosa. Equilibrando a prancheta no colo, ela escuta enquanto toma notas. O cachorrinho se aproxima e apoia as patinhas da frente na perna dela.

"Pode ser que a gente tenha que tirar o carpete", diz Sandra, olhando para uma distância mediana e fazendo carinho na cabeça do cachorro. As unhas perfeitamente cuidadas são de acrílico, bem longas, duráveis o suficiente para participar (sem luvas, como ela prefere) de um dia inteiro de faxina e sair parecendo que acabou de ir à manicure. Ou, pelo menos, se você não olhar debaixo das unhas. Ela prefere tons fortes de vermelho-cereja ou laranja ou melancia, ou então um rosa-bebê com purpurina. Intensamente prática em relação à própria aparência, assim como é com a maioria das coisas, ela optou por um delineado, contorno labial e de sobrancelha permanentes, para poder passar um mínimo de maquiagem e estar pronta para o dia. Os cílios e as sobrancelhas, assim como o cabelo, são loiros platinados e seus olhos são muito azuis, um pouco separados e enormes. Não importa o que ela esteja fazendo nesse dia ou há quanto tempo esteja fazendo; sua aparência é imaculada e seu perfume, delicioso.

O cachorro pula na prancheta de Sandra e deixa marcas marrons de patinhas no papel. Ela continua tomando notas em volta. "É porque os fluidos corporais passam para a camada de baixo. Pode ser do tamanho de uma moeda, mas pode estar espalhado por baixo", explica ela ao telefone. "Você pode limpar a superfície, mas se os filhos de alguém engatinharem por cima em algum momento, você tem uma boa chance de acabar sofrendo um processo. Quando penso nisso, não fico feliz. Prefiro que fique em situação sã, salva e esterilizada. Nós podemos ver isso pra você. É o lado traumático das coisas, mas pode haver necessidade de uma limpeza industrial se as paredes precisarem ser lavadas porque os fluidos corporais evaporaram no calor ou se havia gás no aposento. Não sei bem como eles se mataram." O cachorro parte para cima do braço de Sandra e abre dois buracos na pele. Começam a sangrar mais do que você pode imaginar. "É porque minha pele é muito fina", sussurra ela, cobrindo o celular e limpando o sangue. Os inaladores de cortisona provocam atrofia da pele; agora, rasgou feito um lenço de papel molhado. "Onde fica a casa?", pergunta ela. "Ah, é um pulinho, aqui bem perto." Satisfeita, Sandra encerra a ligação.

O cachorro se aninha entre os joelhos de Kim. "Ah, meu Deus, você quer carinho", lamenta ela teatralmente enquanto amarra o cachecol preto em volta da cabeça como um turbante. E diz, baixinho: "Você quer seu café da manhã...". Ela inclina a cabeça para trás, a guimba de cigarro apagada pendurada nos lábios.

Ao olhar para a montanha de lixo no canto do quintal, penso nas fotos na estante, dos meninos com o rosto de Kim, nas fitas de videocassete e nos dois quartos escuros sem uso. Vejo a pia velha e a máquina de lavar destruída surgirem na pilha e voltarem para o lugar, as duas cabeceiras pequenas se prenderem nas duas bases pequenas de camas e todas as roupas se sacudirem, se dobrarem e se arrumarem em pilhas. Vejo tudo flutuar pelo gramado para dentro de casa e voltar no tempo antes da garagem pegar fogo, quando as paredes eram brancas e os cobertores cobriam as camas em vez de serem usados como saias ou tapetes. Mas sei que, enquanto Mary Poppins podia estar cantando na televisão e roupas podiam estar secando no varal, as coisas não estavam bem. As coisas nunca estiveram bem.

Vamos até a frente da casa para irmos embora. Sandra é profissional e obsessivamente eficiente no trabalho, mas não consegue ficar séria por tempo demais sem assumir uma pose charmosa e brincalhona, que ostenta como uma cauda de pavão. Quando faz isso, seus olhos brilham e ela fica linda e hilária, e não consigo deixar de sempre ficar encantada com ela. Sandra aponta para o adereço de cabeça de Kim e diz: "Você parece uma talibã".

"Eu posso ser." Kim sorri timidamente e as duas riem.

Apesar de ver as mesmas merdas todos os dias por vinte e um anos, Sandra trata cada cliente como único na circunstância e como igual na dignidade. Uma vez, perguntei como ela consegue manter aquela atitude de compaixão e sem nenhum julgamento. "Acho que é uma motivação pra mim que todo mundo mereça, porque eu também mereço", explicou ela.

De volta ao caminho de saída, eu olho para os dois lados da rua. O bairro é mais pobre do que pareceu à primeira vista e o cheiro sem nome também está nele, na brisa, seu significado tão público e tão privado quanto uma música. Pergunto a Kim como ela começou a trabalhar com marionetes. Ela responde que foi um jeito de lidar com as coisas sobre as quais não conseguia falar. Como ela consegue manipular aquela marionete pendurada lá dentro sem bagunçar todas as cordas, como qualquer um faria?

"É como tocar um instrumento. É como dançar", diz ela.

A casa parece o resultado de um terremoto feito sob medida por um deus vingativo, mas até aqui, no meio de um caos tão perturbador, o que Kim acabou de confirmar para nós é o poder profundo da sequência; a beleza da ordem. Batimentos do coração, respiração, maré baixa, maré alta, os movimentos da Terra, as fases da Lua, as estações, os rituais, chamada e resposta, notas em uma escala, palavras em uma frase. Tem conexão humana e segurança aqui. Sandra vai começar a trabalhar na casa de Kim na semana seguinte.

Não começou nos puteiros de 20 dólares. Não começou no bordel que parecia um celeiro, onde as garotas se empoleiravam feito galinhas, com tela nas janelas e em volta das lâmpadas para os homens não as arrancarem do teto. Não começou com os namorados que ficaram só pelo tempo que o dinheiro dela durou, nem com as surras dos policiais que odiavam garotos vestidos de garotas, nem com as mulheres que não quiseram abrir a porta quando ela apareceu suplicante no escuro, nua e sangrando. Não começou com nada disso. Começou quando ela era um garotinho em um casebre com um caminho de terra na parte lateral.

Talvez seu nome fosse Glen. Talvez fosse Daniel. Ou John ou Mark ou Tim. O nome real só importa porque é uma informação que Sandra prefere guardar para si. Estatisticamente, é mais provável que fosse Peter. E embora esse não fosse seu verdadeiro nome, é assim que ele será chamado. Não por falta de criatividade, mas porque ele tinha o direito de ser tratado como qualquer garoto nascido naquele ano, mas não foi.

Se seu pai dirigisse em linha reta pelo caminho, Peter sabia que não levaria uma surra. Mas se o carro viesse todo torto, significava que o pai tinha bebido, o que significava que ele cambalearia com determinação para o aposento isolado nos fundos onde o filho estava deitado, tenso, na escuridão total. Ele pegaria o garoto e espancaria o corpo magro com a vara de cobre que a esposa usava para mexer a roupa de molho.

"Ele começou de novo, Pammy", dizia a vizinha para a filha, secando as mãos em um pano de prato antes de se virar para fechar a janela da cozinha e abafar os gritos do garoto. "Melhor aumentar o volume do rádio."

O pai de Sandra, Robert, nasceu em 1923 em Footscray, onde passou a infância. Quando meu sogro fala sobre a infância em Footscray, ele fala sobre a cordoaria, com seu cordame longo e estreito debaixo do teto de ferro corrugado, e conta como os garotos que trabalhavam na fábrica de corda se tornaram homens que morreram cedo, os pulmões cheios de resina e pó. Footscray está se gentrificando rapidamente agora, mas esse bairro perto do centro da cidade foi uma grande zona industrial de meados dos anos 1800 até os anos 1960, quando a manufatura começou a declinar. Era uma parte da cidade onde a vida de ninguém era fácil.

No início, a família Collins morava na rua Droop, uma rua que se inclina de maneira oblíqua, e com um ar melancólico de derrota, para longe de West Footscray e segue na direção da Footscray principal, como se o tempo gradualmente a tirasse do lugar por forças além do seu controle. Robert tinha 11 anos quando seu irmão de 14, Harold, morreu, em 1934. Em 1939, Robert Griffith Parker Collins, de 16 anos, carregou seus quatro nomes pela fronteira estadual até Greta, Nova Gales do Sul, para se alistar na Segunda Força Australiana. Contudo, em 1942 ele já estava de volta morando com os pais e trabalhando de operário.

Àquela altura, a família tinha se mudado para a rua Birchill, que aparece como um T pequenininho no mapa de West Footscray; é uma rua de formato estranho dotada não só de um, mais de dois braços sem saída. Entretanto, ficava agradavelmente protegida a uma distância curta do mercado Sims e da Escola Primária St. John, assim como da farmácia, da agência do correio, da Igreja da Nossa Senhora do Perpétuo Socorro e, se ela negasse a súplica de alguém por intervenção, como costumava fazer, embora não por culpa dela, do Hospital de Footscray. Sete anos depois, Robert ainda morava com os pais — agora com sua esposa, Ailsa — e ganhava a vida como vendeiro enquanto ela trabalhava de vendedora.

Em 1954, o casal enfim conseguiu morar sozinho, ao menos na casinha branca em frente à dos pais dele. Dali, Robert, que as pessoas chamavam inexplicavelmente de Bill, saía todos os dias para seu trabalho administrativo na Base da Real Força Aérea Australiana em Braybrook, seguido de um turno da noite no Hotel Plough, durante o qual ele bebia até ficar furioso e dirigia para casa e batia na esposa e nos filhos.

Essa era a casa de Peter, para onde ele foi levado depois que foi adotado por intermédio da Igreja Católica no começo dos anos 1950. Com seis semanas de idade.

Na taxonomia da dor, só existe a dor infligida pelo toque e a dor infligida sem toque. Peter cresceu especialista em ambas. Subnutrido, a pele do pescoço fino sempre coberta de bolhas, ele era tão marcado quanto a superfície de Mercúrio; um planeta sem proteção atmosférica, exposto a detritos vindos do espaço e exibindo na face sua história de colisões e desgaste.

Segundo dos filhos e o menino mais velho, foi adotado depois que Bill e Ailsa perderam um bebê no parto e souberam que não poderiam mais ter filhos biológicos. Durante uns cinco anos foram só Peter e sua irmã mais velha, Barbara. Então Ailsa ficou grávida, primeiro de Simon e, dois anos depois, de Christopher. Foi quando contaram a Peter que ele fora adotado como substituto do filho que tinham perdido. E eles tinham cometido um erro, porque agora não tinham só Simon, mas também Christopher, está vendo? Isso foi declarado clinicamente, de forma factual, "mas sem ressentimento".

Alguns anos depois, tiraram Peter do quarto que ele dividia com os irmãos, com as beliches e paredes pretas e colchas vermelhas, para um barracão baixo que seu pai construiu nos fundos do quintal.

Ailsa é a "diva do pão de ló". Ela ama fazer bolos, e a primeira lembrança de Peter é de abraçar a perna dela na cozinha. Quando fica alto demais para isso, ele não para de tentar ficar perto dela. Seus olhos a seguem pela cozinha, pela casa, até a porta. Seus olhos mapeiam o rosto dela. Ela está com raiva? Está triste? O que ele pode fazer para melhorar as coisas? Para sentir o peso da mão dela apertando seus ombros por trás, talvez até a bochecha quente dela em sua orelha? Tem alguma coisa com que ele possa ajudar depois que seu pai sai para o trabalho de manhã? Alguma coisa que ele possa fazer por ela depois da aula? Ele faria qualquer coisa para se sentar em silêncio ao lado dela enquanto ela fala no telefone com a irmã ou folheia uma revista. Se tiver sorte de jantar com o resto da família, ele vai verificar o rosto dela durante a refeição e de novo quando estiver arrumando tudo. Quando isso acabar, ele vai verificar de novo só para ter certeza de que nada mudou, de que não há nada que ele possa ter perdido. Depois, vai olhar para ela, vai dar boa-noite em silêncio, desejando que ela vá botá-lo na cama, que vá ficar ao lado da cama dele, onde ele possa ver o contorno dela no escuro e ouvi-la respirar enquanto adormece.

Embora às vezes ela pareça menos zangada, ou pelo menos mais distraída, ele nunca encontra o que está procurando. Ela se ocupa com a casa, com as compras, com a comida, com a limpeza, com a igreja e com seus outros filhos enquanto Bill bate em Peter pelas coisas que eles fizeram.

"Viram? Estão vendo o que vão ter, se fizerem de novo?", seu pai, sem fôlego e suado, avisa aos outros filhos depois que acaba com Peter. E tranca o filho do lado de fora para ficar olhando do quarto dele no quintal, enquanto as luzes de casa brilham em amarelo e depois se apagam.

Como Peter não pode entrar na casa da família depois das 16h30, ele vive cada dia delicadamente, como renda, só nas beiradas. Isso apresenta uma série de problemas práticos. Primeiro, tem a questão da comida: ele está sempre com fome. Como uma criança faminta se alimenta? Se for esperto, rouba frutas enlatadas ou feijão cozido da despensa quando ninguém está olhando. E isso dá certo até ele queimar parte da casa por acidente.

Uma das tarefas de Peter é acender o sistema de água quente, e um dia ele esquece. Ele entra em pânico. Tenta enchê-lo com a gasolina usada no cortador de grama e a lavanderia pega fogo. Estranhamente, ele não leva surra pelo incêndio; leva surra por roubar comida depois que seu depósito de latas vazias esmagadas é descoberto escondido atrás de uma das paredes que pega fogo.

A "rua toda é uma família" — tanto de parentes de sangue quanto de "pessoas próximas" que você também chamaria de tia e tio. Tia Dot mora na casa ao lado. Tia Rosemary mora ao lado de Dot. Os avós paternos de Peter ainda moram do outro lado da rua; a vovó planta lírios no jardim da frente. Seus avós vão lá jantar aos domingos e, embora saibam que Peter tem um quarto separado nos fundos, para eles é só uma medida prática em uma casa pequena. O que não sabem quando estão sentados à mesa com o filho e a nora e os quatro netos comendo "um assado e três legumes cozidos e passados do ponto", é que aquela é a única noite da semana em que Peter pode entrar em casa, a única vez que ganha uma refeição.

Ao longo do ano, todo mundo leva o lixo pesado para o terreno baldio no fim da rua. Ali, conforme as estações vão passando, cresce uma pilha cada vez mais espalhada: uma cadeira sem uma das pernas; cabeças de vassouras gastas de tanto varrer; caixas de madeira com tábuas faltando, feito bocas banguelas; todas as coisas quebradas misturadas e formando um acúmulo irregular que é monstruoso contra o céu da noite, embora suas partes sejam tão familiares quanto respirar. E aí, no dia de Guy Fawkes, a fogueira é acesa e as crianças comemoram.

Peter adora essa época, quando se sente incluído em uma coisa ao mesmo tempo comum e majestosa. Os adultos ficam de pé em volta, conversando e bebendo enquanto olham as chamas, que queimam até se apagarem, deixando cinzas que serão sopradas nos dias seguintes para que a próxima cadeira possa quebrar e ser colocada lá para começar uma nova pilha.

Sem comida nutritiva regular, os dentes de Peter começam a quebrar bem nas gengivas. Em poucos anos, ele vai quebrar vários de uma vez ao morder um sanduíche de banana. Todos os dentes precisarão ser removidos quando ele tiver 17 anos. Nenhum dos irmãos têm problemas similares. A boca da calha na lateral da casa onde ele se agacha acima do bueiro para beber água também é o único lugar onde Peter pode se lavar. Ele não toma banho regularmente e ninguém lhe ensina como se limpar. Há um banheiro externo que ele pode usar, mas a banheira fica dentro de casa e ele não tem acesso. Sua pele pálida fica vermelha e inflamada; Peter fica incomodado e constrangido pelo corpo coberto de bolhas.

As horas passadas sozinho se arrastam em um tédio absurdo, mas mais importante é a necessidade humana frustrada de pertencer à família, de ser amado: de se sentir seguro o suficiente para que sua energia possa, então, ser direcionada para aprender e crescer e amar os outros. A porta da família de Peter se fecha para ele todos os dias às 16h30, e, portanto, aquela porta, junto a tantas outras, nunca se abre de verdade.

Apesar de Peter não gostar da escola, onde apanha com frequência das freiras e é obrigado a se ajoelhar no milho pelo seu comportamento, ele gosta da caminhada até lá todas as manhãs. Ele segue à esquerda na rua Blandford, depois desce uma estrada não asfaltada pela borda para passar direto pela casa com o cão pastor-alemão e sai na Essex, passando pela casa da mulher conhecida somente como Bruxa, dali segue sempre em frente até a rua Eleanor. Peter adora olhar o jeito como as mulheres cuidam dos jardins. Sente-se seguro no caminho para a escola, não por não haver perigos, mas porque sabe claramente onde estão e como evitá-los.

Proibido de levar amigos em casa, ele começa a visitar as freiras no convento St. Joseph's depois da aula. Passa todo o tempo livre lá fazendo trabalhos para as irmãs, que são frias, mas previsíveis, e cuja casinha do outro lado da escola é um santuário. Quando ele bate na porta delas, elas o mandam trabalhar em atividades e tarefas estranhas, e assim Peter se sente útil e aceito. Ser útil é uma recompensa por si só; isso o distrai, o enche de propósito e orgulho. Elas também o alimentam depois: uma xícara de chá, uma fatia de torrada.

Aos 13 anos, ele arruma um emprego depois da aula varrendo cabelo do chão na barbearia. Alguém entra pedindo camisinhas e: "Nós vendemos roupas?", pergunta Peter educadamente ao chefe. Os homens na barbearia morrem de rir e nunca param de pegar no pé dele por aquilo. Ele gasta o salário em brinquedos e roupas novas para os irmãos menores. Compra um kit de química para Simon e o carrega com orgulho até a rua Birchill, onde Bill o atira pela janela em uma fúria embriagada e o quebra em pedacinhos.

Bill continua a atacar Peter, o bafo quente com cheiro de álcool e as sobrancelhas de taturana, unidas em uma concentração sombria, quando ele começa a surrar o filho com os punhos ou com a vareta de cobre. Quando está se sentindo especialmente sádico, ele amarra o garoto no varal para poder bater melhor. E apesar de todo mundo dar as costas e do silêncio da mãe o destruir — ainda assim, Peter entra pela janela da cozinha sempre que ouve o pai fazendo o mesmo com ela. Mas seus pais sempre se reconciliam, e depois os dois, de alguma forma, só o odeiam ainda mais.

Peter evita brincar com outros meninos, prefere a companhia das meninas na escola, e Bill tenta fazê-lo ficar mais durão obrigando-o a entrar para os cadetes do exército. Peter tem medo da sessão semanal no ginásio. Para não ir, finge ter uma unha encravada tão dolorida que não consegue andar. Na escola, obrigado a jogar futebol, ele se afasta do time, os olhos baixos, as mãos enfiadas nos bolsos. Tenta agir de forma casualmente invisível, torcendo para que a bola nunca chegue perto e saindo do caminho quando ela chega. Ele aguenta o deboche e a raiva dos outros garotos.

Mas, um dia, uma mudança. A família vai viajar de férias; vão pegar a balsa noturna para a Tasmânia e viajar de carro pelo campo por uma semana. Peter não é convidado. Bill o manda pintar a casa enquanto estiverem fora; Ailsa diz que, se ele fizer um bom trabalho, trarão uma coisa especial, uma coisa que ele quer muito. Seus irmãos falam com animação no banco de trás até sua mãe bater a porta, calar as vozes deles, e Peter ver o carro se afastar.

Depois que termina de pintar a cada dia, Peter esfrega com cuidado as manchas brancas da pele com terebintina antes de andar pela rua até a pedreira ao lado da ACM, onde revira as pedras e o lixo sob o céu cada vez mais escuro. Ele escolhe os tijolos mais limpos que encontra e carrega tantos quanto consegue até a casa. Ajoelhado na beirada do gramado, ele os arruma com grande cuidado em uma borda caprichada e recortada. O processo de dar beleza ao quintal é calmante, e seu coração dá uns pulinhos quando ele imagina a surpresa, o agrado no rosto dos pais. Faria aquilo tudo por eles com alegria, na esperança de que pudesse ser sua chave para dentro de casa, mas sua mente também pensa nos presentes que sua mãe prometeu.

A casa está pintada e o jardim está perfeito quando o carro chega alguns dias depois e Peter corre para recebê-los. Ailsa leva os filhos menores para dentro, Bill tira a bagagem em silêncio e leva para casa. E Peter fica ali parado, sozinho de novo em um quintal arrumado. Sua irmã se inclina para fora da porta de tela e joga um pacotinho para ele: um par de abotoaduras de plástico no formato da Tasmânia.

A voz de Sandra fica tensa com a lembrança desse dia. "Eles disseram que trariam uma coisa que eu queria muito, e o que eu queria muito mesmo era um rádio, pra eu poder ter companhia." Ela se levanta do sofá verde grande e entra na cozinha, onde estica a mão por cima da pia e pega uma coisa no peitoril da janela: um radinho. "Não ganhei deles, mas tenho este agora para me lembrar sempre."

Quando ela gira o sintonizador entre as unhas longas e vermelhas, vozinhas metálicas surgem e somem no espaço ao nosso redor, e me lembro de ter lido que toda estática é radiação ainda do Big Bang; uma lembrança viva, um eco.

Ailsa está na aula de decoração de bolos e está chovendo na noite em que Peter é finalmente exilado da família. Bill está gritando com ele, forçando-o a cortar o cabelo de um jeito militar. Desta vez, Peter se recusa, e Bill o expulsa. Com 17 anos. Peter só vai ver o pai mais três ou quatro vezes antes de Bill morrer de complicações do coração aos 55 anos. Em uma dessas ocasiões, Bill tenta atropelá-lo na rua com o carro. E vai haver a festa de 18 anos de Peter, quando Bill aparece bêbado e portando uma faca no apartamentinho onde o filho está morando. Peter não vai ter ideia do que disparou a fúria do pai naquela noite específica, mas vai ficar eternamente grato à vizinha, uma mãe solteira húngara, que interfere e afasta o homem.

Quando adulta, Sandra não sabe nada sobre os pais biológicos. Só sabe que ela mesma deveria ter morrido nas primeiras semanas de vida, talvez de doença, e que foi adotada através da Igreja Católica, que a enviou para uma casa com um alcoólico contumaz e violento. Ela não tem desejo de descobrir mais informações sobre a família biológica. "Principalmente agora, porque, tipo, como seria? Eu bateria na porta deles e diria: 'Oi, sou seu filho!'. Eles teriam um ataque cardíaco!" Ela ri. "A gente tem que aguentar o bom com o ruim, sabe o que quero dizer?"

Seu irmão mais novo, Simon, é o único integrante da família com quem ela manteve contato durante a vida. Mas Simon, que não foi poupado da violência de Bill pela virtude de ser seu filho biológico — e menos efeminado — jamais falava sobre a infância deles e interrompia Sandra quando ela tentava. Mas ela voltou para a antiga rua deles quando estava na casa dos quarenta anos, para visitar tia Dot, que ainda morava na casa ao lado.

Sandra ligou para ela e contou "qual era a situação" (que ela agora vivia como mulher) e disse que amaria fazer uma visita. Tia Dot a convidou. Sandra estava emotiva no caminho até o antigo bairro. Estava tentando não chorar porque tinha passado a maquiagem com cuidado especial naquele dia e não queria estar "com aparência de merda" quando chegasse. Seu desejo de parecer respeitável e bem-sucedida e feminina ampliava a luta silenciosa por dignidade e autonomia enfrentada por todos os adultos tentando voltar para a casa da infância em seus próprios termos. Ela bateu na porta e tia Dot a convidou para entrar.

"Eu sempre achei que havia algo diferente em você, Sandra, porque você adorava cortinas com babados e amava coisas de menina", disse tia Dot para a mulher graciosa sentada no sofá. Elas tomaram uma xícara de chá e falaram trivialidades e coisas fáceis, e por longos momentos Sandra se permitiu sentir o calor impossível de se *aquela* fosse sua casa de infância e Dot fosse *sua* mãe. Ela se envolveu com esse sentimento como um casaco de pele em uma loja e tirou antes que ficasse confortável demais.

Por fim, Sandra falou: "Preciso perguntar, tia Dot, ninguém quer validar nada do que aconteceu comigo. Não sei se sonhei isso tudo ou se estava imaginando, porque ninguém *falava* disso. Você pode me contar, estava tudo na minha cabeça ou as coisas realmente aconteceram, eu fui maltratada daquele jeito...".

E tia Dot deve ter sido massacrada pela pergunta. Deve ter sentido uma necessidade maternal de proteger Sandra não cutucando a ferida, sentido a língua falhar sob a regra de ouro contra se intrometer, mas também uma raiva justificada pela violência criminosa de Bill. Então, ela respondeu para essa adorável mulher loira, em quem via claramente o rosto doce do garoto gentil que conhecera: "Bem, vamos dizer assim, minha querida. Não foi uma vida muito boa pra você".

Sandra voltou para o carro usando os bons sapatos, passou pela velha casa com o bangalô nos fundos e foi embora. Pouco tempo depois, tia Dot morreu.

• • •

Sandra menciona uma série de teorias sobre os pais.

"Sempre achei que a minha mãe era minha mãe, mas meu pai não era meu pai de verdade e que era por isso que ele me odiava", diz ela. Mas essa teoria se foi pelo ralo quando eles contaram que ela fora adotada. Então, ela teve uma outra ideia.

"Sempre me lembro de estar na cozinha com a minha mãe antes dos meus 7 anos e ficar agarrada na perna dela, porque acho que a única coisa que eu queria era ser amada por alguém e, por ser adotada, não havia amor presente", diz Sandra, a voz tremendo um pouco.

Uma tia contou uma vez que Bill era seu pai biológico e que sua mãe verdadeira era a irmã de Ailsa, Sheila, com quem Bill teve um caso e que morreu no parto. Ela não sabe em que acreditar.

"Meu pai me odeia. Ele não deixou dúvida. Olha, eles sabiam que eu era diferente, mas só desconfiavam que eu era gay, acho. Mas *eu* não sabia o que era! Eu só sempre soube... bem... não sei." Ela faz uma pausa para pensar. "Só me sentia meio diferente. Não me sentia normal."

A pergunta-chave na cosmologia de Sandra não tem a ver com sexualidade, gênero, adoção, catolicismo ou alcoolismo. É como um pai ou uma mãe podem criar um recém-nascido pela primeira infância, infância até a adolescência, e parar de se importar com o caminho dessa criança no mundo.

É importante dar a todo mundo o benefício da dúvida. Imagine Bill e sua aversão a si próprio ou trauma ou doença mental; imagine sua impotência e fúria cada vez que decide erguer outro copo e dar outro soco. Ele se culpava pela morte do irmão tantos anos antes? E encontrava um eco na morte do filho recém-nascido? Encontrou alguma coisa no exército que o consumiu como um fungo, deixando-o escuro e mole por dentro até ele não conseguir se manter em pé sem uma bebida?

É impossível para um pai ou mãe ser alcoólico sem espalhar seu isolamento emocional, feito uma doença, pela casa. Imagine Ailsa, a garota que adora fazer bolos, a mulher cujos bolos são leves e vistosos e cuja religião sombria a manda temer o filho efeminado. Imagine como todo dia ela se arrasta para fora da cama para lidar com o bebê morto e seu recém-nascido e seus três outros filhos e seu marido que não consegue parar de beber e bater nela. Imagine a náusea de pura exaustão, a impotência e o medo e a dor que surgem para queimá-la e a todos em quem ela toca. Talvez Ailsa e Bill sejam detestáveis o suficiente para nos negarem até a satisfação básica de os conceber como vilões.

Ainda assim, imagine a sensação de segurar um bebezinho de seis semanas, usando seus braços como cama e sua mão como cobertor e seu nome como o dele. Pense em como os batimentos dele ficam mais lentos quando você o segura bem perto. Imagine esse bebê como um menino paralisado na cama, se esforçando para ouvir o som de um motor chegando em casa em meio ao barulho do próprio coração disparado. Pense na dor que seu pai inflige deliberadamente nele, pense na paralisia dele e em como, em alguns universos, o Big Bang acontece ao contrário: uma retração momentânea de tempo e espaço até um ponto de singularidade.

Sem poder mais entrar em casa, Peter foi morar com os McMahons, a família da amiga Mary que morava a uns 5 quilômetros de distância. Eles o acolheram e o incluíram como parte da família por seis meses, até partirem para longas férias em outro país. Antes de partirem, cuidaram para que ele fosse morar com o filho mais velho, e o pai o botou em contato com seu primeiro emprego de verdade.

Encaixar e girar não era sua praia, porque ele odiava as mãos sujas de graxa, mas a segurança que o emprego oferecia foi um alívio bem-vindo. Pela primeira vez, Peter se sentiu normal, até bem-sucedido, e chegava no trabalho todos os dias na Brunton's Bright Steel de banho tomado, sempre na hora, um sanduíche de Vegemite guardadinho na bolsa que levava no trem. Ele se sentia alto por dentro quando entrava no complexo da fábrica na sombra crescente da ponte Westgate, que estava sendo construída. Era um funcionário eficiente, aprendia rápido e era ótimo com as pessoas, e por isso, foi logo promovido para o laboratório, onde começou a ser treinado em metalurgia.

Peter estava lá às 11h50 do dia 15 de outubro de 1970, quando as vigas de metal da ponte ficaram azuis com a pressão e desabaram com um estrondo que pôde ser ouvido a 20 quilômetros de distância, matando 35 operários. As lâmpadas do laboratório e da fábrica estouraram e mergulharam os aposentos em uma escuridão na qual um funcionário ficou preso em uma máquina, gritando enquanto o chão tremia. Na cerca dos fundos da fábrica, Peter viu os atendentes de emergência arrumarem seus carros em um quadrado, onde jogaram as partes dos corpos para longe das vistas da multidão que tinha se reunido ali perto. Foi para ele a "primeira vez que viu a morte". Quando a construção da ponte recomeçou, em 1972, Peter já tinha mudado para outro emprego.

"Eu estava casado na época... tinha conhecido uma garota a caminho do... porque eu morava em, hã, eu devia morar em Williamstown na época, perto da Mars Music Store... porque no trem de Williamstown, indo para Spotswood, foi lá que eu conheci essa garota..."

Às vezes, ouvir Sandra tentar lembrar os eventos da vida é como ver alguém puxar lixo com um molinete de pesca: uma mistura estranha de surpresa, perplexidade e reconhecimento inesperado. Por mais que repassemos as primeiras três décadas da vida dela, a linha do tempo dos lugares e datas nunca fica clara. Muitas das lembranças têm uma qualidade que vai além de meramente desbotadas; estão tão enferrujadas que se desfizeram no solo das origens. Outras ficaram fossilizadas, congeladas no tempo e não têm atração pessoal até descongelarem de leve no ar ensolarado entre nós enquanto conversamos. E, quando isso acontece, há um tremor na voz quando ela as reintegra a si, não de forma absoluta, mas inteiramente.

No entanto, às vezes, as especificidades menores — nomes e sentimentos e detalhes delicados — são lembrados tão rápido e com tanta precisão que parece que ela os estava guardando o tempo todo na palma da mão. Sandra é capaz de desenhar a qualquer momento a planta da casa da infância e explicar que o quarto principal era perto da porta, que havia um painel de vidro na lateral. Que era preciso descer uns degraus até a sala e onde os armários da mãe eram embutidos na parede e que eram cheios de cristais de qualidade. Onde ficava o quarto de Barbara e o quarto dos meninos. Que ao sair pelos fundos você chegava em um lugar que "parecia um pátio", que acabou se tornando o bangalô onde ela foi exilada. Mas a idade em que o exílio aconteceu muda drasticamente. Às vezes é aos 7 anos, ou aos 11, e às vezes é aos 13. Por mais que repassemos isso, nunca fica claro.

O que acho é que há duas mudanças sísmicas na forma como Sandra foi tratada quando criança. A primeira aconteceu quando seus irmãos menores nasceram. Desde os 7 anos, ela foi exposta a negligência e abuso significativos. No entanto, deve ter continuado morando dentro de casa, dividindo o quarto com os irmãos, até perto dos 13 anos. Digo isso porque o quintal que ela transformou em jardim quando a família estava viajando na Tasmânia incluiu um laguinho com peixes. O bangalô que Bill construiu para ela ir morar ficava em cima desse laguinho. Portanto, ela deve ter sido enviada para dormir lá fora quando tinha 13 anos.

Isso pode ter sido uma medida prática para poupar espaço em uma casa pequena ou talvez, como os cadetes do exército e os cortes militares, foi a forma como os garotos Collins foram endurecidos para se tornarem homens, mas também foi uma continuação da negligência e da violência às quais tinha sido sujeitada durante a maior parte da infância.

Portanto, conto a história aqui como Sandra lembra com mais frequência — como um exílio da mesa e da casa e da família aos 7 anos de idade — porque toda lembrança é uma metafísica particular, na qual nossas experiências da realidade constituem nossa única realidade. Sobre a questão da verdade histórica, a resposta é ao mesmo tempo que deve haver uma e que não há nenhuma. Quando se trata da história de Sandra, esse problema é composto: a realidade dela é tão conflitante quanto é real.

Garota, Interrompida

Paro na frente de um complexo de infinitos apartamentos em estilo soviético e ando até a imaculada fornecedora ambulante de equipamentos que é a van da STC, onde recebo um macacão branco descartável. O pacote especifica a "utilização" do traje para os seguintes fins: remoção de amianto, abatedouros, pintura, perícia forense, aplicação de isolamento, laboratórios, fábricas, processamento de alimentos, controle de resíduos, medicina, aplicação da lei, aplicação de inseticidas. Também recebo uma máscara respiratória descartável e um par de luvas azuis de borracha. Quatro dos faxineiros de Sandra estão aqui: Tania, Cheryl, Lizzie e Dylan, todos reduzidos a uma carinha alegre aparecendo no meio de um capuz branco descartável. Dylan, alto e ainda com carinha de bebê, me entrega duas coisas brancas achatadas que parecem chapéus de chef, mas são na verdade capas para os sapatos. Olho para os outros para entender como usar.

Com os capuzes na cabeça e as luvas azuis, estamos parecendo algo entre Smurfs e astronautas. Menos Sandra. Sandra está usando uma parca roxa ajustada — e passada — com uma calça jeans e tênis brancos de lona impecáveis. Ela está com aparência de quem deveria estar apreciando um drinque Pimm's depois de uma caminhada pela praia. Ela nos leva pelos portões de segurança até um elevador e subimos um andar até um apartamento, onde uma jovem morreu de overdose de heroína e só foi descoberta duas semanas e meia depois no calor do verão. Sandra vai recolher os itens pessoais da falecida para a família, avaliar o que precisa ser feito para que o apartamento volte a ser alugado e supervisionar a limpeza.

Um homem no térreo olha para cima e pergunta o que estamos fazendo.

"Só manutenção, querido", garante Sandra, o que, de certa forma, é verdade.

Um dos faxineiros destranca a porta. Sandra dá uma olhada rápida dentro. "Ugh. Está fedendo", diz ela. "Certo. Coloquem as máscaras e respirem pela boca!" Ela avisa para todo mundo tomar cuidado com seringas enquanto ajuda Tania a colocar a máscara. Sandra a aperta e fala secamente: "Você talvez nunca mais respire, mas não precisa se preocupar".

Cheryl pega um potinho de Tiger Balm e esfrega um pouco do unguento em cada narina antes de colocar a máscara.

Sandra permanece sem máscara. "Faço isso há tanto tempo que não me incomoda... É só sorrir e aguentar!", cantarola ela.

Não é a característica mais visível dela — você não perceberia se não a conhecesse bem, se ela não tivesse se aberto o suficiente para receber suas ligações com uma voz rouca e doce dizendo "Bom dia, minha pombinha" — mas é isso que a torna mais forte: uma força corporal tão incrível que não pode ser atribuída só à biologia. Fora andar por aí com uma bolsa de couro verde-limão da melhor qualidade, na qual guarda uma lata azul de pastilhas, seis batons, três chaveiros que parecem de cadeia, lenços de papel, uma câmera, uma agendinha preta para anotações, uma caneta com a qual escrevê-las, um inalador Ventolin, um rímel, uma garrafa de água, seu iPhone e um carregador de celular, Sandra também carrega o peso de uma doença pulmonar tão severa que não consegue dar mais do que alguns passos, mesmo que devagar, sem ter dificuldade de respirar. E apesar de você ouvir essa dificuldade e apesar de o som ser excruciante (mesmo que não chegue a um dos frequentes ataques de tosse tão poderosos que parece que ela vai virar do avesso), ela vai superar o mais rápido possível, não vai aceitar preocupação nem tratamento especial e vai retomar a atividade ou conversa que tiver sido interrompida com uma destreza tão competente que, se você lembrar, a interrupção vai parecer tão significativa quanto o espirro de um resfriado.

Claro que não é um resfriado. É doença pulmonar obstrutiva crônica com fibrose e hipertensão pulmonar. Pode ser contornada com o uso diário de oxigênio, descanso e evitando ameaças ambientais, mas é incurável.

Sandra usa o tanque de oxigênio com moderação porque acredita que, quanto mais usar, mais vai precisar, e é uma das Regras de Ouro de Pankhurst: "nunca depender de nada nem ninguém". Portanto, embora ela deixe o tanque preparado, é mais como uma precaução ("Se eu acabar pegando pneumonia, estou fodida.") do que uma ferramenta para a vida diária. Quanto ao descanso, isso não existe. Ela trabalha pelo menos seis dias por semana e, apesar de poder chegar em casa alguns dias até às 16h para assistir a *The Bold and the Beautiful*, não é incomum que saia de casa às 6h30 da manhã e volte às 19h30 da noite. Ela se desloca uma média de 1.200 quilômetros por semana, dirigindo até locais de trabalho por todo o estado.

Às vezes, por questão de formalidade, ela toma precauções contra as ameaças ambientais que encontra numerosas vezes por dia (clientes doentes, esporos de mofo preto, patógenos em material biológico acumulado) usando máscara ou luvas. Mas são logo removidas porque impedem sua capacidade de trabalhar de forma eficiente e porque ela não quer distanciar seus clientes já aflitos.

"Eu sempre encontro alguém lá, normalmente uma pessoa da família, e não quero que essa pessoa entre em choque, tipo 'Essa pessoa do espaço sideral veio parar aqui'. Eu aguento firme e entro", explicou Sandra uma vez.

Além da doença pulmonar severa, Sandra também tem cirrose no fígado. As causas de suas doenças são variadas e não podem ser identificadas isoladamente. Os produtos químicos que usou nos primeiros anos de seu negócio de limpeza podem ter influenciado; assim como as décadas de hormônios femininos em dose dobrada. Tem também vírus e biologia e um fator eufemisticamente conhecido como "estilo de vida", que carrega consigo um tom ilusório de culpabilidade. A bebida e os anos de uso pesado de drogas no começo da vida adulta encaixam com o fato de que as pessoas trans[*] apresentam taxas mais altas de automedicação.

Comentei com ela que uma vez que li que, mesmo nas doses normais de hormônio, a recomendação médica é de permanecer o mais saudável possível por meio de dieta, exercícios e abstenção de cigarros e de álcool. Seus pensamentos sobre isso foram expressos por longas gargalhadas e, quando finalmente secou os olhos, o comentário: "Porra, isso parece uma comédia".

Sandra não fuma um cigarro há dez anos, mas embora tenha deixado de tomar bebidas alcoólicas durante os períodos em que sua saúde estava pior, ela se permite "um [uns] copo[s] de vinho [e]/ou uísque" todas as noites — contra recomendações médicas, considerando a condição do fígado dela.

Todos os dias, ela acorda cedo com o som da televisão para sufocar os demônios que acordam junto. E apesar de só funcionar parcialmente, Sandra se levanta mesmo assim e se veste bem mesmo assim e sai para cuidar do negócio mesmo assim. Ela procura mais trabalho e se solta incansavelmente do velcro da mente para fazer piadas e, depois de um longo dia dirigindo de um trabalho para outro, que vão de repugnantes a apocalípticos, Sandra volta para casa e prepara para si e para Lana um bife, dá ao cachorro histérico um pedacinho de Prozac e serve suas bebidas para depois ir para o sofá e finalmente apreciar algumas horas de paz.

Isso tudo é para dizer que os diagnósticos de Sandra, embora verdadeiros, não são mais verdadeiros que sua vontade. Mas ela sabe há muito tempo que o corpo pode mentir. Então, quando você perguntar como ela está, ela vai dizer "Ah, você sabe, não posso reclamar" e vai dar atenção a você e contar as novidades dos planos dela de tratamentos de beleza ou para expandir o negócio.

---

[*] Pessoas trans são aquelas que não se identificam com gênero que foram atribuídas ao nascimento. Essas pessoas, quase sempre, transicionam para viver seu gênero, sentindo-se mais confortáveis em seus corpos e vidas. Pessoas trans podem optar por fazer uso de hormônios, mas é recomendado o acompanhamento médico com um profissional especializado para realizar essa intervenção. [NE]

"Quando decido fazer uma coisa, fico muito poderosa. Nada consegue me impedir. Sou muito concentrada. É como fumar. Desde que fui diagnosticada com problemas de pulmão, parei *assim*." Sandra estala os dedos e o coração dourado pendurado na pulseira tilinta na corrente grossa. "Não é aos poucos, é *de repente*. Acredito firmemente que somos tão poderosos quanto nossa mente. Acredito mesmo. Aham", murmura ela, concordando consigo mesma.

Jornadas de trabalho de 13 horas e semanas de trabalho de 6 dias e meses com 4800 quilômetros rodados e gargalhadas profundas da mulher cuja saúde foi avaliada por 3 equipes diferentes de especialistas e considerada tão frágil que seria um desperdício um transplante de pulmão. Todos concordaram que ela não sobreviveria à cirurgia, em parte por causa da condição do fígado. Sandra disse para eles: "Não quero morrer sufocando. É melhor fazer a cirurgia. Eu só tenho a ganhar: ou faço a operação e vivo ou, se morrer, vai ser tentando". Mesmo assim, foi negada.

A raiva que ela sente disso foi expressa uma vez, quando me contou que um dos seus clientes acumuladores, um homem idoso cujos tanques de oxigênio ficavam sobre uma pilha de fezes dele mesmo, mencionou que lhe ofereceram um transplante de pulmão, mas ele não tinha certeza se queria. Ela ficou enfurecida quando contou isso para mim. "*Ele* tem a chance e eu não?!" Ela não conseguia entender por que ele era um candidato melhor nem por que era possível ser ambivalente sobre o órgão. "Temos que aproveitar as oportunidades quando recebemos, amor!"

Quando perguntei ao médico de Sandra o que o paciente médio com as condições de comorbidade iguais às dela estaria fazendo em sua rotina, ele respondeu que estaria em casa, descansando. Mencionei o quanto ela faz e sua energia aparentemente infinita, e ele respondeu com brincadeira, mas também com carinho e admiração: "Ela devia viver cansada o tempo *todo*. Não consigo *imaginar* como ela seria sem isso". Ele parou para ponderar sobre o cenário contrafactual por um momento antes de balançar a cabeça. "É incrível."

O estilo de vida de Sandra não é o que corredores chamariam de ritmo suicida. Ao contrário, é profundamente sustentável. "Gosto de me manter ocupada", eu a ouvi explicar para um cliente uma vez. "Por ter uma doença terminal, percebo que minha mente fica ocupada, eu não penso no assunto e permaneço otimista." Ela não tem mais chances de conseguir um transplante de pulmão. "Chance nenhuma. Está sacramentado. Quantas vezes já me consideraram morta e enterrada? Deviam me batizar Lady Lázaro", diz ela, rindo. Eu vi pessoalmente os meses de depressão que vieram depois da decisão da equipe. Os meses em que ela viu que quanto menos fazia, menos queria fazer, até estar, sim, desejando morrer.

"Respirem pela boca! Se concentrem!" ordena Sandra ao girar a maçaneta que leva direto para o apartamento na penumbra.

A primeira coisa em que reparo são as moscas. Seus cadáveres estão secos no chão. Eu não diria que o local tinha um tapete de moscas, mas há uma cobertura bem consistente delas no piso. O apartamento é pequeno. O armário da lavanderia fica no pequeno saguão e a porta da secadora está bem aberta. Tem uma cesta de roupas limpas no chão ao lado.

Passo pelo banheiro e por dois quartinhos para chegar a um ambiente de sala e cozinha. A televisão foi deixada ligada em desenhos animados. Tem uma varanda na extremidade do apartamento; uma brisa entra pela porta de correr aberta, passando pelo sofá, que teve a cobertura retirada, mas não a mancha vermelho-ferrugem em forma de gente espalhada no assento mais próximo da janela. A mancha é chocante e assustadora, mas não tão assustadora quanto a imagem de vida interrompida repentinamente.

Cheryl está no quarto principal imaginando o rosto da mulher cuja gaveta de roupas de baixo está esvaziando. Tania está fazendo o inventário da cozinha. Ela abre gavetas e armários, tira fotos de tudo no interior. A gaveta de cima tem todos os utensílios de cozinha de um adulto. O armário tem uma caixa grande de cereal, um pote de Gatorade em pó. Uma sacola de plástico cinza com lixo está pendurada no puxador do armário embaixo da pia.

"Tudo tem que ser retirado", diz Sandra, passando por ali.

"A geladeira é do apartamento", lembra Lizzie.

"Ah." Sandra está consternada. Vejo-a repassar mentalmente o estoque de desinfetantes na van. "O que mais é do apartamento? Temos que saber, senão vamos jogar tudo fora."

O ímã solitário na geladeira diz: *Se seu médico estiver fechado, estamos abertos. Ajuda médica na madrugada...*

De um lado da pia da cozinha tem uma pilha de seringas limpas. Do outro lado, uma caixa fechada de absorventes íntimos de algodão orgânico, jogada lá como se tivesse sido comprada uma hora antes e estivesse esperando o leite ser guardado na geladeira antes de ser levada para o armário do banheiro. Tania fotografa uma gaveta cheia de sacos plásticos cinza.

Todo mundo se reuniu em volta de umas poucas fotos emolduradas da falecida com amigos ou familiares.

"Que desperdício, hein", fala alguém, observando uma foto com olhar clínico.

"Que garota bonita", comenta outra pessoa. Fico me perguntando se a aparência dela era aquela quando ela morreu ou na época da vida para a qual ela tentaria eternamente retornar.

Os faxineiros são rápidos e eficientes; silenciosos e respeitosos. Eles me lembram enfermeiros. Tem montes pretos de moscas mortas nos lustres. Olho a estante de livros. Tem *Narcóticos Anônimos*. Tem *The Secrets of Attraction* [Os Segredos da Atração]. *Taking Care of Yourself and Your Family* [Cuidando de Si Mesmo e de Sua Família] e *When Everything Changes, Change Everything* [Quando Tudo Mudar, Mude Tudo]. Tem DVDs. Tem *Missão Madrinha de Casamento*. Uma propaganda do Big Hugs Elmo, o boneco que abraça, aparece na televisão. Entro no quarto principal.

Um exemplar de *The Instant Tarot Reader* [Leitura de Tarô Para Quem Tem Pressa] marcado com um pedaço de tecido preto ocupa seu lugar na janela perto da cama. Tem frascos de perfume Ralph Lauren, um abajur de sal rosa e um protetor labial orgânico da linha da Miranda Kerr.

"Qualquer coisa personalizada, qualquer coisa que tenha a caligrafia dela, o nome...", lembra Cheryl a Lizzie quando elas se agacham para mexer na escrivaninha no pé da cama. Estão enrolando o carregador do telefone e colocando a bolsa da moça perto da porta de entrada.

Sandra instrui Dylan a pegar as seringas limpas e a lacrar o recipiente amarelo de plástico de seringas usadas na mesa de centro para a polícia como "evidência de uso de drogas ilícitas". Apesar de a polícia não revelar detalhes investigativos para Sandra, ela sabe que aquela morte não está sendo tratada como homicídio. Ainda assim, desconfia que a mulher não estava sozinha quando morreu. "A gente banca o Sherlock Holmes. Faz um trabalho de detetive o dia todo", disse ela uma vez.

Atravesso o corredor. Os armários do banheiro estão abertos. Tem os cremes e aparelhos de sempre. Produtos para bronzeamento artificial. A mesma marca de esfoliante que eu uso.

Volto para a sala e me obrigo a olhar ao redor devagar. Vejo dois travesseiros jogados e cobertos com a mesma mancha vermelha-amarronzada do sofá. Sangue seco. Vejo uma mancha viscosa de fezes humanas no chão debaixo do sofá. Vejo uma garrafa grande de Pepsi Max, ainda cheia, e um maço de cigarros na mesa de centro, também cheio. Não vejo nenhuma mosca viva. O apartamento está simultaneamente tão cheio e tão vazio; a ausência é uma presença, como matéria escura e buracos negros.

Sandra coloca um cartão de aniversário com um gato espirituoso em um saco de lixo branco cheio de itens pessoais e instrui Dylan a olhar com atenção dentro dos livros para ver se tem alguma foto entre as páginas. A família quer tudo que for pessoal. É importante.

Os quatro aposentos pequenos são uma enciclopédia de dificuldade e luta. A cesta de roupas limpas. O elíptico coberto de poeira. A gaveta da cozinha com sacolas de compras prontas para serem reutilizadas. O manual dos Narcóticos Anônimos e o livro *Secrets of Attraction*. As seringas limpas. O cheiro de morte, despercebido por duas semanas e meia no auge do verão, que penetra pela máscara e chega à minha boca.

Saímos do apartamento por um instante. Tem sangue nas luvas de Lizzie; mais vermelho — mais fresco — do que o sangue no tecido do sofá. Perguntam a Sandra de onde veio se a casa estava trancada.

"Larvas", responde ela secamente. "O ciclo da vida. É impressionante."

Enquanto Sandra ensina a Dylan como guardar os itens pessoais em dois sacos para que o fedor não seja sentido, como enrolar fita no alto de um jeito que seja fácil para a família abrir, olho para as janelas dos apartamentos idênticos ao redor.

É assim que termina às vezes, com estranhos de luva observando seu sangue e seus muitos frascos de xampu e seu agora irônico cartão postal de Krishna dizendo "Faça mudanças positivas" e o último canal de televisão que você escolheu na noite em que morreu e o jeito como o sol bate na árvore em frente à janela do seu quarto, para a qual você olhava quando acordava. É assim que termina quando você tem azar, mas sorte o suficiente para ter alguém como Sandra, que se lembra de olhar dentro dos livros em busca de pedaços de você para guardar antes que estranhos coloquem os próprios móveis no lugar onde antes ficavam os seus.

Peter é apresentado a Linda por um amigo em comum uma manhã no trem para o trabalho. Ela flerta com ele, o garoto alto e gentil que tem cabelo loiro brilhante na luz da manhã. Ela é baixa. É um ano ou dois mais velha. Tem olhos bonitos e cabelo preto comprido e um sorriso ousado, e ele gosta da sensação quando ela olha para ele. Eles conversam timidamente, balançando no vagão que percorre os trilhos.

Mais tarde, quando é provocado pelos homens com quem sai sobre a mulherzinha esperando em casa, ele começa uma lamentação, dizendo que não era para ser assim. *Nós ficamos amigos enquanto conversávamos no trem, mas eu não tinha interesse em nada, só em uma pessoa pra dividir a moradia, sabe?* Ele explica que o acordo foi: cada um tinha seu quarto. Que as coisas foram bem por um tempo, até a manhã de domingo em que ela violou o acordo entrando no santuário particular dele para servir café na cama e aí o *seduziu*.

E é assim que ele sempre vai lembrar: com uma certa mágoa e um certo espanto, mais por efeito dramático, mas também impressionado com sua ingenuidade de pensar que só por poder executar o ato sexual com ela, ele tinha que se casar com ela. Mesmo assim, sentiu orgulho — só por um tempo, mas, ainda assim, muito orgulho — de estar fazendo o que as pessoas normais faziam. Ele tinha uma coisa que os outros tinham. Estava finalmente dentro.

Apesar de ter 19 anos, Peter precisa do consentimento dos pais para poder se casar com Linda na pequena igreja católica de ardósia da cidade. Ele volta à rua Birchill, os papéis dobrados no bolso como uma libertação burocrática da violência do pai e do desprezo da mãe.

Ele fica em pé na sala e explica que pediu Linda em casamento e ela disse sim e que ele já pediu permissão ao pai dela (deixando de fora a parte de ter feito isso apesar de ter medo da família dela — do pai, dos irmãos; da bebedeira e da grosseria deles).

Bill não levanta o rosto do jornal. Ailsa está encostada na porta da cozinha, ouvindo, a língua pronta. "Olha, nós sabemos o que você é", diz ela, apertando os olhos gelados na direção dele, olhos tão próximos que quase parecem vesgos. "Sabemos que não vai dar certo." Mas concorda em assinar os papéis, mesmo assim.

E não há mais nada para ele ali, naquela casa onde aprendeu a andar. Ele murmura seu agradecimento e sai, sentindo-se mais pesado a cada passo, conforme o peso das palavras da mãe vai se assentando nele, e ele se dá conta de que não há nada que possa fazer para que o amem.

Por muitos anos, Peter não vai se dar conta do corolário glorioso que tem aí: que não há nada que ele pudesse ter feito para que eles *não* o amassem. E apesar de vir a saber disso ao longo dos quarenta anos seguintes, de sustentar o pensamento na mente, ele nunca vai sentir naquela parte que fica abaixo do pescoço onde mora a verdadeira segurança. Isso vai deixá-lo com tendência à escuridão feito uma lâmpada frouxa e bruxuleante.

Ora, aos 19 anos alguém precisaria de permissão dos pais para se casar? Seria uma particularidade administrativa daquela igreja específica? Seria o consentimento dos pais de que Sandra se lembra na verdade uma outra coisa, o aluguel do primeiro apartamento, talvez? Ou não seria um formulário de permissão, mas só um convite de casamento? Sandra não lembra. O ano do casamento, se ela fez uma recepção, as datas de nascimento dos filhos, os detalhes do divórcio e o ano da cirurgia de redesignação sexual; ela simples e genuinamente não lembra.

"É um blecaute total."

"Não sei, não é estranho?"

"Não sou tão boa com datas e lembranças."

"Perdi alguns anos. Não faz sentido pra mim. Não faz nenhum sentido."

"Não sei, pra ser sincera. Eu apaguei tudo."

As coisas de que Sandra não lembra poderiam encher este livro, poderiam encher muitos livros, poderiam encher uma biblioteca. Às vezes, imagino esses livros. São diferentes dos que tive na infância: tijolos macios e amarelados com cheiro de lar. Eles têm lombadas imaculadas e páginas sem cortes. Ouço o estalo que fazem quando são abertos pela primeira vez. Alguns dos livros fazem parte de uma série (*Peter Collins: Primeiros Anos, Vidas da Rua Birchill, Peter Collins: Anos Perdidos, 1973– 89*). Outros são monografias (*Adoção e a Igreja Católica em Victoria*). Tem um de memórias (*Primeiras influências, Aposentos Onde Morei*), de receitas (*Coberturas de Bolo e Decoração para Todas as Ocasiões*, de Beryl Guertner), de história (*Uma História Social dos Subúrbios Ocidentais*). Essa biblioteca de coisas de que Sandra não se lembra inclui trabalhos em outras mídias: uma aquarela da rua Birchill no entardecer, mapas, fotografias, uma lista de compras escrita atrás de uma conta de telefone (ovos, farinha, pão, leite, ~~gim~~).

A biblioteca que enchem, escura e silenciosa como uma cripta, existe da mesma forma que não existe: tem um formato. Assim, as coisas que Sandra esqueceu são tão reveladoras quanto as coisas de que se lembra e isso me ajuda a entender uma vida que deixou marcas tão leves no registro histórico. As datas e os fatos que podem ser verificados externamente são as estrelas pelas quais me guio. Muita coisa se perdeu, mas estudo você há anos, Sandra P. Você é meu Talmude, minha Pedra de Roseta, meu Bóson de Higgs. Nas partes em que minha pesquisa nada encontra, só posso oferecer deduções baseadas em fatos e imaginações informadas, mas qual é a alternativa?

Seja qual for o nome, eu o recuso. Sandra, esta história é sua. Você existe na Ordem das Coisas e na Família das Pessoas. Você faz parte, você faz parte, você faz parte.

Bill deixa Ailsa em St. Augustine e vai embora. Na expectativa de que sua mãe possa proclamar em voz alta sua objeção ao casamento, Peter combinou com os amigos Ian e Freda de eles se sentarem perto dela durante a cerimônia e a levarem para fora caso isso acontecesse. E apesar de Ailsa ficar quieta, a objeção dela ainda está ao alcance da audição humana. Ao vê-la sentada ali, furiosa e em silêncio, Peter sabe que apesar de sua mãe o odiar por ser diferente e que o abominaria ainda mais se ele tivesse confirmado a convicção clara dela em relação à sua homossexualidade, ela também não quer aquilo para ele — a melhor chance de normalidade reprimida oferecida por Melbourne em 1972.

Ele nunca vai ter certeza do motivo de ela ter comparecido aquele dia. Talvez seja pelas aparências, para que as pessoas não falem mais do que ela acha que já falam. Talvez seja para exibir um pouco o orgulho que é seu por direito por ter criado um filho até a idade adulta. Talvez seja punição ou vingança ou um ato de testemunho com a injustiça que ela vê na cerimônia, sentada lá em um encantamento silencioso como quem diz "Já é ruim o bastante você ser uma abominação, mas agora você vai levar essa pobre garota junto". As três possibilidades não são mutuamente excludentes.

Depois do casamento, Peter e Linda pegam um bonde com os amigos até a casinha deles na rua Farm, posando para fotos no caminho debaixo do sol de verão. Peter preparou toda a comida para a festa, comprou vieiras do peixeiro vizinho — que, bêbado, diz ao casal que está gostando mais da festa deles do que do casamento da própria filha na semana anterior porque todo mundo está feliz e relaxado, sentado às mesas debaixo da pequena marquise nos fundos.

Na segunda-feira, Peter volta ao trabalho de vender bilhetes na estação de trem durante o dia e limpar uma agência bancária à noite, onde Linda vai ajudar e fazer companhia. Em pouco tempo ele consegue um emprego que paga melhor em uma fábrica de pneus, onde o chefe é um valentão; no entanto, pela primeira vez, Peter consegue começar a guardar um pouco de dinheiro.

Eles olham uma casa de dois quartos com terraço na rua Benjamin, no subúrbio de Sunshine. Enquanto Linda conversa trivialidades com o dono, Peter percorre os aposentos, a mente cheia de ideias. Apesar de o espaço ser pequeno e escuro, ele vê ali a casa que vai se tornar: onde paredes e janelas podem ser acrescentadas e removidas, como a mobília que ainda não podem comprar será arrumada, a cor da tinta que vai passar nas paredes, o formato do jardim que ele vai fazer.

Peter vai esquecer o nome do hospital onde seu primeiro filho nasceu e se ele estava lá no parto, mas vai carregar para sempre dentro de si, em miniatura, a planta daquela casa que ele comprou, nos termos do vendedor, direto do dono.

Com a música alta e a porta da frente aberta, Peter e Linda constroem uma cerca na frente ao som de "Mad Dogs & Englishmen", de Joe Cocker, se revezando para entrar em casa e trocar o disco. Eles fazem as tarefas domésticas juntos e cuidam do jardim juntos, e os amigos vão visitá-los à noite. O pai de Linda também vai e ajuda Peter a derrubar a janelinha da frente e botar uma maior no lugar, e a luz livre entra e desagua sobre a cama onde o casal acorda animado com o novo dia e se aconchega à noite, sussurrando e rindo.

Peter começa a reformar os aposentos sozinho, um de cada vez, usando as habilidades que vai aprendendo gradualmente ao ver um vizinho reformar a casa na mesma rua. É assim que aprende a construir os arcos de tijolos expostos dos quais se orgulha tanto. Ele fica ambicioso e instala uma campainha elétrica. Entretanto, toda vez que alguém toca, a luz pisca. "Não entendo de eletricidade direito", admite ele para Linda na primeira vez que acontece e os dois caem na gargalhada.

Ela o adora, o marido alto e loiro que é tão bonito, engraçado e gentil. Ama vê-lo transformar ovos em massa e arrancar erva-daninha da terra e tirar teias de aranha do gesso do teto; seu Pete, que lhe ensina tanto e a faz se sentir segura, o marido que é tão diferente dos garotos abandonados pelos pais e dos homens bêbados que ela passou a infância evitando. Ela ama como ele vê as coisas de forma tão diferente e como vai ficar aquela vida que eles estão construindo juntos na rua Benjamin em Sunshine.

Ela não sabe que a família dela toda acha que ele é gay e não acreditaria se alguém lhe contasse. Não tem nada de errado na cama do casal, exceto as enxaquecas frequentes dele. E os pesadelos horríveis que o fazem se debater e a chutar com violência dormindo. Quando acorda suado e em um sobressalto, ele diz que está estressado com o trabalho: *o chefe, aquele filho da mãe, não é nada, amor, estou bem, volte a dormir.*

Mas os sonhos não diminuem. Por isso, em uma tarde de sábado, quando Peter sai com amigos, Linda vai até a Pneus Olympic, em Footscray, os lábios finos apertados. A porta se fecha quando ela entra e vai até a recepção suja e exige o pagamento dele, direto do chefe, e lhe informa que o marido não vai voltar.

"Ah, vai, sim", diz o homem, rindo e olhando para ela com superioridade.

"Quer apostar?", responde ela, apertando os olhos. "Estou grávida e estou levando chutes na barriga todas as noites por sua causa!" Ela sai dali orgulhosa com o dinheiro que foi buscar e vai para casa de ônibus, ansiosa para surpreender Peter com a notícia de que tudo vai ficar bem agora. Ela ainda pode trabalhar por mais uns meses, até o bebê nascer, e ele vai conseguir outro emprego logo, ele é bom em tantas coisas. A casa ainda está vazia quando ela chega e espera acordada, até que acaba cochilando por volta da meia-noite no sofá.

Quando falamos sobre recém-casados em 1972, falamos sobre crianças — não só os bebês concebidos o mais rápido possível depois e muitas vezes antes de casamentos, mas sobre os casais em si, que muitas vezes era composto de adolescentes. Isso era verdade sobre Peter e Linda, que estavam só se esforçando para seguir o roteiro.

O filho deles, Simon, batizado em homenagem ao querido irmão mais novo de Peter, nasce quando o pai tem 20 anos. E embora esteja saindo secretamente com um homem chamado Michael durante toda a gravidez de Linda, ele fica mesmo embevecido quando o filho nasce. Fica "tão feliz pra caralho" que rompe com o namorado. Peter acende um baseado e escreve um bilhete que diz: "Você precisa de alguém que não usa os outros só por estar solitário. Por favor, entenda, eu tenho família agora. Preciso tomar jeito e só pensar em ser um bom pai e um bom marido. Quero que meu casamento dure". Seu segundo filho, Nathan, nasce nove meses depois.

"Quase gêmeos", diz ele, rindo, para os maridos das amigas de Linda quando passam para visitar o novo bebê. "Toda vez que toco nela, acontece alguma coisa. Nós parecemos coelhos." As palavras soam estranhas em sua boca, como se ele estivesse com a dentadura de outra pessoa. As palavras que não pode dizer são bem mais naturais: o quanto o perturba; que o choro dos filhos evoca nele um rebote da fúria do seu pai; que ele se sente menos em casa ali do que na casa em que passou a infância; que tem medo; que não está aguentando.

Não é ele quem não dorme à noite há dois anos por causa da gravidez e da amamentação; não são as mãos dele que estão rachadas e sangrando de botar fraldas sujas de molho na água sanitária, e, ao contrário de Linda, ele vai trabalhar em um lugar onde consegue beber uma xícara quente de chá até o fim. Ainda assim: Peter não está mesmo aguentando. Ele vive chapado. Não consegue respirar fundo. Seus olhos parecem janelas sujas, ele vive tão ansioso que é difícil olhar para fora. Mas, assim como a paquera e o casamento e a casa e os filhos e os empregos de merda, essa infelicidade e essa alienação crescente da esposa parecem seguir o roteiro da vida normal: o centro aguenta.

Mas quando Linda leva as crianças para passear, uma paz toma conta da casinha, e tem menos a ver com a ausência de barulho do que com o espaço que o silêncio abre para sons menores: a voz, por exemplo, que ele pratica baixinho no chuveiro, por trás do véu de água corrente. Não só no tom, mas na inflexão, nas palavras e nos gestos. Ou o refrão que vibra nas suas veias, que significa só sua certeza e que diz: aqui não é seu lugar.

Quando dirige para a cidade, sua mente vaga enquanto o carro é engolido pelas ruas escuras e Peter esquece, por longos períodos, que é ele quem guia e acelera. Ele vai mais rápido apesar da convicção crescente de que está prestes a ser incinerado por algo parecido com um relâmpago.

Como Peter conheceu Michael e como descobriu sobre seu primeiro bar gay são dois segredos perdidos na história. Não há imprensa da comunidade, não há rádio da comunidade, não há comunidade visível nenhuma. Durante um longo tempo, ele não teve nem amigos nem conhecidos gays, eram só ele e sua boa esposa. Talvez houvesse um estranho que se aproximou depois de um olhar expressivo, talvez um amigo de um amigo. Boatos, piadas, uma pérola de informação arrancada das merdas que os caras do trabalho falam uns com os outros nos intervalos.

Independentemente de onde conseguiu a informação, ele agora tem um endereço e está indo para lá. O Hotel Dover. O Hotel Dover. Guardado dentro dele nas últimas semanas, Peter agora pega o nome do seu destino e o abre na mente, onde concede ao seu passeio solitário e hesitante a legitimidade do propósito. Nenhum raio o acerta quando ele entra pela porta do bar e sobe um lance de escada. Só há cheiro de fumaça velha e cerveja e, como se de longe, um barman perguntando se é a primeira vez dele ali.

"É", responde Peter.

"Bom, pode ficar se quiser, amigão, mas as coisas só esquentam aqui lá pras 22h ou 22h30", diz o homem, virando-se para a pia atrás dele. São 18 horas. Peter agradece e desce a escada e sai para a rua para procurar um café, onde fica com uma xícara nas mãos fingindo ler jornais velhos até a hora de fechar. Ele anda pelo bairro em círculos amplos até estar na hora de voltar para o bar. Mas, apesar de já ter treinado, de já ter subido aquela escada antes e de saber aonde está indo, ele continua sem saber aonde leva e o que fazer quando chegar lá e ver, pela primeira vez, dois homens juntos. Para quem o vê hesitar no alto da escada, a incerteza passa pelo rosto dele assim como o filme de sua vida. Seu coração pula nos ouvidos e as vozes se confundem à sua volta. O tapete é macio embaixo dos seus pés e os homens se movem por ali, aparentemente lentos demais, indo da mesa para o bar ou parados em pequenos grupos ou pares. Peter se pergunta se está sonhando, e vozes calorosas dizem algo gentil para ele e o alívio toma conta e ele finalmente consegue respirar direito.

Ele entra no novo emprego ereto e reluzente como as letras brancas no teto da fábrica feita de tijolos de cinco andares que escrevem DARLING. Peter tem grande orgulho de seus deveres como técnico de laboratório na John Darling Flour Mill, que consiste basicamente em examinar as várias propriedades da farinha sendo usada para fazer pão na cozinha de testes. Ele verifica como a massa cresce, analisa os níveis de umidade e ajusta a cor para que possa ser vendida para clientes como o McDonald's e transformada em pães idealizados de hambúrguer. Ele chega na hora todas as manhãs, mesmo que tenha dormido pouco na noite anterior.

É o começo de 1975. Peter é frequentador regular do Dover agora e quanto mais gente conhece, mais ele aprende sobre outros lugares aonde ir. Essas saídas noturnas não são por causa de sexo, mas para socializar e relaxar e explorar um mundo que ele não sabia que existia e, lá, a si mesmo. Agora, quando passa pelos baldes cheios de fraldas de molho e entra pela porta todas as noites, sua barriga não dá um nó de medo porque ele não está lá de verdade. Quando contorna a comida jogada no chão ou sente o cheiro do leite estragando nas mamadeiras na pia, ou quando choros destroem por um momento seu sono como um vidro jogado na parede, ele não repara, porque na mente está dançando com Joe no Annabel's.

Acha Joe, em parte persa e em parte italiano, muito bonito. Mas Joe demora mais para se arrumar no banheiro do que ele, o que não é pouca coisa agora que Peter usa um pouco de maquiagem. Não é sua preferência, essa coisa que ele tem com Joe. Mas parece mais certo do que quando Linda massageia suas costas cheia de intenções à noite e, bem, você faz algumas coisas por companheirismo. Peter ainda usa aliança, mas o orgulho radiante se foi; aquela é uma pequena algema.

O orgulho da casa e do trabalho e dos filhos, do arco de tijolos expostos e da campainha engraçada também se foi. Voltou a ser muito difícil respirar fundo naqueles dias. É mais difícil pensar, mas parece que ele só faz isso, caça os pensamentos em círculos, presos dentro da sua cabeça. Peter desiste da reforma do banheiro que começou com tanto entusiasmo; o buraco onde ficava a banheira o recrimina cada vez que ele entra.

Peter não se interessa por peitos e quase não pensou nisso. Mas, até onde pensou, supôs que os seios fartos das garotas dançarinas faziam parte da fantasia: são feitos de plástico e conectados de alguma forma às gargantilhas grossas de pedras que elas usam no pescoço quando dançam no palco. No entanto, ele acaba se dando conta de que algumas daquelas drag queens realmente vivem a vida como mulheres, com corpos reais que não são os corpos com que nasceram. Pouco tempo depois disso, ele ouve alguém em um bar uma noite falando sobre tomar hormônios femininos e passar pela Grande Mudança.

A sensação é de uma luz se acendendo.

Encontrar um médico não é fácil. Ele vai parar em um consultoriozinho em Carlton, não muito longe do Hotel Dover. Em resposta ao pedido de Peter por hormônios, o médico explica que a coisa sobre a qual ele está perguntando é apenas uma pequena parte de um longo processo. Também explica que os hormônios farão mal à saúde dele; vão diminuir sua expectativa de vida.

"Olha, eu posso sair daqui e ser atropelado por um caminhão e não ter feito o que eu queria fazer", diz Peter.

"Se você não tiver mudado de opinião em uma semana, volte", responde o médico.

Peter volta uma semana depois, com as convicções ainda mais firmes; o médico escreve a receita.

Ele ganha tanto peso que ficam de provocação no trabalho. É chamado de jogador de futebol americano, dizem que ele seria um bom jogador do ataque, que é grande feito um armário. Peter ri e diz que é por causa de toda a cerveja que bebe quando vai para o bar fugir da patroa. Ainda assim, deixa o cabelo crescer. Os seios começam a nascer embaixo da gola da camisa. No começo, "todo mundo fica rindo dele", mas alguma coisa muda. Quanto mais diferente ele fica, mais protetores ficam com ele. Até os caras mais grosseiros que trabalham no silo agem com gentileza. Talvez admirem sua coragem ou tenham pena dele. Talvez só estejam fazendo com que Peter fique tão à vontade como ele sempre fez com que ficassem.

Todos os dias de manhã, ele pega os suprimentos que esconde de Linda e passa pó compacto no nariz antes de uma camada fina de rímel preto, a boca em um "O" perfeito no retrovisor. Ele acha que ninguém percebe, mas as pessoas percebem, sim. O que ele não percebe é que ninguém liga mais. Ele é um excelente funcionário — eficiente, independente, um conciliador talentoso — e não só se dá bem com todo mundo do escritório e do laboratório, mas também ganhou o carinho dos colegas sem o menor esforço. Impressionou os gerentes, que estão pagando um curso de administração para ele na cidade. O chefe tenta promovê-lo para uma posição que exigiria maior contato com clientes. Apesar de seus colegas o aceitarem bem, Peter se sente ao mesmo tempo muito envergonhado e militantemente comprometido com a maquiagem e os hormônios. Sua forte convicção é que ele não pode continuar a fazer o que precisa fazer e ainda oferecer a dignidade necessária à função que iniciou como homem hétero. Apesar dos protestos do chefe e sabendo que está abrindo mão de uma boa carreira, Peter recusa a promoção.

Ele tenta chegar em casa depois do trabalho para aparecer para jantar e, de vez em quando, vai à casa dos sogros para um aniversário, mas na maior parte do tempo age como se não tivesse família. Sai tarde da noite sem dar explicações. Está sempre drogado. Menciona lugares e pessoas dos quais Linda nunca ouviu falar. Some nos fins de semana para fazer compras de maquiagem barata e roupas novas com os amigos de boate. Peter compra uma peruca loira em uma loja da cidade e, embora em retrospecto ele a descreva como um capacete horrendo de plástico, na época ele se sente "lindo pra caralho" quando a usa para ir ao Annabel's e na pista de dança. Ele é leonino, solar, em êxtase nas horas curtas demais antes de precisar esconder tudo no barracão do quintal, de brilhar em dourado na escuridão até a vez seguinte.

Linda sabe que tem alguma coisa errada. Fica rondando-a enquanto ela tenta, no fim de cada dia longo com os bebês, esconder a barriga flácida debaixo da única blusa boa para ficar bonita para o marido. Um fim de semana, a mãe dela aceita ficar com os meninos para os dois poderem visitar uns amigos, outro casal. Peter, embriagado, propõe na noite de sexta que eles troquem de parceiro. Linda aceita com relutância porque acha que isso vai salvar seu casamento. Mas, quando o fim de semana acaba, depois que eles pegam os meninos e chegam em casa, Peter anuncia que não a ama mais e que vai deixá-la por outra mulher.

Ela fica arrasada. Peter se prepara para sair de casa, um processo que leva meses, durante os quais eles ainda dividem a cama. Ela vive cheia de sofrimento pela morte do casamento, torturada pelos pensamentos sobre essa outra mulher e o que vai dizer para os meninos e pela visão das caixas de mudança no quarto. Uma noite na cama, meio dormindo, o pé dela roça no dele de leve. "Não toque em mim", diz ele com rispidez. "Não gosto que mulheres toquem em mim."

• • •

Peter está no andar superior, no Annabel's, olhando para a pista de dança. As pessoas estão bêbadas e doidonas de comprimidos. Sentado no colo de Joe, ele se sente bem, anônimo, energizado. Eles estão falando com intimidade, flertando e rindo. De mãos dadas a caminho do bar lotado, abrindo caminho pelo salão entre goles de uísque e Coca-Cola.

É nessa hora que ele esbarra distraidamente em alguém e murmura "Desculpe" sem virar a cabeça. É nessa hora que Linda entra na frente dele, que ele olha para o rostinho dela e para o resumo de seus próprios erros.

Peter não consegue explicar para ela que, apesar de estar em um clube gay, de mãos dadas com um homem e de peruca e maquiagem, ele não é homossexual. Só pode dizer o que sabe: que é diferente. Não tem uma palavra para o que sente, não sabe se essa palavra existe.

Ele também não conhece a esposa: está claro agora que a subestimou grosseiramente, não só o quanto ela repara, mas o quanto ela o ama de verdade. Ela implora para ele ficar. Implora para ele procurar ajuda psiquiátrica para "aquilo", que na época incluía tratamento com eletrochoque. Peter não comete o erro de subestimá-la grosseiramente de novo. Ele tem que ir embora agora. E implora que Linda o deixe ficar com os meninos. "Você pode ter mais filhos", suplica ele. Linda, incrédula, recusa.

"Eu estava no mundo da fantasia", lembra Sandra. "Não teria dado certo por causa do que eu tinha que fazer para sobreviver. Eu não tinha confiança em mim mesma, menos ainda para criar um filho, e o que teria causado a uma criança naquela época ser criada por uma pessoa queer?"

Ao se afastar da casa no carro lotado, Peter está tremendo com o peso sufocante de tudo que está deixando para trás: o casamento, os filhos, a casa, a maior parte dos seus bens e uma carta para os advogados que diz: *A quem interessar possa, eu — Peter Collins — admito ser homossexual e desejo conceder o divórcio à minha esposa por motivos de incompatibilidade sexual.*

Peter deixa Linda para trás com duas crianças pequenas, uma hipoteca, nenhuma economia, nenhuma renda, sem carro, sem um banheiro que funcione e sem forma de fazer contato com ele. Deixa para trás a necessidade de agradar os pais; vai embora apesar do fato de que isso vai oferecer a prova conclusiva da antiga convicção de que ele não é digno de amor. Vai embora apesar de não ter emprego nem casa para ir. Vai embora porque, com quase 23 anos, ele já é tão velho e tão jovem. Vai embora por algo que ainda não consegue nomear e porque a única coisa da qual tem certeza absoluta é que não deveria estar lá, na rua Benjamin, em Sunshine, com a esposa e os filhos. Ele nunca se sentiu tão sozinho na vida. Está tremendo de dor e de pavor, de estar indo para longe e ao mesmo tempo ao encontro de si mesmo.

Durante anos, Linda vai sonhar com Peter voltando para ela. Da parte dele, Peter vai lembrar que Linda tinha cabelo comprido e se vestia "de forma moderna", de minissaias e sapatos brancos plataforma; vai dizer que ela era "uma ótima pessoa". Mas os outros detalhes da personalidade dela, se tinha senso de humor, por exemplo, ele vai bloquear completamente. Ele nunca vai encarar a grande dificuldade — financeira, física e emocional — que sua partida deixou para Linda, como mãe solteira dos filhos dos dois.

Também é verdade que ele não vai conseguir comemorar o Natal nos quinze anos seguintes; que a lembrança de Simon acenando, "Tchau, papai", na porta da frente vai magoar seu coração para sempre e que, apesar de não saber nada sobre os filhos por quase quarenta anos, ao fazer 60 ele vai colocar uma foto dos bebês em um porta-retratos prateado e posicionar cuidadosamente onde possa ver todos os dias, ao acordar.

Sandra lembra que foi barrada não só da guarda, mas de qualquer contato com os filhos por causa da declarada homossexualidade: "Me disseram que eu não poderia vê-los, senão eles pegariam o que eu tinha". É assim que ela entende o que lembra do divórcio, mas a *Lei do Direito de Família* não desqualificava automaticamente um pai homossexual da guarda ou acesso aos filhos. As decisões eram tomadas caso a caso, de acordo com o bem-estar da criança, levando em consideração a capacidade de criação do pai e da mãe e os padrões sociais da época.

Esse último aspecto não era bom para o pai homossexual, mas não o barrava da guarda e do acesso. Linda lembra que, na audiência da guarda, Peter recebeu acesso livre aos meninos com uma condição: "Ele poderia visitá-los em casa a hora que quisesse, porém, se fosse vestido de mulher, não podia dizer quem era. Seria confuso demais". Peter nunca visitou os meninos e nunca apareceu para a audiência de divórcio. Quando o divórcio foi concluído, em 22 de agosto de 1977, Peter Collins, *também conhecido como Stacey Phillips*, foi listado nos jornais como tendo *endereço desconhecido*.

Sandra entendeu o resultado impossível da audiência de guarda como significando que ela estava isenta das exigências legais e morais de sustento marital e pensão dos filhos para sempre. Ela me contou uma vez, no contexto de preparar o testamento para que seus bens custeassem bolsas de estudo em uma das melhores universidades do país: "Eu só quero que seja assinado, legalizado e entregue, para que eu saiba que meus bens terão um destino. Senão, poderiam ir para os meus filhos, poderiam ir para a minha esposa...".

Quando Linda se lembra do fim do casamento, ela fica um pouco envergonhada, mas seu tom é franco e nunca ressentido. Peter levou o carro, "mas eu tive que ficar pagando as prestações", diz ela. "Naquela época, a pensão, eu me lembro claramente, era de 96 dólares australianos. O pagamento da minha casa era 32,50 por semana. Isso me deixava com 31 dólares para cada quinze dias, e com isso eu só conseguia pagar algumas contas. Eu pegava cupons de comida toda semana. Quando [os assistentes sociais] viram os meninos com o que eles tinham nos pés, perguntaram: 'Esses são os únicos sapatos que eles têm?'. Eu disse que sim. Com buraco e tudo." A assistência social ajudava no Natal, e a instituição Boys Town também.

Peter ainda não tinha terminado de reformar a casa. "Fiquei sem banheiro. Ninguém queria me ajudar a fazer o banheiro. Eu tinha que dar banho nos meninos na pia da cozinha. Tinha que tomar banho no vizinho. Foi durante três anos que vivi assim."

"Minha família não quis ajudar enquanto a casa não estivesse no meu nome. Eu tinha que tentar encontrá-lo. Pete me contava sobre as pessoas que conhecia, as casas noturnas que frequentava e que conhecia o grupo Play Girls, derivado do Les Girls. [Um dia, o Play Girls estava] no programa *New Faces* do canal nove. Eu liguei para o canal e perguntei: 'Você pode me dar o número desse grupo? Quero contratá-lo'."

Linda levou o número de telefone até a polícia e disse que estava tentando encontrar o marido, que não estava pagando pensão. Um detetive encontrou o endereço correspondente ao número nos conjuntos habitacionais perto do centro. A mulher que atendeu a porta disse a Linda onde ela podia encontrar Peter.

"Eu apareci lá. Estava com os meninos e a minha irmã. Tinha uma garota lá que parecia um cara, Pete estava vestido de mulher e Simon ficou olhando para ele, confuso. Eu não falei para Simon que aquela pessoa era o pai dele. Fiz com que ele assinasse os papéis. Chorei na maior parte do caminho pra casa.

"Eu estava com pensamentos suicidas. Fui a um psiquiatra e ele me passou medicação. Eu ia tomar uma overdose. Ia me matar e matar os meninos. E pensei: 'E se eu morrer e eles não? E se eles morrerem e eu sobreviver?'.

"Eu nunca disse nada pra ninguém. Nunca vi nenhum dos nossos amigos depois que nos separamos. Ninguém sabia o que dizer pra mim. Eu não era próxima da minha mãe. Mas uma manhã, às 8h, ela apareceu na minha porta. Eu falei: 'O que você veio fazer aqui tão cedo, mãe?'. Ela disse: 'Senti que você precisava de mim'. Ela me salvou.

"Eu tinha que sair daquela situação. Ao longo dos anos a depressão ia e voltava. A gente sobrevive pelos filhos.

"Fiquei com raiva por muito tempo. Pensei: se meus meninos acabarem sendo como ele, vou encontrá-lo e vou matá-lo; foi isso que senti durante dias, mas superei. Nunca critiquei Pete diante dos meninos. Ele era um bom sujeito. Eu o amei e por muito tempo desejei que voltasse. A única coisa que ele fez de errado foi se casar comigo sabendo como era. Ele disse que fez isso porque queria se sentir normal. É honesto. Ele queria ser normal."

• • •

Tem duas fotos de Peter e Linda no batizado de Simon. Na primeira, o casal está rígido na frente da parede marrom da Igreja da Nossa Senhora do Perpétuo Socorro com Bill e Ailsa entre eles, em uma imagem muito constrangida. O pequeno Simon, envolto em roupas brancas, está no colo da avó. Ailsa olha para a câmera sem sorrir, mas não sem orgulho. Bill, de terno cinza e gravata, olha para o bebê e o toca rigidamente como se em bênção ou descrença, o efeito sendo menos de emoção e mais de um homem que não sabe o que fazer com as mãos. Ao lado de Ailsa, Linda está com as mãos unidas na frente do corpo, provavelmente já grávida de Nathan. Ela está radiante com o vestido verde, linda e orgulhosa de verdade. Peter, do outro lado, está ao lado de Bill e de lado para a câmera; devia ser uma composição agradável, mas o efeito é perturbador porque ninguém acompanhou o movimento dele. Peter está de calça preta, um colete de tricô e uma camisa lilás aberta no colarinho. Enquanto os outros são uniformemente escuros e gorduchos e baixos, Peter é dourado e magro e alto como um girassol. Olhando para a câmera com as sobrancelhas erguidas e as mãos unidas nas costas, ele parece sobressaltado, como se tivesse interrompido o retrato familiar de outra pessoa. Na segunda foto, um padre de veste roxa borrifa água na cabeça de Simon enquanto Linda o segura acima da fonte e Peter sorri — genuinamente — para o filho.

    Sandra guardou essas fotos por 43 anos. Ela as levou quando foi embora da rua Benjamin, junto de suas roupas, uma toalha, um conjunto de lençóis, um jogo americano, o conjunto de ponche que ganhou de presente de casamento e o carro. Carregou consigo para as inúmeras casas que habitou em três estados ao longo de quatro décadas. Perdeu no caminho os pais, os irmãos, uma esposa, um marido, os filhos, os enteados, vários amigos, dois negócios, duas casas, dois carros e um dos dedos do pé, mas guardou essas fotos com carinho. O motivo para a importância delas, no entanto, não está muito claro.

    "Não sei por que guardei, mas guardei...", disse ela, vaga, mas não evasiva, quando perguntei sobre as fotos. Sandra nunca as exibiu nem mostrou para outras pessoas. Mal dá para ver o rosto do filho bebê. Mas dá para ver os rostos dos pais e da ex-esposa, nenhum dos quais ela lembra com carinho. Por isso, me pergunto se essas fotos teriam uma natureza de testemunha: sou esse homem, sofri, estive lá. Tive uma esposa e batizei meu filho na igreja da família. Eu tentei.

Apesar da aparência e dos nomes e dos papéis terem mudado drasticamente ao longo da vida, Sandra viveu seus dias com o mesmo coração e o mesmo esqueleto e isso, eu acho, é o que as fotos estão dizendo. Sem família para guardar suas lembranças — para reforçar sua existência lembrando momentos do livro da vida dela com alegria ou constrangimento ou empatia ou ressentimento ainda recente —, ela é a única portadora de toda sua história. Se ela não atestar aquela parte inicial da vida, o fato de que aconteceu vai sumir por completo. É isso que significa perder a mãe, que carrega consigo as lembranças insubstituíveis da sua personalidade, e é aumentado exponencialmente por perder a família toda.

Ela aceitou com gratidão alguns dos cristais bons de Ailsa (oferecidos pelo irmão Simon) depois que a mãe que tanto a rejeitou faleceu. "Eu amava cristais", disse Sandra quando perguntei o motivo. Por um momento, vejo a criança que cresceu admirando os arco-íris aprisionados nos objetos. "E devia haver alguma coisa ali, se é que você me entende..."

Eu entendo. Pode ser correto dizer que sinto; que algo dentro de mim dá um estalo, como quando água fervente é colocada dentro de vidro. Assim como Sandra guarda os cristais bons, eu guardo um anel de formatura do ensino médio, com uma gravação de 1973, seis anos antes que eu nascesse. Não é por carinho que uma criança que fora abandonada pela mãe guarda os rastros físicos que ela deixou para trás. É mais por questão de autoconfirmação: embora eu possa ser indigna de amor para ela, não sou tão grotesca a ponto de ter surgido completamente do nada. Eu tenho raízes como todo mundo na Ordem das Coisas e na Família das Pessoas.

A única vez que vejo Sandra alterada é quando pergunto se ela já tentou encontrar os filhos usando o Facebook ou o Google. Ao ouvir isso, ela cora tanto que os brancos dos olhos se destacam e as feições se contraem de leve como se os músculos estivessem com câimbras. Por um momento, não diz nada. Só fica com a cabeça bem parada e me olha pelas íris azul-mar abaixo das sobrancelhas loiras. São olhos lindos os de Sandra. Enormes, com aparência estranhamente saudável. Esferas luminosas se movendo nas órbitas como a Terra azul cheia de água girando no eixo, absorvendo tudo que nunca queremos ver.

"Não é direito meu entrar na vida deles", responde ela com leveza demais. "Estou feliz com a situação como está. Acho melhor deixar em paz. Se eles quisessem me procurar, poderiam."

Poderiam? Ela mudou de nome tantas vezes.

"Se estivessem procurando por Sandra Vaughan, seria bem difícil", admite ela. "Talvez eles tenham até netos. Depois de tantos anos, seria complicado contarem para os filhos. Você pensa: Porra, não sei se quero fazer parte dessa confusão."

Dorothy

Assim como o cerne de uma árvore canta a respeito de milhares de dias de sol e horas de chuva — sinfonias específicas do solo e das estações de intemperismo e renascimento que vão conceder a força estrutural para procurar sua cota de luz —, o cerne podre da casa de Dorothy é um grito sussurrado que faz você retroceder por décadas de escuridão total.

A casa dela fica dobrando a esquina, depois de um café que faz o próprio leite de amêndoas cruas e de uma butique que vende um suéter cinza de 280 dólares australianos. Sandra, quatro dos faxineiros dela e eu chegamos logo antes das 9h, e a primeira coisa que os faxineiros fizeram foi soltar a porta das dobradiças. Isso porque só abria parcialmente e batia em uma massa sólida e inclinada composta de garrafas vazias de champanhe, jornais, embalagens de fast food e pequenas sacolas com lixo que se amontoavam a uma altura de 1,5 metro e seguiam pelo corredor feito um grande rio congelado.

A segunda coisa que os faxineiros fizeram foi colocar rapidamente as máscaras e as luvas grossas de borracha, se inclinar e começar a botar o lixo em sacos plásticos pretos de tamanho industrial. Essa técnica logo se provou extremamente ineficiente. Todos os itens menores de lixo tinham se fundido ao longo dos anos — em parte como resultado de ficarem encharcados e secarem depois da chuva que entrava sem impedimento por buracos no telhado; em parte por serem constantemente compactados por Dorothy, que andava por cima deles para pegar algum item equilibrado no alto (um par de tênis brancos, óculos de leitura, uma revista) ou para se acomodar na parte mais macia que ela usava de cama. Assim, os faxineiros usaram ancinhos para soltar a massa e uma pá foi usada como machadinha, e Joanne chamou Sandra em determinado ponto pedindo que ela lhe passasse o pé de cabra.

"Está vendo, as pessoas falam em 'limpar' e pensam que você precisa de um balde de água e um pano", disse Sandra quando foi pegar a ferramenta. "Nós precisamos de pés de cabra, pás, ancinhos, uma marreta..."

Foi em 2016 que entrei pela janela da cozinha, os dedos afundando nos dois lados da moldura branca descascando e meus tênis tentando se firmar de forma meio ridícula nos tijolos se esfarelando. Foi em 2016, e eu ouvia o som da estação de notícias que Sandra tinha sintonizado no rádio portátil. Mas, quando desci na cozinha, meus pés encostando não no chão, mas em uma camada profunda e nada firme de garrafas de champanhe barato, era 1977. Ou era o que dizia o calendário na parede e a geladeira e os jornais marrons dobrados sobre a mesa da cozinha no meio de pilhas enormes de lixo e detritos do teto em decomposição.

Do lado de fora, Sandra, reluzente na luz da manhã que batia no jardim descuidado, estava abrindo caminho até as garrafas de cerveja quebradas cintilando na grama. Com um par novo de tênis brancos de lona ofuscantes, como sempre usados sem meias, e uma blusa azul e branca de seda oscilando na brisa, Sandra parecia estar saindo de um hotel em Santorini para comprar lembrancinhas. No entanto, ela se reclinou pela janela da cozinha e avaliou aquele cemitério de coisas vazias com um olhar duro. "A única coisa que aconteceu aqui depois de 1977 foram as garrafas", disse ela.

Esse é o lar de Dorothy Desmond, que dormia aqui como uma natimorta até ontem, e da mãe dela antes dela. Dorothy, que morou ali por pelo menos trinta e cinco anos, talvez mais, que tem setenta e poucos anos e recentemente recebeu atenção da organização comunitária que fez contato com Sandra para limpar a casa dela. Dorothy, que é motivo de preocupação, uma curiosidade certeira e também pena, talvez afeto e medo dos vizinhos que a conhecem pelo tempo que ela mora na casa, onde nunca entraram. Dorothy, que, como a casa e como Sandra ali hoje trabalhando por ela, é ao mesmo tempo estranha demais e familiar demais para ser facilmente compreendida.

• • •

Da mesma forma que o preto é a presença de todas as cores, o silêncio, para Sandra, é a presença de todos os barulhos. As coisas que o silêncio diz para ela são tão opressivas e apavorantes que, para adormecer, ela precisa, sem exceção, da ajuda de um comprimido e do barulho da televisão, que ela programa todas as noites para se desligar sozinha com um timer. Para evitar acordar em uma casa silenciosa, a primeira coisa que Sandra faz todas as manhãs antes de abrir os olhos é pegar o controle remoto e trazer a televisão de volta à vida. Esse zumbido televisivo e o murmúrio das estações de notícias no carro, no trabalho, no escritório (quer ela esteja lá ou não), o ruído da parede de relógios a cada quinze minutos e a conversa leve que consegue arrancar de todo mundo, em qualquer lugar, são um pré-requisito da vida dela.

"Não aguento silêncio. Não suporto silêncio", me disse Sandra, admitindo que a necessidade de companhia é "um pouco um calcanhar de Aquiles". Mas embora tenha se cercado de gente que apoiou em troca de companhia — amigos sintéticos que mal se comparam com os de verdade —, ela agora tem uma boa quantidade de relacionamentos bem mais saudáveis.

Margaret e Sandra são vizinhas há quatro anos. Elas têm idades parecidas e fazem contato frequente. Assim como Sandra, Margaret se casou e teve filhos cedo; diferentemente de Sandra, teve que criar um bebê sozinha aos 22 anos, quando o marido morreu em um acidente. Dois anos depois, Margaret conheceu John, de Liverpool, que foi para a Austrália por causa de uma aposta com os amigos de bar.

Quando me sento com eles, estão completando 44 anos de casamento e continuam felizes um com o outro. Margaret e John já passaram por muito sofrimento; são divertidos, doces e corajosos, são companhia maravilhosa um para o outro e adoram Sandra, que conheceram quando os apartamentos onde moram agora estavam sendo construídos.

"Ela se apresentou e começamos a conversar", diz Margaret. "Era uma daquelas pessoas com quem a gente sente um clique na hora.

"Ela estava bem doente, acho, quando se mudou. Bom, por acaso na mesma época John estava com câncer. E ia ao Alfred fazer quimioterapia, e descobri que Sandra estava no hospital. Ele estava fazendo a quimio, eu fui até a ala visitar Sandra, e eu mal a conhecia na época, e a coisa progrediu daí.

"Quando eu estava passando pelo processo de John ter câncer, ela foi simplesmente incrível. Me ligava todos os dias para saber se eu estava bem e estava sempre tentando me fazer subir e comer com ela e saber se eu estava me alimentando direito, porque eu vivia correndo pro hospital e de volta pra casa", diz Margaret. "Tem *muita coisa* acontecendo na vida dela, mas ela encontra tempo pra você. Ela é uma pessoa muito generosa com o próprio tempo, mas também com ela toda. Com tudo.

"Pode parecer bobeira, mas quando John estava no hospital, eu tinha acabado de chegar em casa exausta e ela apareceu. Ela disse: 'Tenho uma coisa pra você'. Em uma caixinha, tinha um bolinho verde de sapo. Era uma coisa tão pequena, mas foi uma coisa grande pra mim", diz Margaret, a voz ainda vibrando com a alegria. "E ela devia ter tido um dia agitado, fazendo um monte de coisas e tentando cuidar da própria saúde, mas ainda parou no caminho de casa pra comprar o bolinho de sapo pra mim.

"Quando você vê o que ela passou, uma outra pessoa poderia dizer 'Não aguento mais a espécie humana'. Mas ela não é assim", diz Margaret. "Mesmo com tudo que passou, ela deu a volta por cima e saiu maior e mais forte. Ela se põe de pé. Acho que a pessoa tem que nascer assim, sei lá. Faz parte da pessoa ser forte assim."

"E ela é cheia de ideias o tempo todo", acrescenta John. "Eu realmente não sei de onde ela tira tanta energia."

Tanto Margaret quanto John têm medo de Sandra "ser generosa demais e as pessoas se aproveitarem disso", e as pessoas se *aproveitaram* mesmo, por décadas. Mas agora essa característica inspira cuidado e admiração no grupo pequeno, heterogêneo e compreensivo que ela tem sempre por perto.

Margaret descreve como Sandra se revelou para ela: "Estávamos sentadas juntas uma tarde, conversando, e ela diz: 'A propósito, eu não sou o que pareço, sabe'. E eu disse, rindo: 'De que você está falando?'. Isso saiu do nada. Ela diz: 'Ah, eu já fui um cara...'. Eu falei: 'Ah, para com isso!'. E ela me contou algumas coisas e choramos um pouco e rimos um pouco.

Perguntei se as pessoas a aceitavam e ela disse que tinha tido alguns problemas. Até ela tocar no assunto, não ficava na cara, tipo 'Tem uma coisa diferente aqui'. Não, não era assim. Só havia aquela mulher linda. Acho que ela foi muito corajosa de fazer o que fez naquela época. Estamos falando de mais de quarenta anos atrás, e naquela época era uma coisa incrivelmente difícil de se fazer. Muitas pessoas não teriam conseguido.

"Às vezes, acho que ela ainda está lutando com a situação, mesmo tanto tempo depois. Tem épocas em que parece estar alerta. Tipo, até ir ao shopping aqui em Frankston, ela raramente vai. Sinto que ela tem medo de as pessoas repararem. As pessoas foram muito cruéis ao longo dos anos. Acho que ela gostaria de pensar que todo mundo a aceitaria como é. Ela é uma mulher linda, mas tem medo de perceberem na mesma hora. Ela me falou que uma pessoa disse: 'Ah, eu contei para uma pessoa, que disse que tinha percebido'. Isso a magoou. Acho horrível."

Sandra vive com discrição desde o começo dos anos 1980. Não percebi na época, mas foi peculiar que na metade da nossa primeira entrevista ela me contou — eu, ainda uma estranha — que tinha sido designada como menino no nascimento. Eu não sabia na época por que ela escolheu ser sincera assim tão cedo; talvez eu tivesse tido a sorte de fazer as perguntas certas do jeito certo na hora certa. Mas agora que a conheço, desconfio que teve menos a ver comigo pessoalmente e mais a ver com o fato de que meu caminho e o dela se cruzaram no ponto da vida dela em que ela estava enfim pronta para falar sobre a sua história, com a necessidade de contar e ser realmente conhecida.

Sandra não é íntima de nenhum homem ou mulher gay e não tem amigos trans: "Eu não convivo com ninguém que tenha mudado de sexo". Isso porque as mulheres hétero são as pessoas de quem ela sente proximidade genuína. Também é por causa de uma coisa que um ex-namorado disse uma vez sobre as drag queens que formavam o círculo social dela: "Se você quer mesmo ser mulher, precisa se afastar delas".

"É por isso que não tenho amigos gays nem de nenhum outro tipo. Escolho não conviver com eles. Vivo uma vida normal, simples, uma existência do dia a dia. Posso parecer meio estranha para algumas pessoas. Posso parecer alta demais, mas todo mundo é diferente", explicou ela para mim uma vez. A falta de amizade da Sandra com outros membros da comunidade LGBTQIAPN+ não é ativa; ela não recusaria alguém por causa disso. Mas sua referência dessa comunidade são seus dias de drag. Sua aversão não é por pessoas gays, nem por pessoas trans, mas à imagem dela mesma que ela associa com aquele período da vida. Ela identifica seus amigos "hétero" com uma versão dela mesma mais saudável, mais feliz, mais segura e mais produtiva. Isso forma parte do contexto quando ela me conta: "Eu me sinto bem-sucedida — não sou bem-sucedida financeiramente —, mas sou bem-sucedida na vida. Não sou prostituta, nem viciada em drogas. Tenho um estilo de vida saudável e normal. Tenho vizinhos fantásticos que me tratam como uma preciosidade".

Também tem isso. Uma vez, pedi a Sandra para anotar lembranças e pensamentos da vida dela quando surgissem, para podermos discutir depois. Na parte de trás do calendário de trabalho do dia 8 de dezembro de 2014, dentre algumas anotações sobre ajudar as freiras depois da aula, ela escreveu: *Nenhum amigo antigo*. E também: *Não consigo me conectar às pessoas em nível pessoal*.

Pelo que observei ao longo do tempo, isso descreve com precisão a capacidade dela de criar ligações empáticas, de mão dupla, seguras e duradouras. A capacidade dela de fazer amigos só é equiparada pela capacidade de perdê-los. Uma pessoa que tinha sido amiga dela, alguém que foi bem próximo dela, me contou depois do rompimento que, apesar de Sandra ser divertida, engraçada e "capaz de tirar a própria roupa pra te dar", apesar de essa pessoa — ainda — gostar mesmo de Sandra, "em vez de as pessoas a abandonarem, Sandra as afasta". Isso é particularmente verdade se você se aproxima demais, precisa dela demais ou, às vezes, deixa de servir ao seu propósito. E de vez em quando é feito de forma tão dolorosa que obscurece a verdadeira natureza do ato, que é escudo em vez de espada, uma necessidade escancarada em vez de uma ganância desesperada.

• • •

Além da extravagância de garrafas baratas de champanhe, a passagem em volta da cozinha de Dorothy está bloqueada por um monte confuso de caixas de vinho que esconde completamente uma das duas cadeiras em frente à mesa da cozinha. Mas dá para ver com clareza que o aposento é uma cápsula do tempo: os jornais relavam que Evonne Goolagong vai jogar no Australian Open e que Jimmy Carter está desanimado com a economia norte-americana. Tem uma caixa de biscoitos Arnott's Uneeda na bancada, e as latas de Guinness e garrafas de Foster's exibem os logos retrô sem ironia. Tem um saco do sanduíche de frango frito do McDonald's, que foi descontinuado em meados dos anos 1980. Não tem água nem eletricidade, o banheiro fica do lado de fora: uma tábua com um buraco. Sandra o encontra por dedução atrás de um véu denso de folhagem.

Leigh está trabalhando na cozinha, as botas pesadas equilibrando-se na superfície instável de garrafas, indo para lá e para cá embaixo de teias de aranha grossas como dreadlocks penduradas no lustre acima da mesa. Ficamos surpresos em descobrir, depois que ele pergunta, que temos a mesma idade. Ele diz que pareço mais jovem; eu acho que ele parece mais velho. Por longos períodos, ficamos só ele e eu, os fantasmas da vida de Dorothy e sua estranha música, que é o tilintar límpido de vidro com vidro e talheres abandonados e latas vazias e o movimento de jornais enfiados em um novo saco plástico. Sandra tosse violentamente lá fora.

A escala de imundície é impressionante, mas não tão incomum quanto poderíamos esperar. É parecida com a de um apartamento próximo que Sandra limpou no ano anterior: mesmo tipo de cliente (mulher, sessenta e muitos anos, funcionária de escritório), as mesmas montanhas de garrafas de champanhe vazias lotando todos os aposentos, o mesmo cheiro de amônia, os mesmos anos sem eletricidade. Os vizinhos reclamaram por causa dos ratos que começaram a subir no prédio. Foi preciso o trabalho de seis pessoas, inclusive Sandra, por doze horas para terminar. Foi preciso o trabalho de oito pessoas para tirar três toneladas de lixo do apartamento. Na época, perguntei a Sandra como a mulher era fisicamente.

"Ela só parece uma velhinha", respondeu.

"Ela está doente?", perguntei.
"Acho que só é solitária", disse Sandra.

Subo na montanha de vidro e lixo para sair da cozinha e me seguro no batente da porta para me apoiar enquanto desço na sala. Do meu ponto de vista no alto da montanha, olho para uma pintura de eucaliptos com moldura dourada acima da lareira. Tem duas televisões em preto e branco em um canto da sala, e enquanto olho para o lixo, duas cadeiras quebradas surgem no meio do detrito acumulado como golfinhos em 3D saltando de uma figura da série de livros *Olho Mágico*. Além das centenas de garrafas vazias — de champanhe, cerveja, vinho e gim — que chegam no lustre, também há inúmeros maços e cartelas vazias de Marlboro. Um cinzeiro transbordante ocupa a prateleira acima da lareira; algumas guimbas queimaram até se apagarem no enchimento de um travesseiro. Junto a uma parede, uma cristaleira mostra os pregos enferrujados como presas nas partes em que a madeira apodreceu. Na superfície, em meio aos destroços do teto afundado, tem fitas cassete de música clássica e moedas sujas tão gastas que o rosto da rainha foi apagado. Atrás das portas de vidro, os pratos que ainda são bons estão empilhados.

As mulheres de quem Sandra é próxima agora são, no sentido tradicional, "respeitáveis" e "normais" e refletem essas qualidades de volta para ela por meio da amizade. São muito diferentes umas das outras, mas todas são pessoas inteligentes, fortes e atenciosas em quem se vê um senso de humor perverso, uma baixa tolerância para o que elas percebem como idiotice e uma visão de mundo politicamente conservadora e convencional. A própria Sandra é "antiga apoiadora do Partido Liberal", um fato que me surpreendeu no começo, mas que, pensando melhor, serve como aviso contra a suposição de que trans é uma posição inerentemente radical.

Em outras palavras, embora possa não ser considerado consistente com seus interesses sociais e suas experiências, Sandra tem o mesmo direito de todo mundo de escolher seu lugar no espectro político pelos motivos que fizerem sentido para ela. As amigas de Sandra são mulheres de quem ela gosta de verdade e também são, de várias formas, as mulheres que ela poderia muito bem ter se tornado se tivesse nascido mulher biologicamente.

Katrina conhece Sandra há quase quinze anos. Ela enfatiza, assim como outras pessoas, o coração grande de Sandra e sua consideração, e diz o quanto a respeita "porque não sei se muitas pessoas teriam sobrevivido àquela infância". Ela acrescenta: "Sandra é extremamente discreta. Quando fica doente ou triste ou magoada, não quer ninguém por perto. É quase como se ela não merecesse bondade. Eu a vi terrivelmente doente e ela apenas se fecha. Lembro quando a levei ao médico e ela estava mais preocupada em estar sendo um incômodo e em me levar para casa. Fiquei com vontade de chorar porque era como se ouvisse a criança pra quem ninguém ligava. Eu a deixei no hospital sozinha porque era doloroso demais pra ela que eu ficasse junto. Às vezes, parece que as necessidades dela são enormes, e estou falando dos pulmões e do fígado e, sei lá, tudo".

Diferentemente de Sandra, cuja posição em relação aos "chatos de Deus" varia entre irritação, incompreensão e fúria, Katrina é frequentadora da igreja. "Eu espero nunca julgá-la e só aceitá-la como é", diz Katrina. "Eu disse para Sandra: 'Deus vê você como ser humano. Olha pra você e diz *Uau, você é incrível, mesmo com tudo que passou, você continua sorrindo e se importando e compartilhando*'. Acho que conseguimos não julgar pela forma como fomos criados. Não é da nossa conta o que as pessoas fazem no quarto."

Contudo, por mais sensível que Katrina seja em relação a Sandra, há momentos em que ela exibe um astigmatismo emocional que serve para acentuar a magnitude da batalha por aceitação social em sua vida.

"Meu marido acha Sandra adorável. Quando Sandra o conheceu, ela me disse: 'Ele é o tipo de homem de quem eu gostaria, mas um homem assim nunca olharia pra uma pessoa como eu'. Sandra é muito sensível. Ela sabe que as pessoas não gostam de bichas e transexuais e entende, porque ela também não gosta, é por isso que não anda com eles. Costumam ser pessoas pervertidas, estranhas, sujas e nojentas, e ela não quer ser assim. Ela está se esforçando para se sustentar para que na velhice possa ter uma vida boa e decente, e eu espero de verdade que ela tenha paz."

• • •

"Está me fazendo parecer uma idiota", reclama Sandra ao telefone, furiosa, andando na frente da casa de Dorothy. "Estou tentando manter a calma, você sabe como eu fico com raiva. Não podemos ser sacaneados assim e eu tenho que ir resolver um esfaqueamento duplo em Dromana daqui a pouco. Tudo bem... A que distância você está?"

A empresa tinha que entregar duas caçambas de lixo às 9h. Agora já passa das 11h e os faxineiros tiveram que encher a garagem aberta de Dorothy de sacos de lixo abarrotados. Mais sacos acompanham a cerca na frente da casa. Além de violar as leis locais, vai haver perda de tempo mais tarde, para levar os sacos até as caçambas quando finalmente chegarem. Sandra, que sempre faz questão de chegar cedo aos compromissos ou, pelo menos, pontualmente, está furiosa. Regra de Pankhurst: não desperdice o tempo de Sandra.

Uma mulher mais velha passeia com um cachorrinho branco na direção da casa. Ela tem cabelo de neve, está com um uniforme rosa e usa um colete ajustado. Quando passa, Sandra se inclina para fazer carinho no cachorro, e a mulher olha para ela, para a van da STC e para a montanha de sacos pretos de lixo, mas não olha dentro da casa, apesar de a porta estar a poucos metros dos seus tênis brancos pesados.

Com voz baixa, a mulher pergunta por Dorothy, com um certo alarme. Sandra garante que Dorothy está sendo cuidada. A mulher conta que mora no bairro há 47 anos e lembra que Dorothy morava lá com os pais e sua mãe havia morrido quarenta anos antes. Segurando a guia do cachorro nas mãos macias e brancas, a mulher explica que Dorothy não tem família agora.

"Ela mora no mundo dela...", diz a mulher, o olhar vagando pelos muitos sacos de lixo, em busca de um lugar familiar onde parar. Por não achar nenhum, ela anda para a frente, dizendo, intrigada: "Mas ela é uma pessoa tão *inteligente*...".

Uma nuvem de poeira sai pela porta da frente como fumaça quando Rodney e Jade quebram a massa glacial sólida, separando grandes icebergs em pequenos blocos que podem ser jogados em sacos e levados. Duas horas se passaram desde que eles começaram e, com esse enorme esforço físico, liberaram um metro no saguão, escavando no processo o antigo mosaico do tapete, gasto até só ter sobrado fios brancos e algumas áreas em que os vermelhos e azuis do desenho original ainda são visíveis. Há trechos de tijolos expostos nas paredes, onde a tinta e o gesso descascaram. Janelas de céu azul aparecem no lugar das telhas que faltam no telhado e dos buracos do teto.

Sandra vai para os fundos da casa e se inclina pela janela da cozinha para verificar o progresso de Leigh. Por meio de trabalho ininterrupto, a conquista dele naquela manhã foi liberar uma pequena área do piso da cozinha — o linóleo é preto e está meio úmido, parece uma clareira na floresta. Ele mostra para ela o lugar onde o chão cedeu quando ele pisou e também outros pontos em que as tábuas de sustentação apodreceram por causa das chuvas que entraram pelo telhado, filtradas por jornais e garrafas, empoçadas por um tempo para depois secarem lentamente. Suspirando, Sandra passa uma unha comprida e laranja pela tela do celular e liga para o contato. "Acho que podemos ter um problema se ela quiser voltar, porque o piso está podre…"

Outra vizinha para na porta. Ela mora no bairro há 35 anos e pergunta por Dorothy com preocupação. Sandra diz com um tom leve que só foi ali ajudar. "Não acredito", diz a mulher, atordoada. "Eu falei com ela ontem à noite. Ela estava sentada aqui mesmo, do lado de fora. Ela é inteligente, muito inteligente. Viajou pelo mundo quando era mais jovem, tinha um bom emprego…" Ela começa a retorcer as mãos de um jeito que faz a luz do sol brilhar no relógio Fitbit. "Lembra quando o gás parou?", pergunta ela, se referindo à interrupção geral de fornecimento em 1998. "Aqui nunca voltou."

Penso na panela de ossos brancos de galinha no fogão a gás da cozinha, nos buracos no telhado, nos ventos cortantes de dezoito invernos. Penso em como Dorothy passou momentos horríveis ali, cercada de tudo e nada enquanto a enchente de lixo submergia inexoravelmente a vida dela como uma cidade inundada. Apesar de ter ficado dentro da sua casa de infância, sem mudar nada por quarenta anos, aquele lugar era tão distante dela quanto a lua.

"Cada um vive a sua vida e não bisbilhota", diz a vizinha com hesitação. Do caminho de entrada da casa, olho para as calhas corroídas que contornam o telhado; elas se deterioraram tanto que parecem renda. "Desculpe, meu coração está doendo no momento", diz a mulher, botando a mão no peito antes de sair andando.

Tudo ainda está lá. O organizador de correspondência de metal na parede da cozinha com uma conta de gás de 1971 (*3,51 dólares australianos, PAGO*), o *Australian Women's Weekly* relatando que Jane Priest roubou um beijo do príncipe Charles, as caixas de isopor de Big Mac, os pacotes bem fechados de papel pardo nas prateleiras da geladeira, os pratos intactos, o lixo que não é retirado há décadas. Contudo, apesar das embalagens de comida e dos restos de álcool e das pirâmides de guimbas de cigarros, não dá para sentir o cheiro de nada disso.

"Os jornais estão quebrados, a mobília está quebrada, tudo está quebrado", murmura Rodney, levando um saco lotado de lixo pela porta. "Assim que começarmos a retirar, tudo despenca."

Uma vizinha grega idosa com um cardigã rosa fofo se aproxima tomando sorvete, apesar de ser tão cedo. Regra de Pankhurst: "Sempre tem alguém xereta". Ela sorri para todo mundo e seu rosto se fecha como um guarda-chuva quando ela olha pela primeira vez em trinta anos para a casa que fica a seis metros de onde ela dorme. "O que aconteceu?" Isso é tudo que ela consegue dizer.

Segurando meu braço como um pássaro se prende no galho, ela insiste em me levar pelo jardim da frente até a casa dela, onde me mostra tudo. A disposição é idêntica à casa de Dorothy. Só que o piso brilha feito espelho e a luz do sol ocupa os aposentos feito música e tem fotos para todos os lados, dos filhos e dos filhos deles. "Eu a vejo lá às vezes." Ela aponta para o fim da rua principal, balançando a cabeça e parecendo perdida. "Eu digo: 'Por que você não vai para casa?'." Em seguida, começa a falar só em grego, que não entendo.

"Os transexuais sofrem a opressão dos homossexuais, sofrem a opressão das mulheres... Não podem votar, a maioria não pode nem ter esperanças de sair do país e entrar em outro. A maioria não consegue financiamento. Todos, exceto eu, foram incapazes de continuar na sua antiga profissão. O único motivo para eu conseguir foi que... tive sorte, por algum acidente, de ter enganado o Conselho de Enfermagem para que achasse que eu era senhorita em vez de senhor quando me registrei... mas conheço médicos, conheço psicólogos, conheço professores, conheço optometristas que foram cortados das profissões só porque fizeram cirurgia de mudança de sexo. Então chupam paus em Victoria Street ou tiram a roupa quatro noites por semana em um clube de strip em King's Cross. Ou trabalham como garçonetes em hotéis, o que é um pouco melhor, ou talvez pior, do que chupar pau."

Vivian Sherman, 1975[1]

Uma vez por semana, nas manhãs de sábado, um grupo de jovens arrumadinhos que chamam uns aos outros de querida e rainha e linda sobe pela escada de concreto até o apartamento de alguém, briga sobre qual disco ouvir e quem pegou o lugar de quem no sofá, enrola baseados com erva tirada do pote comunitário na mesa de centro e dá início a um ritual que começa assim: uma variedade de lixas de metal, tesourinhas, cola, solvente e frascos de esmalte vermelho em meio a punhados de unhas de plástico espalhadas na mesa como runas esperando para serem lidas. Eles fumam e cheiram e tomam anfetaminas e bebem xícaras de chá ou gim e fazem as unhas.

Primeiro, o esmalte ou a unha antiga é retirada. A unha natural é lixada e uma artificial é colada. Quando seca, também é lixada e outra unha artificial é colada na metade do comprimento. Isso deixa a unha comprida, mas não o suficiente para o desejado "visual de garra", então o processo é repetido até três unhas artificiais estarem coladas em fila ascendente, lixadas para se mesclarem. Por fim, a unha toda é coberta com camada após camada após camada de esmalte. O processo não pode ser apressado, mas quando termina — horas depois, a tempo de eles voltarem correndo para seus apartamentos para se arrumarem para a noite —, não dá para perceber onde a unha real termina e a unha falsa começa. Para as garotas, não há dúvida de que ficam melhores do que as de verdade.

Os anos 1950 e 1960 foram uma época de grandes preparações secretas, de modo que nem os preparadores sabiam, que ocorriam nos subúrbios comuns, nas cidades secas de interior, nos vilarejos litorâneos torrando ao sol, nas escolas católicas e anglicanas, nos mercadinhos e nos jogos de futebol e críquete. Aconteciam em todos os lugares onde ninguém acreditaria que rapazes alegres, jovens de boca ágil e cabelo penteadinho, jovens desajeitados odiados pelos pais, se tornariam Carlotta ou Terri Tinsel ou Danielle Lawrence ou Debra La Gae ou Celestial Star, a Garota com o Busto de 100 Centímetros.[2]

Apesar de indesejado na casa de Footscray, Peter nunca se afastou dela. A trégua que teve com os McMahons, no seu primeiro apartamento, nas casas compartilhadas e nas casas com Linda ficavam todas em um raio de 9 quilômetros da rua onde ele passou a infância. St. Kilda era diferente. Não tanto por ter o dobro dessa distância do seu antigo bairro, nem porque era preciso atravessar pelo menos um rio para chegar lá, mas porque, para um garoto de West Footscray, era como entrar em outra dimensão.

Peter conhece gente suficiente na cena para ampliar sua rede de contatos. Ele aluga um quarto em uma casa compartilhada em Balaclava e tem um círculo instantâneo de amigos com quem comer e sair e ficar em casa e aprender. Tem Nicole, pequena e linda, dançarina em tempo integral e melhor amiga de Peter, cujos atributos incluem: mãos pequenas, pés pequenos, uma voz grave, uma boca perigosa e uma irmã que é totalmente louca. Tem Carol, uma alma perdida e também "uma garota-homem gay", cujos detalhes estão perdidos agora para a história. Peter experimenta heroína e odeia; experimenta *speed** e ama. Ele passa horas em frente à penteadeira embutida na parede do quarto, reimaginando os seus arredores e a si mesmo. Pendura papel de parede para personalizar o ambiente. Desmonta a cama de madeira pesada e coloca o colchão no chão. Seus colegas de apartamento o apelidam de José, o Carpinteiro. Ele reavalia o nariz. Pensa em novos nomes, pratica novas assinaturas.

Na época, Peter se acha fabuloso, mas no espelho da retrospectiva fica monstruoso com a peruca de plástico e o vestido de segunda mão. Encorajado por amigos, ele começa a se apresentar em shows drag. Ele dubla letras de músicas no palco usando trajes emprestados e uma maquiagem completa que está aprendendo aos poucos a passar observando as queens trabalharem no rosto, do mesmo modo como observava o vizinho reformar a casa.

É um período embaraçoso tipo adolescência, do qual ele vai acabar se lembrando com uma careta e só com a ajuda de um grande distanciamento: "Isso foi nos primeiros estágios, quando nós éramos um pouco feios".

Os shows são onde ele ouve pessoas chamando uma peruca de "cabeleira", os clientes de "trouxas" e Bette Davis e "J Crawf" viram os nomes dos amigos mais íntimos de todo mundo. Os shows são onde ele começa a ficar à vontade para usar banheiros femininos, que, na verdade, são basicamente unissex. Os shows são onde ele aprende a dar forma a uma sobrancelha, a usar sombra no contorno do maxilar; onde a luz deve bater e a sombra deve cair, o que precisa brilhar e o que deve ficar opaco, como deixar os lábios e os olhos maiores e os narizes e testas menores, como fazer a barba sumir e acrescentar cílios. Como se transformar de um sujeito tímido e magrelo do subúrbio em uma mulher com pose e elegância.

---

*   Nome popular para anfetamina. [NE]

É bem mais demorado aplicar a maquiagem do que dançar nos shows, e embora o mesmo grupo dance em dois ou três shows todas as noites em locais diferentes pelo bairro, é preciso mudar completamente o cabelo, a maquiagem e as roupas só para atravessar a rua. Isso porque se a polícia pegar homens vestidos de mulher na rua, vai dar uma surra neles.

A polícia espanca Peter e seus amigos por terem aparência demais de homem ou de mulher, ou porque eles são alguma coisa intermediária, "não preto no branco". A polícia os espanca pelos mesmos motivos que o estado tornou legal prendê-los, multá-los e mantê-los presos: a mera presença deles é, usando a terminologia legislativa, desordeira, indecente, ofensiva, aviltante; repugnantemente indecente; um ultraje à decência. Eles ouvem que é ilegal se vestir como mulher, ilegal usar lingerie feminina, ilegal andar por um lugar público com motivos homossexuais, o que quer que isso signifique. Os que são presos são multados ou mantidos em prisões masculinas, como Pentridge, onde são estuprados.

E assim, eles se apagam com lenços de papel e creme, dobram tudo direitinho em bolsas e vestem suas roupas de menino, as verdadeiras fantasias, para a curta caminhada até o outro lado da rua. Se podem pagar para evitar esse "constante tira/bota, tira/bota, tira/bota de tudo" dividindo um táxi até o trabalho seguinte, eles têm dois minutos para andar do carro até o local; mais do que isso e eles correm o risco de levar uma surra e ser presos.

Peter faz trabalho sexual entre shows à noite e também faz durante o dia. Faz porque o palco oferece "uma miséria de dinheiro" e porque o sexo e os shows são suas únicas opções. Embora seja no mínimo desagradável e, claro, perigoso, o trabalho sexual é normalizado nesse mundo em que a possibilidade de um emprego pago de forma adequada (supondo que você tenha conseguido obter a educação necessária ou a experiência de trabalho na paz doméstica necessária mais comumente reservada às pessoas cisgênero) é praticamente eliminada se você decide viver em tempo integral no gênero que não lhe foi designado ao nascimento. A maioria dos amigos dele faz trabalho sexual paralelo; se não fazem por trabalho, fazem por fazer.

"Sou meio capitalista nesse aspecto", diz ele para as garotas quando saem com os sujeitos que ficam rondando os bastidores. "Eu amo dólares, e nada vem de graça."

Ele não se lembra de detalhes do primeiro cliente, fora o medo e a adrenalina, mas depois isso passa a ser "como outra coisa qualquer". Quando Peter admite que o que está fazendo é "bem arriscado", ele está se referindo à violência da polícia e não aos perigos oferecidos pela prostituição de rua. Se a polícia o pegar oferecendo serviços, vai prendê-lo ou espancá-lo até perder os sentidos, ou ambos. Então, Peter e os amigos alugam um apartamento escuro de porão em um bonito prédio antigo na rua Grey, onde podem receber clientes. É sempre mais seguro trabalhar em local fechado — e eles *nunca* os levam para a própria casa.

Dessa forma, apesar de ser bem diferente do laboratório na fábrica de farinha, ele começa a ganhar dinheiro de novo. Compra móveis e roupas e trajes e maquiagens. Como "principal provedor" da casa compartilhada, ele compra comida e bebida e drogas para todo mundo. Não vê problema em gastar 50 dólares no Clare's Cakes em fatias de torta de limão e baunilha; ele convida as pessoas para um chá da tarde e joga todos os restos na lixeira porque não é mais o garoto que cresceu tentando arrumar comida.

"É sempre a Grand Central na minha casa", reclama com orgulho. Ele sabe que esbanja dinheiro assim para se sentir melhor; sua generosidade é uma "coisa solitária"; uma súplica. Ele aceita dinheiro por contato e gasta dinheiro por contato. Entretanto, ao contrário do serviço diferente que oferece aos clientes sem rosto que assentem para ele na rua, aquelas coisas exuberantes que aparecem para comer ou beber oferecem a amizade de que ele precisa para seguir em frente.

É "ação o tempo todo", sempre tem uma festa para ir. Peter vive agora em um ambiente intensamente social, uma agitação de pessoas — gays, lésbicas, héteros; queens e os satélites que orbitam em volta — tudo misturado em meio às plateias de despedidas de solteira ou de solteiro e funcionários de escritório dos subúrbios querendo se divertir. Os shows têm nomes como Les Girls e Play Girls e Belle Boys e Street

Boys e Pokeys e Between the Sexes. Seus amigos são homens e mulheres, pessoas que "mudaram de sexo" ou não. Têm apelidos como Gorilla Grip e Croc e MR, que significa Magro de Ruim.

Incluem gente que ele vai esquecer para sempre e gente de quem vai se lembrar com perdão, como seu namorado Frankie, o Garanhão Italiano, "que comia qualquer coisa que se mexesse, menos a esposa em casa, que pagava as contas". Frankie pega o dinheiro de Peter, mas é bom ter alguém lhe esperando em casa, e por isso Peter perdoa tudo que ele faz, mesmo quando Frankie dá perda total no lindo Monaro laranja dele em um acidente. Quando Nicole pergunta a Peter por que ele deixa Frankie ficar, ele sorri. "Cada um paga pelo que quer", responde. "Tudo na vida tem um preço, só é preciso decidir se você vai pagar ali na hora ou não."

Na mesa de centro de todas as casas há uma tigela de Mandrix, uma tigela de maconha e uma tigela de *speed*, tudo oferecido graciosamente como balinhas, para o visitante se servir. Ninguém anda com drogas por causa do assédio policial que já atraem ao andar na rua sendo eles mesmos. Para obter remédios que exigem receita, há um médico em St. Kilda e outro em North Melbourne que pode receitar praticamente qualquer coisa. As garotas vão de um para o outro. Peter nunca ouve briga sobre quem usou quanto, nunca ouve ninguém pedindo para ser pago. A vida é comunitária por segurança e também por diversão, mas também porque, para muitos, aquela é a única família que agora têm. Isso também explica por que, quando Jullianne Deen encerra o show com o número "You'll Never Walk Alone", limpando lentamente a maquiagem enquanto volta a vestir as roupas de menino, "não se vê um olho seco na casa".

Peter olha para os sapatos: três pares, postados ali feito fantasmas à espera de um trem. O homem que era o dono deles está morto, dobrado cuidadosamente como suas camisas de trabalho, suas calças e seus coletes em dois latões de lixo esperando ao lado da porta fechada do quarto.[3]

"Vai ser mesmo melhor assim", diz Peter para si mesmo sem parar; o pensamento era como um vidro do mar, desgastado pelas ondas, liso, mas ainda com uma ponta afiada aqui e ali. Ele já passara uma semana sentindo como se tivesse sido esfolado vivo, as bochechas sangrando, quase sem conseguir falar. Suas visitas subsequentes três vezes por semana para depilação com cera e eletrólise foram bem menos dolorosas porque ele é tão loiro que nunca fica com "a aparência azulada de rastros de barba".

Ele ainda toma comprimidos de hormônio do médico em Carlton; no entanto, depois de ouvir algumas garotas falando sobre injeções de hormônio, foi ao médico delas perto da esquina da rua Chapel. Não contou para o médico que também toma hormônios em forma de comprimido; acredita que dobrar a dose hormonal vai fazer com que funcionem melhor e mais rápido. Ele assume o risco com boa vontade e nunca vai se lamentar: "Sim, deve ter encurtado a minha vida, o que fiz com meu fígado e meus rins. Mas também me deu a vida que eu queria".

Agora, durante essa manhã toda, Peter está esvaziando o pequeno armário e as poucas gavetas, metodicamente, mas com uma emoção intensa que envolve tanto tristeza quanto alegria. É um processo pelo qual ele passa sozinho, e embora seja sísmico, mais ninguém está ciente de que está acontecendo. Ele se pergunta a cada poucos minutos se está fazendo a coisa certa ou se vai ser um erro caro e constrangedor. Ele não sabe dizer ao certo o que o motiva nem para onde vai nem se vai ficar tudo bem quando chegar lá; só sente que esse é o caminho que tem que seguir.

Peter continua dobrando e ensacando, dobrando e ensacando, e quando o último item é dobrado, ela pega as sacolas e sai de casa usando um vestido comprido tipo túnica e tranca a porta ao sair. Quando sai naquele dia, Stacey Anne Vaughan, às vezes conhecida como Amanda Celeste Claire, compartilha muitas coisas, obviamente, com Peter Collins, mas o mais importante é que ela nunca vai ter medo do que está à frente, só do que ficou para trás.

Stacey tem os melhores peitos que já se viu. Renee Scott, uma das dançarinas do Pokeys Dreamgirls, seria a primeira a passar pela cirurgia de seios com a incisão embaixo do braço para esconder a cicatriz. Mas Renee ficou doente ou amarelou e Stacey foi a primeira a passar por isso.

Como a maioria das outras garotas, ela procurou o cirurgião caro no hospital The Avenue, em Windsor. Ao contrário da maioria das outras garotas, os seios dela agora estão enormes, e com a dose dupla de hormônios, ela também ganhou peso. Ela volta ao cirurgião para pedir que o nariz fique com um formato mais delicado e para que os olhos sejam erguidos. Sua beleza, sua maciez curvilínea, a facilidade com que se move pelo mundo como Stacey, tudo isso significa que a transição não é um problema. Ela tem orgulho da incredulidade que encontra regularmente. As pessoas dizem: "Você não é drag!".

"Mas eu *sou* drag", responde ela, sorrindo.

Um dia, ela está dirigindo em alta velocidade para chegar ao cabeleireiro quando é parada na rodovia.

"Nãããão", diz o policial, olhando o documento que ela entrega pela janela. "Não a habilitação do seu *marido*. A *sua* habilitação."

"Essa *é* a minha habilitação", diz ela.

Ele fica parado por um longo momento. Vai até o carro. E volta, bota a mão no teto do carro e se inclina para olhar pela janela. "Não sei o que fazer", fala ele baixinho. "Vá embora. Vou esperar aqui cinco minutos e você pode ir."

Ela vai experimentar seus figurinos com Jullianne Deen, a Rainha dos Figurinos, que chama todo mundo de rainha ou docinho e que as meninas chamam de Mãe. Aqui, ela passa horas fofocando e rindo, experimentando os trajes que vai usar no próximo show. No palco, está toda enfeitada, resplandecente com as criações da Mãe. Como Celestial Star, ela tem cabelo da cor de uma lata de Coca-Cola e pernas transcendentalmente longas, e é apresentada no palco como a Garota de *Grande Personalidade* por causa do busto de 120 centímetros. As garotas a chamam de Monstro Celestial de brincadeira por causa dos seios abundantes.

Ela ama a música, vibra com o movimento e as luzes e a plateia e o aplauso, que sente como validação de que sua aparência está "boa". E ela se sente maravilhosa, energizada, viva para além do controle, como se estivesse estrelando e se assistindo em um filme exibido em alta velocidade. Como todo mundo diz, "Mandrix deixa a vida estimulante", um fato do qual ela fica profundamente ciente cada vez que acorda nua debaixo de uma pia cheia de vômito no banheiro de um bar vazio, sem saber quando desmaiou, mas com a certeza de que teve uma noite ótima.

Ela mora em Balaclava. Strathmore. Brunswick. Kensington. East St. Kilda. Northcote. Carnegie. Caulfield. North Melbourne. Cheltenham. Em toda parte.

E também em lugar nenhum por um longo período. Sempre tem algumas pessoas morando com ela e à custa dela. Embora possam fazer um show drag aqui e outro ali, nenhuma dessas pessoas trabalha ou contribui com o aluguel e as despesas da casa.

Quando Nicole observa isso, Stacey descarta a preocupação dela. "Eu sempre sou meio trouxa por querer gente por perto e querer cuidar dos outros. Mas essa é a minha natureza: eu sempre ofereço, por algum motivo, não sei por quê. Eu sempre ofereço." Ela suspira.

Stacey injeta *speed* com uma seringa de vidro que cintila como uma joia e dirige pela cidade entre a casa que aluga em Brunswick, os shows nos quais dança e os bordéis em que trabalha. Ela ganha um bom dinheiro nos bordéis de 20 dólares, aquelas casas escuras com terraço na rua Nicholson, em Fitzroy. O truque é fazer os caras entrarem, deixá-los excitados e fazê-los sair o mais rápido possível. Quanto mais ela consegue as coisas rápido assim, mais dinheiro ganha. Ela volta para casa para preparar um monte de comida no meio da noite; treina coreografias de dança na frente do espelho; derruba a parede dos fundos, planejando fazer um átrio arejado e iluminado, mas tudo começa a parecer difícil demais e ela simplesmente se muda. O vento sopra pelos tijolos quebrados e por cima do sofá velho onde ela cochilou tantas vezes quando o sol estava nascendo; percorre os aposentos vazios, agitando a chuva e as folhas e as fezes de animais que acabam se acumulando no chão.

Ela é Celestial Star e ela é Stacey Anne, mas também é a pessoa a quem uma carta é endereçada e que chega um dia na casa dela feito um fantasma. É intrigante para ela como Linda descobriu seu endereço.

Stacey só sabe que Linda devia ter descoberto que ela estava "ganhando um dinheirinho" e decidiu que queria "um pouco daquilo lá". Assim, ela muda de nome e se muda para outra casa. Stacey Phillips. Stacey Anne Vaughan. Celestial Star. Amanda Celeste Claire. Sandra Anne Vaughan. Ao mesmo tempo que essas mudanças de nome são normais e parte do processo de descobrir quem ela é como mulher, também facilitam seu desaparecimento total.

Sua primeira e contínua reação à ex-esposa é de fuga indignada. Isso não muda com o tempo. "Linda já tinha a casa, tinha tudo, só levei o carro e as roupas que eu tinha e pronto. Todo o resto ficou pra ela." Pergunto a Sandra se ela deixou alguma economia para Linda (não) e como ela acha que Linda conseguiria sustentar os filhos e pagar a casa (ela não sabe). Quando faço essas perguntas, Sandra parece considerá-las genuinamente pela primeira vez e não parece interessada em ficar pensando nelas. Nós ultrapassamos essa fronteira e ficamos, paradas, além dos limites dela. O horizonte medieval em que você passou da borda da terra ou foi engolido inteiro pela besta monstruosa que nadava lá.

Duas cenas de uma volta para casa. Primeiro, um jantar dançante beneficente. Ela não lembra onde foi, para o que foi ou como foi parar lá, só que "não sonhou nem por um minuto" que encontraria seu irmãozinho Simon. Ele está agora no final da adolescência, magro, sério e lindo. Também foi expulso de casa por Bill. De repente, apesar de todo o seu orgulho e sua confiança, seu rosto fica corado e o coração dispara quando ela sorri para ele e, acima do volume de tudo que não é dito entre eles, diz que está feliz por vê-lo. Ela está feliz de verdade.

"Bem", diz Simon com a voz baixa enquanto olha para ela com timidez. "Você é o único garoto Collins que fez o que realmente queria fazer." Ele passa os braços em volta dela e a abraça.

Meses depois, quando se encontra com ele de novo, desta vez na rua, ela fica impressionada (apesar de estar cheia de *speed* na cabeça) com o fato de que ele "parece um vagabundo".

"O que você está fazendo aqui, porra?", pergunta ela, atônita.

Ele diz que a esposa o deixou pelo amigo dele. Que levou tudo da casa um dia quando ele estava no trabalho, inclusive os discos dele dos Stones. Sandra o leva para casa e ele fica lá até se recuperar. Mais tarde, ele se alista no exército, onde vai passar vinte e um anos trabalhando como engenheiro. Eles sempre vão se adorar, cada um do seu jeito.

Segundo: 1979. Sandra descobre que o pai morreu seis meses antes. Ela liga para a irmã da mãe. "Tia Bessie, aqui é... você sabe... quem é... Peter", diz Sandra.

"Ah, oi, querido! Sua mãe ficaria tão feliz", fala tia Bessie, parecendo feliz de ter notícias dela.

"Bom, não sei quanto a isso, porque aconteceu tanta coisa..."

"Ah, não, ela morre de saudades de você", garante Bessie, tranquilizando-a. "Vai adorar ter notícias suas. Ela está trabalhando no Fosseys em Footscray. Sai do trabalho ao meio-dia nos sábados e chega em casa às 12h30. Ligue pra ela, querido, ela vai adorar ver você."

Sandra trabalha em um bordel aos sábados e combina um dia de folga. Fica em casa em uma noite de sexta para fazer as unhas e acorda cedo no sábado para lavar e arrumar o cabelo. E espera ao lado do telefone até 12h30, quando pode finalmente ligar para casa.

"Alô?", soa a voz de Ailsa na linha.

"Mãe?", chama Sandra. "Sou... eu aqui."

"Ah. Você", diz Ailsa, e, por um longo momento, sustenta o silêncio como se fosse uma navalha. "Você *matou* seu pai. Eu *nunca mais* quero falar com você de novo, porra."

O som da mãe falando palavrão por um momento a choca mais do que as palavras em si e o desprezo nelas.

"Pode ir se foder!", grita Sandra ao telefone. Ela desliga e desaba na cadeira como um saco de gelo. E parece que ainda está sentada lá trinta e seis anos depois, quando me conta o que foi dito às 12h31 daquela tarde de 1979, a voz ainda fraca pela mágoa. "Arrumei o cabelo na expectativa de ver a minha mãe... E... porque... você sabe, eu cuidava dela quando ela apanhava, entrava na casa pela janela pra cuidar dela quando ele estava batendo nela, mas ela fazia as pazes com ele e eu levava uma surra por cuidar dela! Sabe... foi um período tão difícil..."

Essa foi a última vez que Sandra falou com a mãe, Ailsa Maggie Collins, que morreria catorze anos depois, no dia 2 de novembro de 1993, e três dias depois uma missa foi oferecida na igreja Nossa Senhora do Perpétuo Socorro pelo descanso da alma dela.

Elas dançam em shows no Prince of Wales e no Night Moves Disco e no Bojangles, que chamam de Bowie's ou Bongland. Farreiam no Annabel's e no Mandate e no Spangles, no Whiskey A Go Go e no Key Club e no Savoy e no Hotel Dover e no Hotel Union e no Hotel Maisy's e, se estiverem lá para aqueles lados e sem opções, naquele lugar barato e horrível em North Melbourne daquele cara gay com shows trágicos cheios de gente que estava começando na área (uma avaliação mordaz que mostra não só o quanto Sandra está à vontade com ela mesma agora, mas também o quanto a cidade mudou).

Sandra perdeu o início de tudo, no final dos anos 1960, quando uma das poucas oportunidades de socializar em segurança era nos bailes particulares organizados por Jan Hillier, que migrava por Melbourne. Era tudo muito furtivo: casais se separavam e pegavam a primeira pessoa do sexo oposto se um policial aparecesse para olhar a licença para venda de bebidas alcoólicas.

Portanto, apesar da ameaça constante de violência policial, normalizada por uma sociedade na qual a homossexualidade é oficialmente uma doença mental e um crime, o fato de Sandra e as amigas agora terem locais comerciais para visitar não devia ser visto de forma leviana. Quando Hillier e seu parceiro, o "empresário drag" Doug Lucas, abordaram o Prince of Wales em 1977 para falar sobre estabelecer uma noite gay regular que se tornaria o Pokeys, o gerente do hotel duvidou que um show drag conseguisse lotar o primeiro andar do bar. Portanto, eles só receberam um aposento, com a consequência, pelo que conta a história, de centenas de clientes terem ficado de fora na noite de estreia.

No final dos anos 1970, o progresso na socialização aberta se refletiu e encorajou atitudes diferentes; era possível agora pensar em termos de uma verdadeira "comunidade" gay.[4]

O grau no qual essa comunidade refletia e promovia os direitos e necessidades de *todos* os seus membros — homens e mulheres transgênero em particular — é questionável. No entanto, era melhor do que o que acontecia antes.

Quando pergunto a Sandra se ela estava envolvida em algum grupo de ativistas nos anos 1970, como o Gay Liberation e o Society Five, a resposta dela é ao mesmo tempo surpreendente e não surpreendente.

"Não", diz, dispensando a pergunta. "Eu nunca fiz militância política. Nunca chamei atenção para mim mesma." E a declaração não é uma inverdade porque ela era Celestial Star, a Garota com *Grande Personalidade* girando de topless no palco noite após noite. É falsa porque, ao exercitar seu direito de ser quem ela era e não tornar isso o foco da sua vida, tanto quanto, digamos, o fato de ter sido adotada ou ser do subúrbio oeste, ela foi, sim, daquela forma silenciosa de insistir em viver sua própria vida, poderosamente política.

Quando Sandra e eu visitamos Doug Lucas, eles concluem que não se veem desde mais ou menos o ano em que nasci. Deve ser uma viagem enorme ficar cara a cara com alguém que você não vê há trinta e seis anos, mas Sandra não fica nada constrangida ao cumprimentar Doug, nem durante a primeira conversa trivial, nem no mergulho mais fundo que vem depois. Apesar de, como Doug diz, ela ter "simplesmente desaparecido" um dia da cena, deixando-o sempre a se perguntar o que tinha acontecido com "Stacey", ela volta com tudo e entusiasmada, pergunta sobre velhos amigos, olha os álbuns de fotos dele, ri quando ele relembra como ela era um homem bonito, e se levanta para fazer chá porque Doug ganhou tanto peso que agora é difícil para ele. Sentado meio de lado à mesa da cozinha, Doug conta a Sandra onde todas as meninas estão agora. Sandra ouve os nomes de pessoas e lugares esquecidos por mais de três décadas, e quando isso acontece, seus olhos se apertam e se abrem com alegria, a pele se estica um pouco, é 1978 e ela está jovem mais uma vez.

Ao explicar seu desaparecimento, ela diz: "Acho que o melhor conselho que recebi foi do Rick, com quem eu estava saindo — nós criamos a filha dele e a ajudamos a passar pela escola — e ele disse pra mim:

'Sempre que está com seus amigos gays, você age como gay. Se você quiser ser mulher, ande com mulheres *de verdade*'. E foi o que fiz. Eu me desassociei de todo mundo".

"Acho isso meio triste", comenta Doug, em contemplação, tamborilando a mesa com as unhas compridas, sem esmalte e em forma de amêndoas. "Porque a questão é que eles são parte da sua vida e você não deveria precisar cortar essa parte fora. Ele devia encarar a vida assim: 'É uma viagem pela qual se passa'. Mas o mais importante às vezes não é o destino, é a viagem."

Doug está certo. É triste. Porque essa é a velha guarda que andou junta pelo fogo: guerreiros de penas sedosas e pintura de guerra colorida. Eles são os únicos que entendem de verdade como era caminhar em "território inexplorado", estar ao mesmo tempo em casa e "em um país estrangeiro". São os únicos que ainda são esfaqueados na barriga pelo termo "queer"; que sempre tropeçam na palavra "transgênero" porque, para eles, só existem rapazes e garotas, sem importar se você passou pela Grande Mudança ou se só botou um vestido à noite, eles vão te chamar de garota e vão levar a sério. A perda desses laços para Sandra foi a perda de uma chance de verdadeira conexão e apoio.

Mas Doug também está enganado sobre essas perdas. Da mesma forma como ele, que insistiu várias vezes em ter bares só para homens, prefere claramente a companhia de homens ou queens, Sandra prefere a companhia de mulheres cis héteros. É com elas que se sente mais ela mesma. O fato de seus dias de drag terem sido um período de experimentação adolescente do qual ela sentiu necessidade de sair deve ser compreendido no contexto de sua vida toda. Portanto, embora Peter e Stacey e Celestial Star não tenham exatamente desaparecido, eles existem agora só no sentido de que o sol e o movimento da Terra existem no vento. Como ela me disse uma vez: "Sou só Sandra. Vivi tanto tempo assim que não faço referência ao outro lado. O outro lado é desconhecido pra mim".

Doug liga para Jullianne Deen, a Rainha dos Figurinos, de quem ainda é próximo, e lhe informa com empolgação que Stacey está lá. Sandra sorri quando ouve o prazer evidente pelo telefone. Jullianne diz que ainda cria roupas e, apesar de ter tido dificuldades com os olhos, tem o apoio amoroso do "homem da vida dela", seu companheiro há vinte e cinco anos. Sandra menciona que também teve um companheiro por muito tempo, foi casada por quinze anos, mas deu errado no final porque ele queria ser dono dela, rá, boa sorte.

E aqui está, na voz feliz de Jullianne ecoando pela linha e na leve angularidade quando Sandra menciona o segundo casamento e quando Doug nos convida para seu quarto escuro, liga o computador e nos mostra centenas de fotos de sua glória passada: os figurinos e os aplausos e as festas não podiam oferecer nada que você não estivesse disposto a dar para si mesmo.

E então, apesar de eles ficarem olhando a tela com o mesmo sorriso saudoso que faz seus olhos úmidos enrugarem nos cantos, apesar de ambos terem ganhado peso e perdido elasticidade, apesar de se lembrarem com grande carinho os nomes e rirem a mesma gargalhada satisfeita e perversa, apesar de estarem sentados aqui, lado a lado, a distância entre Sandra e Doug é uma distância entre planetas.

O que ela tem com Maria é diferente.

Quando as garotas perguntam o que é aquela coisa, ela explica que não, ela não está interessada em mulheres exatamente. "Acho que é mais da alma dela que eu gosto." Maria é boa com ela, "como um cavalheiro" — apesar do fato de ser bem menor e mais jovem do que Sandra, ainda adolescente. Em parte aborígene e em parte italiana, Maria Gloria Paten "tem a aparência que lembra de um rapaz, mas de um jeito bonito". Ela usa um uniforme que consiste em camiseta preta, uma camisa masculina de botão com as mangas dobradas e uma calça cáqui larga. Tem 18 anos e mora com a mãe, a irmã e o irmão, ambos bem jovens quando Sandra vai morar lá, a ponto de ela os chamar de "crianças". A mãe recebe de braços abertos a namorada alta e loira da filha na casa delas. Pela primeira vez em muito tempo, Sandra começa a pensar no futuro.

• • •

A maré está baixa e elas estão posando para uma foto juntas nas dunas. Sandra está em um ponto mais baixo da duna e desloca Maria um pouco para reduzir a diferença de altura. Elas olham para a câmera, apertando os olhos na luz forte do céu cinzento. De calça vermelha e uma blusa velha larga, Sandra pela primeira vez está sem maquiagem.

"Você sabe que o dia da grande operação está chegando", diz ela depois que elas se separam dos amigos para andar pela praia. Maria assente, andando com as mãos enfiadas nos bolsos e os ombros encolhidos, olhando para os tênis que chutam areia.

"Pois então", continua Sandra, "essa é a última chance que vou ter de ter um filho ou, sei lá, uma família, então eu estava pensando que talvez..." Ela para e olha para a namorada, que está olhando agora para a água, as sobrancelhas finas unidas enquanto o vento agita seu cabelo curto e escuro. Maria pega a mão de Sandra e elas sorriem uma para a outra e começam a rir.

Elas executam o plano com muita praticidade, apesar das circunstâncias da vida deixarem tudo meio irreal. Decidem que Maria vai ao hospital com o nome de Sandra, para que Sandra possa depois "ser conhecida como a mãe". Avaliam nomes, olham lojas de coisas de bebê. Quando descobrem que Maria está grávida, ficam felizes da vida. "Esse era nosso objetivo", explica Sandra ao olhar para trás. "Mas nós não nos demos conta de quais seriam as consequências, não pensamos nas complicações. Eu poderia ter trabalhado? Poderia ter feito prostituição? A vida tem um jeito engraçado de se resolver, porque provavelmente seria bem tumultuada para a criança."

Phillip John Keen, que o jornal vai descrever como "especialista em certos aspectos de artes marciais", morava em West Footscray, a um quilômetro da casa onde Sandra morou na infância. Estava na porta da discoteca Night Moves quando Maria foi ver Sandra se apresentar no show. Estava no comando. E Maria entra, toda cheia de gingado, para ver a namorada ruiva com os peitos incríveis. Talvez Keen tenha ficado doido por ela. Talvez goste de sapatões. Talvez tenha ficado com ciúme dela. Talvez tenha ficado com ciúme da namorada. Talvez tenha se enojado do ciúme que sentiu de alguma delas. Talvez odeie a pele escura de Maria e seu rosto lindo. Talvez odeie o fato de ela não ter medo dele. Talvez só queira sentir a força dos ossos nos músculos.

A grande Celestial Star tem alguns minutos antes de ir para os bastidores para se arrumar. Quando estiver arrumada, vai direto para o palco; a preparação gera uma energia que é melhor não ser dissipada, mas, depois que ela se apresentar, elas vão para casa, para a casa da mãe de Maria. Maria não pode ficar acordada até tão tarde como fazia antes, e elas não precisam mais sair para se divertir. É uma época de transformação para as duas; Maria está com três meses de gravidez do filho delas, e Sandra está grávida, de certa forma, de si mesma, prestes a iniciar o processo da cirurgia que vai completar sua transição. Maria se encosta na cadeira, olha para o palco e apoia os tênis na mesa enquanto Sandra acende o cigarro segurado entre as unhas longas.

"Tira os pés da porra da mesa", grita Keen quando passa, puxando a calça para cima. As duas mulheres olham com leve surpresa para o leão de chácara. Não tinham visto que ele estava se aproximando.

"Que se foda, ele pode voltar e pedir com educação", diz Maria. Sandra ri enquanto se levanta, joga um beijo para Maria e anda pelo clube lotado até a porta do palco. Logo antes de desaparecer nos bastidores, ela olha para trás. Vê que Keen voltou para a mesa delas, vê quando ele joga os pés de Maria no chão. Maria se levanta, furiosa agora, e encara Keen. Ele a empurra com grosseria na direção da porta do clube e para fora. Enquanto Sandra abre caminho de volta, Maria reaparece e dá um empurrão no peito de Keen. É nessa hora que ele a joga no chão e pula na barriga dela, caindo de joelho. Depois de um longo momento, Keen — ofegante, triunfante — pega Maria pelas axilas e a arrasta para fora.

Apesar de sua pulsação acelerar, Sandra tem certeza de que vai ficar tudo bem. Porque Maria é Maria. Porque tem que ficar.

Mas Maria não se levanta. Apesar de Sandra se ajoelhar ao lado dela e sacudir seu ombro e dizer "Venha, amor, vamos para casa", a cabeça dela só balança de leve. Maria continua sem se levantar quando alguém grita que é para chamar uma ambulância e quando a polícia se materializa de repente, porque está sempre no bairro. Maria continua sem se levantar quando Sandra começa a chorar e é levada gentilmente para fora do clube por um dos policiais e colocada na parte de trás de um camburão, o único lugar tranquilo em que o sujeito consegue pensar.

Mas então, como uma oração se concretizando, sirenes de ambulância confirmam que Maria finalmente voltou a si; que vai ser levada e curada. Só agora Sandra consegue dar um respiro entrecortado de alívio, sai do carro e olha ao redor. É nessa hora que o repórter com o caderninho na mão vem correndo pela rua e arranca as esperanças dela ao gritar para o policial parado ao lado do carro: "Qual é o nome da garota morta?".

É assim que o mundo termina. Apesar de estar ali parada, ocupando espaço no asfalto com a peruca ruiva e o vestido justo, ela sumiu de repente; não é ninguém para ninguém.

Sandra não precisa de uma aula de física para entender que o tempo dilata; a vida lhe ensinou cedo que alguns segundos são cruelmente rápidos e outros são torturantemente lentos. Ela está flutuando, sem ligação nenhuma que a prenda à terra e, de repente, de alguma forma, o dia amanheceu e ela está com medo de voltar para casa depois de dar seu depoimento. Está com medo de mostrar às outras pessoas sua dor, e seu sofrimento é grande demais para esconder, então ela fica longe dos amigos e da família de Maria. Também tem medo de botarem a culpa nela por não ter protegido Maria. Tem medo de que a notícia se espalhe de que a namorada de Maria é na verdade uma drag queen da boate onde ela foi morta e também que Maria estava grávida com o bebê das duas. Tem medo de como a família de Maria vai olhar para ela quando descobrir que a namorada da filha, que come com eles e ri com eles há vários meses, era durante esse tempo todo uma impostora. A cada percepção, ela cai ainda mais em um buraco tão escuro que engole luz até estar presa em cada segundo lento demais, sem ter como escapar, nem ter para onde ir se escapasse.

• • •

Uma figura alta e magra com unhas quebradas e cabelo sujo, ela se encolhe na porta da frente com a chave uma última vez, quando sabe que a mãe de Maria vai estar fora limpando casas e as crianças vão estar na escola. Emanando vergonha, ela pega suas poucas coisas, magoada pelo sofá e pelo azulejo rachado no banheiro, pela vista da janela e pelo zumbido da geladeira — pelo modo como tudo está igual e o fato de que, na última vez em que esteve lá, ela era uma pessoa diferente. Alguém com um lar, amada pela mulher no corpo quente ao lado dela com uma segunda chance de família crescendo dentro.

Ela dorme onde dá. A polícia está em cima de novo. Ela não consegue ganhar dinheiro com prostituição na rua Acland, na rua Robe, na Fitzroy, nem em nenhuma das outras. Assim, vai para um bordel na rodovia Nepean. Quando a rodovia for expandida anos depois, aquela casa vai ser demolida, levando consigo os quartinhos escuros onde ela se ajoelhava ou se deitava de bruços: amarrada, sangrando, pálida; tremendo como uma coisa jogada na bancada de um açougue.

Isso é trabalho irregular de submissão BDSM, um trabalho que Maria nunca teria permitido que ela fizesse, um trabalho que é "como uma foda mental": o fundo da cadeia alimentar. É lá que, como Maria, ela só fica deitada, ferida internamente, e não se levanta.

Mas ela não é Maria, e alguma coisa continua a bater dentro dela. Ela complementa o que ganha com dinheiro rápido dos bordéis baratos em Fitzroy. Durante aquele longo inverno em Melbourne, ela fica concentrada em fazer o trabalho que tem que fazer, não só sobreviver, mas florescer. No primeiro aniversário da morte de Maria, ela vai estar completa.

Um dia, ela vai se lembrar de Maria com carinho e tristeza, mas, quando a chama de "Marie", não vai ficar claro se é afeição ou esquecimento. Porém hoje ela está botando uma malinha no porta-malas de um táxi e instruindo o motorista a seguir de East St. Kilda para a cidade, ensinando para ele o caminho mais rápido para chegar ao hospital na rua Lonsdale. O carro entra no trânsito pesado e ela se afasta do vidro frio, pelo qual os detalhes de guimbas de cigarro, latas de bebida e chiclete a fazem pensar que talvez nada seja realmente jogado fora.

Eles aceleram e seu cotovelo bate com força na vidraça, aquela linha separando o aqui do ali, invisível quase, e ela olha com impaciência para a frente. Está centímetros atrás do motorista. Está ouvindo o rádio dele. Está inspirando o ar que ele expira. Está tentando não olhar a carne dele se espalhar como uma inundação da maré debaixo da camiseta, em volta da fivela do cinto de segurança. Então eles param na frente do hospital e ela entrega cédulas quentes do bolso que agora estão quentes na mão dele.

Ela bate a porta e esquece de dizer adeus porque está agora caminhando para o futuro, e esse é um pensamento que ela usa para se cobrir como um cobertor.

Motorista

Eu não chamaria isso de casa, mas é onde um motorista de ônibus morou até o começo da semana. Sandra diz que ele sangrou pelo nariz, algo relacionado a intoxicação alcoólica ou infecção, ela não sabe bem. Mas é uma casa pequena e um trabalho pequeno, que exige só a presença dela e de outra pessoa, Trent, que é alto e magro e sorri com facilidade com as gengivas largas debaixo do boné de beisebol enquanto tira o equipamento de limpeza da van. Quando eles recolhem os poucos bens do motorista e preparam a casa para os próximos inquilinos, o jeito como ele morreu suga menos energia deles do que a forma como ele viveu.

Gordon compartilhava com a casa vizinha o pequeno gramado frontal, com uma árvore grande e algumas flores cor-de-rosa começando a florescer. A varanda coberta, com tanta bosta de passarinho que parece que alguém derramou uma lata de tinta branca, era só dele. E uma poltrona quebrada, com o assento cortado no meio. A porta da frente está maltratada, suja de terra, e leva à sala com o sofá azul onde ele morreu.

As paredes estão nuas. Tem manchas de sangue marrom no sofá e no tapete, que é um mar de guimbas de cigarros caseiros, pedaços de casca de ovo e dejetos de cachorro seca. Apesar de haver poucos móveis (duas poltronas encostadas na parede, uma mesa de canto) e alguns objetos (um dicionário, um regador de plástico no sofá, um queimador de incenso no aquecedor), a sala está arrumada de uma forma que dá a impressão de ter apenas o sofá e uma televisão enorme, dispostos em uma prateleira baixa coberta de poeira branca-acinzentada, impecável feito neve.

A casa está fria do ar que entra pela porta de tela, diluindo, mas também espalhando o odor íntimo e terrível da morte. Vou atrás de Sandra, que segue as manchas de sangue do sofá até a pequena cozinha e a pia, onde uma única camiseta ensanguentada e encharcada foi esquecida. Ela questiona em voz alta se ele a tirou para estancar o sangramento; e, aceitando a incerteza, começa a avaliar a bancada. Sobre ela encontra metades de limões duros como mogno, dedos pretos de banana com pontinhos brancos de mofo. A gaveta que ela abre contém, em vez de talheres, pincéis sem uso e papel branco grosso.

A despensa está cheia de macarrão instantâneo e sopa enlatada. Tem duas tigelas para cachorro, uma de comida e outra de água, ambas vazias no chão ao lado do frigobar. Ela olha as moedas e papéis espalhados e, ao ver um cartão de identificação, repara que ela e Gordon nasceram no mesmo ano. "Merda de rato", diz ela, passando a unha brilhosa por cima da mesinha encostada embaixo da janela da frente.

Eu me pergunto, e não pela primeira vez, quem vai fazer esse trabalho por Sandra quando ela falecer. Ela fala abertamente dos seus planos: "Vou deixar todo o dinheiro que eu tiver pra universidade, pra ajudar alguém que não possa pagar os estudos do lado médico das coisas. Meu corpo vai pra universidade, servir de cobaia, sabe, pra experiências, o que for. Não quero um funeral. Só quero estar aqui um dia e não estar mais no outro. Que me apreciem enquanto estou aqui, mas não quando eu morrer. Sério, pra mim é só uma baboseira mentirosa quando dizemos 'Ah, era uma pessoa maravilhosa!'. Mentira! Eu fui uma vaca algumas vezes, fui isso, fui aquilo, às vezes fui legal; melhor superar. Todo mundo que morre é perfeito".

Ela arruma os vários medicamentos espalhados sobre a mesa em uma pequena pilha para ser recolhida. Em seguida, anda pelo corredor curto até o quarto, deixando Trent limpar a sala.

• • •

Como chefe, Sandra é, variavelmente, a mãe acolhedora ("Um cara tinha sangrado muito e Lizzie desmoronou e chorou. Eu liguei pra mãe dela e falei: 'Liga pra ela, ela está meio estressada'."); policial mau ("Olha. Tenho o triplo da sua idade. Preciso de óculos para ler e consigo ver uma teia de aranha a mil passos de distância. E você me diz que *acabou* com as teias? Acho que não."); e juíza implacável ("Uma vassoura nova limpa bem!"). Apesar de incorporar com naturalidade o papel de comandante, o desdém de Sandra por detalhes administrativos, assim como sua "mania de agradar", nem sempre encaixaram bem com as exigências de gerenciar uma equipe.

Da perspectiva dos recursos humanos, pode ser dito historicamente sobre a equipe de limpeza da STC que houve persistentes atrasos, ausências e ineficiências no uso da propriedade da empresa. Há uma taxa de rotatividade enorme entre os funcionários. Alguns são transitórios, outros cometeram o erro de confundir o jeito imparcial de Sandra com fraqueza. Isso resultou especificamente em algumas demissões acaloradas, e de um modo geral na decisão de tirar o escritório da STC de um aposento da casinha dela para um local comercial em uma tentativa de ficar "mais corporativa e mais disciplinada".

Junto a essa mudança na imagem veio a contratação de Melissa como coordenadora de escritório. Apesar de Sandra ser péssima em delegar, ela sabe que não pode expandir o negócio sem isso. Além do mais, supondo que seja mesmo mais eficiente ser temida do que amada, Melissa mantém Sandra um tanto distanciada de funcionários que poderiam tirar vantagem da generosidade natural dela.

De maneira superficial, a limpeza de ambientes envolvendo trauma como uma carreira pode ser de uma extravagância sombriamente atraente, mas na verdade é um trabalho braçal sujo, perturbador e cansativo de proporções exaustivas transcendentais. Vejam, por exemplo, uma história que Dylan, com carinha de bebê, me contou uma vez enquanto carregava sacos de lixo da casa de um acumulador para uma caçamba enorme (trinta metros cúbicos, com capacidade para oito toneladas) que Sandra colocou na entrada da casa.

"Lá no interior", disse ele — feliz porque aquele dia era seu último antes de voltar para seu país, a Nova Zelândia — "um garoto terminou com a namorada e fez uma espingarda caseira e se matou na garagem com um tiro. A temperatura era de 48 graus do lado de fora, ficou fervendo na garagem por uns quatro dias e estava uns 58 ou 60 graus dentro. Nós tínhamos que usar uns trajes especiais, mas estava tão quente que eu falei, que nada, cueca e uma regata. Onze horas e meia pra limpar. Ele tinha deixado o cofre de armas aberto e tivemos que limpar completamente lá dentro. A caixa de ferramentas estava aberta e tivemos que limpar cada ferramenta e..."

"... o telhado", acrescentou Lizzie ao passar com um saco preto pesado em cada mão.

"É, o telhado, nós acabamos tirando metade do telhado. Usando um raspador e tirando tudo", relembrou Dylan.

Os faxineiros da STC que observo trabalhando são bem animados nas suas tarefas, tanto perto quanto longe da supervisão com olhos de águia de Sandra. Eles me dizem — com slogans eufemísticos como do recrutamento do exército — que gostam do fato de que "cada dia é diferente" e que são estimulados pelo "desafio". Mas a realidade é que, naquele nível, não é um trabalho que se escolhe como vocação, nem é trabalho no qual uma pessoa permanece quando tem opções melhores para sustentar a si mesma e à família.

Eu observei dentre os vários grupos de faxineiros da STC: problemas com o controle da raiva, problemas de leitura, problemas de moradia, consumo desenfreado de cigarro e duas pessoas a quem faltavam porções de dentes. Alguns desses funcionários controlam tanto os gastos que não podem nem enviar mensagens de texto fora dos seus pacotes. Sandra confirma que seus faxineiros "vêm da Escola de Porradas na Cara" e que prefere assim. Eles são mais compassivos nos trabalhos que são o pão com manteiga de um negócio em que todos os clientes "têm algum problema".

Em 2015, depois de vinte anos cuidando dos negócios de casa, Sandra levou o quartel-general corporativo da STC Services para um prédio comercial no centro de Frankston. Alugou um pequeno escritório no começo e depois o adjacente, derrubando a parede para expandir o ambiente. Os escritórios que resultaram disso não têm janelas para a rua, o teto é rebaixado com placas perfuradas, o aquecimento não funciona e a entrada mais fácil é por um estacionamento ermo nos fundos, mas Sandra reformou o espaço com seu toque mágico.

"Tenho que dizer que tenho uma mente muito criativa", me disse uma vez. "Eu vejo através das coisas, ou além das coisas, ou imagino coisas. Sempre tive esse negócio de querer mais da vida. Ainda acredito que somos tão poderosos quanto nossas mentes. Uma ideia pode vir e, se você achar que consegue segui-la, é melhor fazer a aposta e ir com tudo." Os momentos mais felizes de Sandra são quando ela está embarcando em um desses novos projetos — um novo risco profissional, um novo investimento; um carro novo, um tratamento de beleza, uma reforma. Nessas ocasiões, ela fica vibrante de entusiasmo e vê apenas possibilidades positivas infinitas no investimento embrionário, ao qual ela se dedica obsessivamente e em velocidade de grand prix.

O escritório não poderia ser de mais ninguém: irradia o carisma de Pankhurst. Seu lema corporativo — *Excelência não é acidente* — "acerta sua cara assim que você entra"; está pintado em letra branca rebuscada em uma parede vermelho-cereja e emoldurada de branco. Há paredes vermelhas no escritório todo, com detalhes em preto e branco: as "cores corporativas" da STC. Fileiras simétricas de molduras brancas decoradas exibem as conquistas profissionais e beneficentes de funcionários do passado e do presente. Há mesas espelhadas com livretos dispersos em cima, arranjos florais e velas aromáticas, e quando andamos de sala em sala, é pisando em um carpete marrom recém-colocado.

O escritório pessoal de Sandra fica de um lado da "sala de reuniões" — um espaço aberto com uma mesa de vidro onde cabem seis pessoas. Ao lado da mesa dela tem um aparador de vidro impecável com vasos de flores e fotografias em porta-retratos de Lana e do cachorro novo, um resgatado chamado Moët Chandon. Tem também uma garrafa de uísque e um conjunto de copos caso alguém precise do reforço de uma bebida. Embora ela trabalhe com frequência a partir do carro e dos locais de trabalho, o rádio na mesa está sempre ligado, preparado para a volta dela.

Ao andar pela sala de reuniões, chegamos em uma sala de treinamento, onde hoje Melissa está parada na frente de uma mesa cheia de produtos de limpeza, dando o primeiro treinamento de um novo grupo de recrutas da STC com um tom repetitivo autoritário e meio anasalado. Ela escreveu a lista de assuntos no quadro-branco que fica atrás dela:

- Gerenciamento de tempo — trabalhando juntos
- Panos — lavar + secar, ordem de cores
- Cestinhas
- Uniforme — qual é o uniforme certo? Sapatos, tatuagens
- Doença — com que antecedência é preciso avisar
- Celulares
- Ações disciplinares
- Chegar ao trabalho pontualmente

A plateia, cinco homens e cinco mulheres divididos informal, mas rigorosamente por gênero, assim como em um baile do ensino médio, estão sentados em cadeiras vermelho-cereja. Todos anglo-australianos, eles usam botas de trabalho ou tênis e, como Melissa, óculos de sol no alto da cabeça. Os homens vão de trinta e poucos a cinquenta e muitos anos, e embora alguns tenham mais pelos no rosto e outros tenham menos dentes, eles parecem irmãos no sentido de que são todos do mesmo tipo de homem: brancos, reservados, curtidos pelo sol, magros demais. As mulheres também variam em idade, embora mais para o lado jovem do espectro. No chão há várias cestinhas de plástico — amarelas ou vermelhas, dependendo se são para uso na cozinha ou no banheiro —, cheias de produtos de limpeza.

Com formação de "enfermeira de saúde mental", Melissa era a coordenadora da empresa de limpeza do andar de baixo, com salário baixo demais até desertar e subir a escada para os pastos mais verdes da STC. Quando fala com a sala, é com a voz — esforçada, mas determinada — de alguém com uma ética de trabalho inabalável e que não fica à vontade falando em público. Dá para ouvir as palavras de Sandra, que a instruiu a estalar o chicote.

"Tempo. Por que estamos tendo problema com o tempo? Um de cada vez, levantem as mãos", pede Melissa.

"Falta de comunicação", diz alguém.

"O que mais?", pergunta Melissa.

"Organização", diz outra pessoa.

"Na mosca", concorda Melissa. "Esse é o único motivo para estarmos tendo problemas. A única forma de cumprirmos os prazos é trabalhando juntos, em equipe. No momento, estou recebendo muito feedback. Essa pessoa não está fazendo isso e aquela pessoa está com dificuldade pra fazer aquilo, mas quer saber? Não quero ouvir. É trabalho em equipe, pessoal. Se vocês não conseguem fazer isso, é melhor fechar a porta agora. Sei que é radical, mas vocês entendem o que quero dizer?"

"Sim." A resposta é um coral moroso.

Embora a voz falhe um pouco às vezes por sua timidez, o estilo de Melissa de questionamento socrático parece estar tendo efeito.

Ela faz uma pausa, a boca apertada. "Em alguns serviços, vocês podem dar de cara com uma situação complexa. Se sentirem que vão levar uma hora a mais, não nos liguem quando chegar a hora de sair pela porta. Liguem quando fizerem a avaliação. Mais alguma pergunta sobre gerenciamento de tempo? Se vocês tiverem perguntas, agora é a hora de fazer."

Um funcionário levanta a mão. "Como aquele trabalho que fizemos, aquele bem podre, que estava escorrendo pela porta dos fundos. Foi difícil porque a cliente ficou mudando de ideia o tempo todo..."

"Em situações assim, há uma boa chance de o cliente ter sido cobrado a mais", responde Melissa antes de seguir em frente. "Alguém sabe o que é uma retificação?" Silêncio. "Uma retificação é quando recebo uma ligação e o cliente diz: 'Olha, está tudo ótimo com a limpeza, exceto essa área específica'. Nós oferecemos garantia de satisfação de cem por cento. Se o cliente não fica feliz, nós voltamos e consertamos. Agora, se nós voltamos e consertamos, vocês continuam sendo pagos, mas custa pra quem?"

"Pra empresa, imagino", sugere um dos homens.

"Atualmente, não é isso que acontece", diz Melissa.

"Nós temos que voltar e consertar de graça", responde alguém.

"Sim", confirma Melissa, olhando devagar ao redor. "Pra quem não me conhece, eu sei ser implacável. Implacável de verdade." Ela levanta as sobrancelhas e assente solenemente. E prossegue. Os panos. Há uma discussão sobre como deveriam ser guardados (sessenta por sacola, dentro da qual há outra sacola, diferenciada por cor, para os "sujos"), dobrados ("com capricho"), empilhados ("Limpos e apresentáveis. Se eu for até um serviço e não estiverem assim? Aff, cuidado!") e lavados. O último tópico gera um debate animado. Os faxineiros foram encorajados a levar os panos para casa e os lavar, para depois os trazerem ao próximo serviço.

"Nós moramos em uma pensão", comenta um dos homens. "E nossos amigos estão reclamando de botarmos essas coisas na máquina de lavar, e eu não acho que eles estão errados..."

"Eu também não acho, principalmente se for uma coisa muito suja", concorda outro.

"Eu vou à lavanderia", diz outro.

"De quem deveria ser a responsabilidade dos panos?", pergunta Melissa.

"Sua", fala um dos homens.

"É mesmo?", pergunta Melissa, olhando para ele e piscando sem parar.

"Sim", responde ele. "Pra garantir que a gente tenha panos limpos pra trabalhar. Se tivermos que ir à lavanderia no nosso tempo livre pra lavar..."

"Bom, se você lava no seu tempo livre, em casa ou não, coloque no seu cronograma", sugere Melissa. "Agora o que acontece quando vão pra minha casa? Eu boto na máquina de lavar. Boto na secadora. E enquanto estou sentada vendo *Home and Away*, cuidando dos meus filhos, começo a dobrar os panos e os preparo para o dia seguinte. Eu faço isso no meu tempo livre. Por que eu faço no meu tempo livre?"

"Porque você pode", responde um dos homens.

"Bom, não. Eu tenho filhos. Tenho três filhos", diz Melissa calmamente, olhando para ele. "É porque eu quero ver a empresa crescer, ok? Fico feliz em levá-los pra casa pra ajudar a empresa. Então, se você não quer lavar os panos e botar na secadora, deixe na minha casa. Crie mais trabalho e os deixe na minha casa, ok?"

"Não posso mais pagar por eles", responde um dos homens.

"Vamos trabalhar na minha casa no momento", fala Melissa. "Vou conversar com Sandra e pensar em outra situação, mesmo que tenhamos que comprar uma máquina de lavar e uma secadora pra botar em algum lugar aqui."

Silêncio.

"Nós nos importamos", afirma ela, olhando ao redor. "Acho que todos vocês sabem que Sandra cuida de vocês da melhor maneira que pode." E, se referindo ao antigo chefe: "Vocês sempre podem descer a escada e trabalhar para aquele cretino". Ela vai até o quadro-branco.

- ~~Panos~~

"Doença: obviamente, como vocês não têm vínculo empregatício, vocês não são pagos por isso, ok. No entanto, se faltarem no trabalho por doença, não me importo que mandem mensagem de texto à 1h da madrugada, mas, por favor, tentem não nos mandar uma mensagem às 6h15. Sandra sempre fica com o telefone por perto porque se comunica com o trauma", diz ela, se referindo à unidade do governo que coordena respostas a homicídios noite e dia.

Item seguinte: "Celulares. Sei que alguns de vocês têm celulares pré-pagos e é difícil, mas quando vocês receberem a mensagem da noite pra dizer que horas precisam começar a trabalhar, enviem uma resposta dizendo 'Recebido' ou um sinal de positivo", continua ela. "Tem que haver pelo menos uma pessoa em cada serviço com celular. Se eu precisar falar com vocês, preciso conseguir falar com vocês. Com o trabalho que fazem, nós queremos verificar se não aconteceu nada. É isso. Agora, o grande. As caixinhas."

Ela pega uma caixinha de plástico vermelho na mesa atrás dela. "As caixinhas voltam em péssimo estado e isso não está bom. Os bicos dos produtos têm que ficar virados para fora e fechados." Ela olha dentro da caixa e tira um frasco de spray. "Não!", exclama de forma triunfante ao encontrar o bico aberto. "Por que nós fechamos os bicos?", pergunta para a sala.

"Pra não vazarem", responde alguém.

Melissa assente. "Tudo que fazemos faz sentido. De que precisamos nas caixas? Vou dizer de que precisamos nas caixas..." Ela mexe nos produtos de limpeza, muito deles com nomes que parecem de pôneis de desenho animado.

"Glitz. O que é Glitz?", pergunta Melissa.

"Deve ser multiuso, não é?", fala Leigh.

Melissa assente, confirmando. "É um produto incrível. Só não deixem cair nos olhos porque arde. Pra que serve?"

"Pra tirar mofo de chuveiros, acúmulos embaixo de cortinas de chuveiro", declara alguém.

Assentindo em aprovação, Melissa pega um frasco de líquido rosa-chiclete. "Speed. O que é Speed?"

"É principalmente pra gordura, principalmente pra cozinha, azulejos e fogões", responde outra pessoa.

"Você diria que serve pra tudo?", pergunta Melissa.

"Não, não mesmo", afirma ele.

"Mas *é* multiuso, não é? Em todas as caixas de cozinha temos que ter Speed." Melissa pega da caixa um frasco amarelo pequeno com tampa verde. "Amo isto aqui. É meu produto químico favorito da caixa. É incrível, tem milhões de usos. Dá pra usar em paredes, é ótimo pra deixar a propriedade com cheiro bom." Ela ergue por um breve momento outro frasco. "Vocês têm Exit Mould, que infelizmente é superestimado." Ela volta ao Jiff e o aninha em uma das mãos enquanto bate na tampa verde com a outra, as unhas acrílicas quadradas refletindo a luz. "Quero que vocês voltem ao básico, tá certo? Eu usei isso na limpeza de um local imundo semana retrasada. Meu Deus, o lugar ficou com um cheiro incrível. Como se usa o Jiff?" Sem esperar resposta, ela pega um balde plástico em uma das caixas e borrifa lá dentro. "É isso! Em um balde cheio de água — ou com três quartos."

Ela para e pede perguntas.

"Nós encontramos uma infestação horrível de baratas", comenta Rodney. "Por mais que você limpe, vai acabar com baratas nos baldes e tudo. Já tentei matar antes com spray, mas elas continuam lá."

"A questão com as baratas e também quando temos infestação de percevejo nas camas...", complementa outro funcionário.

Erguendo a voz para ser ouvida e direcionando a resposta a Rodney, Melissa fala: "Sim, é igual quando temos fezes de mosca. Olha, pode parecer grosseria, mas quando terminamos um serviço e o cliente nos dá o ok, não é mais nosso problema".

"Sim", responde Rodney, "mas quando temos milhares... chega ao ponto em que não dá pra trabalhar com conforto... Tem ninhos acima da cabeça e ficam caindo em você..."

"Nós podemos pensar em jogar um spray antes de vocês entrarem", responde Melissa, pegando alguns implementos de plástico na caixa. "Rodo para o chuveiro, uma espátula, deve haver duas bolas de palha de aço por caixa..."

Com as paredes livres e prateleiras vazias, a casa de Gordon tem menos personalidade do que um quarto barato de motel. Não tem lençol na cama de casal, afundada no meio pelo peso do dono. O enchimento sai de dentro de um edredom sem capa; o tecido, como dos travesseiros próximos, é de uma cor estranha de urina.

"Isso era branco ou bege?", pergunto.

"Não fazem nesse tom de bege", diz Sandra com ironia enquanto abre a gaveta de uma das mesas de cabeceira. Está forrada com uma única folha de jornal datada de 6 de novembro de 1995, na qual há uma barra de sabonete, um porta-joias de veludo vazio e uma amostra do perfume Estée Lauder Pleasures. Uma das manchetes do jornal identifica o assassino de Yitzhak Rabin. Há toalhas usadas, roupas amassadas e livros espalhados na cama. *Isis Magic: Cultivating a Relationship with the Goddess of 10,000 Names* [A Magia de Ísis: Cultivando um Relacionamento com a Deusa de 10 Mil Nomes], *Kabbala* [Cabala], *Enochian Magick* [Magia Enoquiana]. Tem uma caixa vazia de leite achocolatado no chão.

Debaixo da janela do quarto, em um aparador coberto de poeira, há uma estátua pequena em estilo egípcio de uma mulher com cabeça de pássaro. As asas quebradas de uma estátua similar estão caídas no carpete ali perto. O corpo não está em lugar nenhum, mas os pés estão no aparador, pequenos e absurdos, como o Ozymandias de um homem pobre. As gavetas do aparador estão vazias, exceto pela inferior, onde Sandra encontra uma coleção de cartas: cartas de tarô, cartas com texto em hebraico, cartas com santos e cenas religiosas, cartas com orações. Uma exibe o anjo Gabriel, outra São Pedro. Uma tem uma oração para motoristas.

As prateleiras presas na parede em frente à cama estão vazias, exceto por algumas toalhas de banho enroladas com cuidado e um cooler grande. Da mesma forma, o armário está esparsa e aleatoriamente ocupado por camisas, duas malas e uma churrasqueira portátil na caixa. Na prateleira superior, quase vazia, tem uma pilha de livros: *Painting Birds* [Pintando Pássaros], *Wildlife Painting* [Pintura da Vida Selvagem], um guia de campo sobre pássaros da região. Sandra encontra um saco plástico cheio de cartões de aniversário. Cartões de Natal da mãe de Gordon. Cartões de Dia dos Pais, um para cada ano, somando uma década, do filho de Gordon.

Claro que todo mundo é alguém para alguém. Mas é difícil conciliar os dejetos de rato acumulados e as guimbas de cigarro com um filho e um pai tão homenageado por tantos cartões com letras trabalhadas nas cores do arco-íris. Com o passar dos anos escritos no canto superior esquerdo dos cartões, aquela família foi realmente conhecendo melhor aquele homem? Ou eram — por escolha dele ou deles, por circunstâncias grandes demais para imaginar — apenas estranhos próximos, assim como os passageiros que ele pegava?

Trent chama Sandra da sala. Sorrindo, entrega para ela um rolo de 500 dólares australianos em cédulas que encontrou embaixo de uma almofada do sofá. Sandra agradece sem cerimônia e coloca o dinheiro com os outros pertences que vai entregar para o senhorio.

Não parece que alguém morreu aqui porque não parece que alguém vivia aqui. É difícil falar sobre a presença e a distribuição de "energia" nesses aposentos pequenos sem parecer alguém que não sou. Mas uma coisa que aprendi no tempo que passei com Sandra é que, sim, os espaços — assim como as pessoas — têm vozes.

Fico parada ouvindo o que a casa de Gordon está dizendo com seu vocabulário de cinzas e migalhas. É que a verdadeira forma da casa não é a forma aparente. O gramado, o banheiro e a lavanderia não existem. A mesa da cozinha e as cadeiras não existem. As mesas de cabeceira, o aparador, o armário, a máquina de lavar; nada disso existe. Naquela casa, só existe um triângulo formado por sofá, despensa e cama. Essa geometria interna delineia o espaço físico essencial para descanso e manutenção, e esquecimento pelo sono ou fumo ou comida ou álcool ou tráfego visual indiferenciado na televisão. Esse espaço, no entanto, não foi importante o suficiente para garantir a tradicional separação de propósitos: o carpete é banheiro, cinzeiro e lata de lixo. O sofá é um túmulo.

Folheio o guia de campo de Gordon e os livros sobre pintura de vida selvagem, me perguntando sobre a história secreta dos pincéis em perfeito estado e dos papéis na gaveta da cozinha. Gordon não é uma fênix. Ele não queima ardentemente, nem ressurge das cinzas que cobrem o carpete. Não consigo ter uma sensação clara dele. Mas sei que, por um tempo, morou um homem ali que procurava alguma coisa em feitiços e símbolos. Sei que Sandra está aqui, em vez de alguém próximo dele e que — como ele era filho e pai — isso provavelmente o deixaria triste e feliz. Ouço o silêncio entre as paredes que pesavam sobre ele antes de morrer, enquanto a vida se esvaía e depois que tinha acabado. Deve demorar anos para se dominar a capacidade de pintar um pássaro em voo, o ângulo de uma asa no ar, a subida do músculo debaixo da pena. Mas é possível praticar por uma vida e nunca capturar a imobilidade que o pássaro deixa para trás.

Em junho de 1980, Sandra andou pelo complexo do hospital Queen Victoria, com as palmas das mãos formigando de tanta empolgação. Naquela época, o Queen Vic ficava do lado norte da rua Lonsdale. Era o hospital-escola da Universidade Monash desde o final dos anos 1960 para obstetrícia, ginecologia e pediatria.

No início, o departamento de cirurgia plástica incluía uma cirurgiã plástica experiente, Lena McEwan, e um jovem cirurgião plástico assistente, Simon Ceber. No começo, o trabalho da clínica consistia basicamente em consertar lábio leporino e outras anormalidades congênitas, inclusive nas mãos e genitais. Mas em 1976, os cirurgiões foram abordados pelo professor William Walters sobre um paciente que precisava de um tipo de cirurgia que não costumava ser executada na Austrália. Depois de se corresponder com o professor Shan Ratnam em Cingapura (que tinha, na época, cinco anos de experiência na cirurgia de redesignação sexual) e de ler a literatura que ele sugeriu, os dois cirurgiões "decidiram ir em frente e fazer uma". A cirurgia foi um sucesso.

"Foi assim que entrei nisso", explica o dr. Ceber. "Depois de termos feito uma, Walters fez outra em poucos meses. A notícia de que estávamos oferecendo esse serviço se espalhou."

Não que essa cirurgia nunca tivesse sido feita na Austrália — houvera "oito ou nove casos" em Melbourne. Mas tinha sido feita com raridade, de forma meio escondida. Houve boatos de que um grupinho em Sydney executava cirurgias, que um cirurgião do hospital St. Vincent's tratava pacientes transexuais havia vários anos, e também que no hospital Royal Melbourne havia um cirurgião que operava aos domingos de manhã em uma sala de cirurgia trancada e transferia o paciente para o hospital Mont Park para doentes mentais para cuidados pós-operatórios clandestinos. Em outras palavras, aqueles cirurgiões eram tão corajosos quanto seus pacientes. Em 1977, um comitê interdisciplinar tinha sido formalmente estabelecido no Queen Vic para supervisionar a avaliação e gerenciamento de pacientes procurando cirurgia de redesignação sexual. Em 1982, tinham tratado com sucesso cerca de 85 pacientes.

Apesar de Sandra não ter lembrança dele, o dr. Ceber — o cirurgião dela — é um homem meticuloso, de fala mansa, cujo rosto com barba grisalha exibe um sorriso reservado. Ele carrega consigo quase toda a história daquele ramo da medicina: quase não existia quando o peso de executá-lo para uma parcela significativa da população australiana foi colocado nos ombros dele. "Inicialmente, eu era só parte da equipe. Era uma cirurgia emocionante e desafiadora, porque era diferente. Mais tarde, não havia mais ninguém fazendo. Se eu parasse, a clínica toda acabaria. Isso me fez continuar por trinta anos."

Havia alguma coisa que unia os pacientes que ele tratou ao longo da carreira? "Uma obsessão por querer fazer a cirurgia", respondeu. "Acho que foi o que mais me impressionou. Os mais velhos, com profissões e filhos e esposas, sacrificaram muito. Mas para eles valeu a pena. A transexualidade não é escolha."

Quando pergunto como esse trabalho era visto pela ampla comunidade de cirurgiões da época, ele hesita por um momento antes de dizer: "Era menosprezada. Eles olhavam como se você estivesse fazendo uma coisa terrivelmente imoral".

Houve sucessos; mas o que Sandra mais lembra é que eles voltavam do Cairo como mortos-vivos: feridos, queimados, machucados, "fodidos de drogas". Mesmo com os voos e hotéis, ir operar em outro país era mais barato: "Era só se prostituir por uma ou duas semanas e dava para ir para o Cairo". E o processo na clínica lá era mais curto e mais simples — sem período de espera, ao contrário de Melbourne, onde os médicos queriam que você passasse dois anos em tempo integral na sua identidade de gênero antes da cirurgia. Mulheres que esperavam voltar para casa exultantes nos corpos novos, em vez disso, voltavam com histórias sobre terem sido queimadas por instabilidades da rede elétrica, ou que tinham sido operadas em abrigos de quintal. Sandra trabalhou e poupou sem descanso pelo seu direito de entrar — ou, mais precisamente, de sair — do prédio elegante na rua Lonsdale: de fazer a cirurgia e se recuperar em segurança.

Quando perguntou pelo procedimento, lhe informaram que, mesmo nos casos mais simples, eram necessários pelo menos dois anos até o tratamento ser completado. Ela queria tudo para ontem, mas fez o jogo, apareceu cedo na primeira consulta com o psiquiatra, sorridente e vestida em excesso. Já tinha passado por uma rinoplastia que deixou seu nariz mais feminino e uma plástica para elevar os olhos; não carregava nenhuma característica facial masculina que pudesse provocar "incongruências" depois da cirurgia e tornar mais difícil sua integração social como mulher. Tinha seios e quadris macios e se movia com uma graça casual dentro de sua própria pele.

"Sei que essa operação é uma coisa meio nova", dissera ela para o psiquiatra ao se acomodar no divã, cruzando as pernas casualmente e colocando a bolsa junto ao tornozelo, "e que não foram feitas muitas. Acho certo, pensando bem, porque deve ser só para quem tem *certeza absoluta* de que precisa. Bom, doutor, o que você gostaria de saber?"

Onze meses depois, ela estava na mesa de cirurgia.

Apesar do trabalho sexual que faz e das drogas que toma e da necessidade absoluta de companhia constante significarem com frequência que ela não está no controle de si mesma ou do ambiente, Sandra é excelente em ocultar qualquer vulnerabilidade. Então, não chora em público e, embora possa comentar que está sentindo dor ou desconforto no mesmo tom com que se comenta sobre o tráfego, e embora, claro, sinta dores profundas, ela nunca demonstra nem faz ajustes práticos para melhorar. Ela tem que ficar no leito de hospital por uma semana depois da cirurgia, mas, depois de alguns dias, fica inquieta.

"Uma xícara de chá? Uma xícara de café? De que você gostaria, querida?", pergunta ela, se inclinando e sorrindo na cara dos outros pacientes. Por ver que as enfermeiras estão ocupadíssimas, ela acha que pode muito bem ajudar com o café da manhã. Mais tarde, na mesma manhã, entediada, ela pergunta a uma das enfermeiras se pode dar uma voltinha. Achando que ela quer dizer andar pela ala do hospital, a mulher assente brevemente com aprovação. Ela não vê Sandra passar batom nem prender o cateter embaixo do cinto de sua bela túnica; ninguém está na recepção quando Sandra entra no elevador.

Ao atravessar a rua na direção das lojas religiosas que vendem terços e bíblias, Sandra se sente um pouco tonta, mas grata pelo ar fresco, quando vê uma mulher alta e magra e loira refletida na parede espelhada entre duas lojas. Avalia automaticamente a estranha por um momento, pensando com inveja "Ela é linda" antes de perceber que está vendo seu próprio reflexo. "Sou EU, porra!", diz para si mesma, maravilhada, incrédula.

Ela vai esquecer os detalhes da cirurgia e a resume nos passos vagos que a constituem. "Primeiro eles removem tudo e depois inserem tudo e botaram parafusos dentro para realinhar a barriga, o que foi bem doloroso. Aí você volta para os parafusos serem retirados." Nos três anos seguintes, ela vai esquecer o ano da cirurgia. Vai esquecer os nomes dos médicos, onde se recuperou e o tempo que demorou. Mas aquele momento — quando ela sabe, não só que fez a coisa certa, mas que foi consertada — vai viver para sempre, sem perder a importância. Há harmonia, correção, congruência; física e mentalmente, tudo está no lugar, enfim. É a primeira vez que ela se vê de verdade como mulher e vai descrever para sempre como o momento mais feliz de sua vida. Exuberante, ela vai fazer compras para comemorar.

Compra chocolates e flores para as enfermeiras, roupas novas para usar em casa e discos novos para ouvir quando chegar lá. Depois de verificar o relógio, decide voltar para o hospital e refaz os passos pela cidade. Fica impaciente esperando o elevador, sobe de escada e entra na ala com sacolas de compras, cantarolando seu retorno para as enfermeiras na recepção. Elas ficam loucas na mesma hora. De repente, Sandra é cercada por pessoas, e os médicos vêm correndo como se fosse uma sala de emergência para verificar se ela está sangrando, se abriu os pontos. Ela recebe a ordem de ficar na cama e ouve um sermão sobre o risco irresponsável que correu. Mas se sente maravilhosa. "Era eu. Era eu, porra!", pensa na cama, repassando aquele momento no espelho sem parar.

Demora um tempo para chegar: uma dor que ela primeiro não está disposta e depois não é capaz de descrever. Fica pior e pior ainda, até que só consegue sussurrar "*Dor... dor...*". A enfermeira de plantão chama um médico. Ele ouviu falar dela e se aproxima devagar. Por causa da exibição exagerada de antes e do fato de ela ser uma trabalhadora sexual transgênero, ele acha que ela está tentando obter uma dose extra de drogas. E apesar do fato de a dor ser tão intensa que ela não consegue falar direito, a raiva a traz momentaneamente de volta a si. "Você acha que estou aqui... por *drogas*? Se eu... quiser drogas, posso comprar drogas lá na porra... da esquina. Como você *ousa*... achar que estou passando por isso pra..." Mas o médico só fecha as anotações e vai embora.

O tempo para com o peso dessa dor perfurante que irradia das vísceras. Só há escuridão infinita além das janelas altas e do zumbido de inseto das luzes fluorescentes penetrando nas têmporas dela. Em algum momento da noite, ela sai da cama e vai até a janela mais próxima, onde sobe no parapeito. Se tivesse forças para abri-la, ela se jogaria; jogaria aquele corpo em que o mal está devorando o bem para se deixar cair em uma cama de ar e de nada. É lá que a enfermeira a encontra, chorando, encostando a bochecha quente no vidro frio. A enfermeira a leva até a cama, examina o prontuário e ordena uma lavagem intestinal, que resolve o problema por completo.

Quando Sandra recebe alta, ela diz para essa enfermeira: "Não sei nem como agradecer".

"É só não aparecer aqui nos próximos três meses", responde a mulher com um movimento tenso de cabeça, se referindo à alta taxa de tentativas de suicídio entre os pares de Sandra. Ela cumpre obedientemente a consulta de dois meses depois da cirurgia com o dr. Ceber. Mas nunca volta depois disso, apesar da necessidade de pelo menos um ano de cuidados.

Ela vive das suas poucas economias enquanto se recupera, ficando entediada e cada vez mais nervosa pela aparente inércia e insegurança financeira. Enrola baseados e toma chá e relê as mesmas revistas enquanto a chuva cai no telhado. Sem poder usar o corpo, ao menos por um tempo, ela fica obcecada por achar novas formas de ganhar dinheiro.

"Só preciso que o aluguel seja pago. É como uma cooperativa, na verdade, mas eu seguro as rédeas. Só pego 10 dólares de cada trabalho, seja qual for. O que você faz é problema seu", diz ela bruscamente para a garota nova. E se levanta do sofá com um pouco de dificuldade e mostra devagar a casinha na rua Buckley, em Footscray, que ela acabou de alugar. "Toalhas limpas aqui, as sujas ficam ali. Se você estiver entre clientes, fazendo hora na sala das meninas, bata na porta depois que meia hora passar. É assim que avisamos umas às outras." Pela janela da frente, ela vê a polícia parar do lado de fora e pede licença para deixar que entrem. Eles ficam parados no saguão por alguns minutos, onde ela brinca com eles, os faz rir, dá dinheiro e se despede. Tudo corre tranquilamente ali, exceto pela noite em que ela perdeu a calma com uma das garotas, que estava gritando como uma banshee por causa de alguma coisa qualquer. Sandra pegou uma garrafa e jogou nela. "Errei a televisão por um fio de pentelho! Teria quebrado a televisão em pedacinhos", explicou ela para as cabeças que apareceram nas portas dos quartos com o som de vidro se estilhaçando na parede.

Ela abre uma lojinha de bricabraques em North Melbourne com a amiga Robyn. O aluguel é só 20 dólares australianos por semana e ela ama percorrer bazares de propriedades e de garagem, ama arrumar a vitrine, ama o processo de transformar o nada em alguma coisa. Mas assim que seu corpo se sente pronto, ela aproveita a chance de ganhar dinheiro de verdade. Em outubro de 1980, quatro meses depois da cirurgia, ela passa o bordel para uma das garotas, entrega a loja para Robyn e vai para Kalgoorlie.

• • •

Sandra não lembra como ouviu falar da rua Hay e do dinheiro que podia ganhar no Oeste. Mas Kalgoorlie, a 600 quilômetros solitários de Perth na direção do interior do país — Perth, que por si só já é uma das cidades mais isoladas do mundo —, é uma cidade mineira desde 1893. Os bordéis de lá fazem parte do folclore popular, e também é provável que Sandra tivesse encontrado mulheres nos bordéis de Melbourne onde trabalhou que estivessem indo ou voltando do "dever" nos campos de ouro.

Em 1980, Kalgoorlie ainda era o Velho Oeste. Ainda era aquela cidade remota de mineiros e prostitutas, pessoas chegando pelo ouro, trabalhando muitas horas em contratos curtos e divididas por gênero, com as atividades contínuas de beber, brigar e trepar. Quer você fosse de carro ou pegasse o trem ou um avião direto dos "estados orientais" (uma expressão que ainda carrega um ar de divisão cultural, ou mesmo de desconfiança), sua impressão principal ao chegar seria de poeira e metal, calor, impermanência e afastamento.

Apesar de a prostituição em si não ser ilegal na Austrália ocidental, a maioria das atividades relacionadas à ela, como oferecer os serviços ou manter um bordel, eram. Mas por quase cem anos a polícia de Kalgoorlie executou uma prática não registrada e imutável de policiamento seletivo conhecido como Política de Contenção, que "garante imunidade criminal a um número limitado de bordéis, para 'conter' a atividade e aplicar restrições extraoficiais aos negócios e à força de trabalho".[5]

Os bordéis da rua Hay se tornaram uma grande atração turística tanto para os clientes pagantes quanto para os visitantes voyeuristas. Ao concentrar a prostituição em um lugar, a Contenção fez a rua Hay — e Kalgoorlie — ficar famosa. Sandra, quando chegou, não sabia da política, mas passou a conhecer seus termos com intimidade. Estruturaram sua vida por um ano e meio.

Quando chega lá, ela vai direto para a delegacia de polícia se registrar. Nome, endereço, idade, estado civil. Fotografia. Ela ouve as regras: as prostitutas precisam morar nos bordéis e se submeter a exames médicos semanais; são proibidas de frequentar os pubs, cinemas e piscinas da cidade. Avisam que, se ela quebrar as regras, vai ser colocada no avião ou no trem seguinte. Em seguida, a madame da casa nova dela, com quem ela falou antes de sair de Melbourne, a leva para conhecer a cidade. Sentada no carro quente, Sandra ouve a madame explicar o horário, o toque de recolher, o preço das atividades, o protocolo de pagamento e a exigência de estar em dia com as consultas médicas; explica também as regras da casa, que culminam com o aviso de que, se ela trepar com um homem negro, será expulsa.

A casa de Sandra, assim como todos os bordéis da rua Hay, é um abrigo baixo de ferro corrugado. Há quartos individuais para as garotas, todos enfileirados, uma sala comunitária e uma área de jantar. Cada quarto tem duas portas: uma dá para dentro da casa e a outra para um longo corredor externo que ocupa a frente da casa. Em frente de cada uma dessas portas há uma segunda, aberta, que leva à rua Hay. Espera-se que ela tome o chá e esteja sentada àquela porta todos os dias às 18h da tarde. Lá, debaixo das luzes, é onde ela vai convidar clientes enquanto é observada por turistas e moradores, que passam devagar de carro.

Sandra tira a mala do carro e pergunta à madame sobre o arame grosso nas janelas e em volta das lâmpadas. A madame explica que os mineiros recebem a cada quinze dias; portanto, a cada segunda semana, não há dinheiro na cidade.

"Eles querem, mas não podem pagar, então ficam bêbados e vêm fazer uma baderna", explica ela. "Se uma coisa dessas acontecer, é só trancar as portas, amor, e eles não podem entrar."

Ela dá o primeiro quarto para Sandra. O número um. O número do quarto corresponde a um número na fileira de caixas de correspondência na sala comunitária. Em sua caixa, Sandra vai colocar, depois de uma breve discussão com cada cliente, o pagamento integral. A madame vai recolher os ganhos da noite todas as manhãs, somar tudo, tirar metade e devolver o resto para Sandra. Mas às vezes Sandra estará grogue limpando o quarto e uma nota de 100 dólares australianos vai aparecer embaixo de um cinzeiro lotado, como uma criatura perturbada embaixo de um tronco. Outra nota de 100 pode ser tirada, digamos, das dobras do lençol quando ela tira a roupa de cama, ou encontrada entre as garrafas vazias que cobrem a mesa de cabeceira como um bosque. Essas são as notas que ela talvez não coloque na caixa de correspondência.

O médico, oficialmente o obstetra das mulheres casadas da cidade, também vai à rua Hay todas as semanas. Em cada bordel, a madame separa um quarto para os exames. Lá ele colhe amostras em busca das infecções sexualmente transmissíveis comuns do local. Uma vez por mês, tira sangue para o exame de sífilis e de hepatites B e C. Embora muitas das mulheres sejam positivas para hepatite B e haja "um pouco de clamídia e um pouco de gonorreia", as taxas não são altas no começo dos anos 1980, apesar do fato de que "praticamente ninguém usava camisinha".

Muitas das mulheres entram para sair. Essas mulheres trabalham na rua Hay por quatro a seis semanas antes de saírem de Kalgoorlie com dinheiro suficiente para pagar por moradia, por estudos, uma viagem ou um carro. Algumas madames fazem as funcionárias que ficam mais tempo tirarem uma semana de folga a cada três meses para que não fiquem esgotadas. Algumas mulheres tiram alguns dias de folga quando estão menstruadas; outras inserem uma esponja do mar e continuam trabalhando. Como elas, Sandra está lá para ganhar dinheiro. Ela se torna uma das que mais ganham. Ganha muito dinheiro. "*Muito.*"

Ela reluz na porta como uma coisa comestível, aperta os olhos contra o brilho do sol vespertino. Ela vive no tempo anterior. Quando tomou um banho, longo e quente apesar do calor, enquanto arejava o quarto. Quando lavou os lençóis, os pendurou para secar rápido demais no sol inclemente e os colocou na cama. Quando colocou os travesseiros no lugar, deu uma batida rápida para os deixar do jeito certo. Enrolou um baseado. Conversou com as outras meninas. Divertiu-as com uma fofoca contando que — apesar do fato de sua caixa de correspondência estar particularmente cheia naquela manhã, para o prazer da madame —, ela encontrou outa nota de 100 dólares na pia do banheiro.

"Ah!", exclama Sandra, maravilhada, de forma teatral. "Então eu pensei: 'Porra, o que eu fiz ontem à noite? No mínimo eu sou uma boa puta'." Quando elas riem e bebem das garrafas que ela compra para a casa. Quando ela ajeita o cabelo. Cola uma unha. E, finalmente, quando ajeita uma cadeira dobrável do jeito certo na porta, para apreciar o calor suave antes que suma em um sentimento mal lembrado.

Ela conta para as outras garotas o que lhe ensinaram. A botar uma toalha na cama. A deslizar na cama, gerando "o visual de deusa". A dizer "Me abraça e me beija". A esquentar uma bolinha de vaselina em uma das mãos quando o cliente estiver distraído, levantar a perna até perto da cabeça e esticar a mão por trás da coxa, por baixo, colocando a mão fechada com lubrificante na frente da virilha. "Eu faço essa coisa e não faço sexo de verdade com eles", diz ela. "Se você conseguir acertar a posição do braço e esquentar a vaselina direito, eles *comem a sua mão*! Eu digo 'Me beija mais um pouco' (não que eu queira, mas para distrair) e eles decolam como um foguete. Bangue bangue bangue. Direto no cobertor, é só bancar a atriz e pronto. Então, eu nunca faço sexo. É genial, de verdade. É assim que ganho dinheiro." Para ajudá-la, ela toma muitos comprimidos. Também conta para as garotas o seguinte: "Mandrix te deixa acelerada, te faz trepar como uma ninfomaníaca e ganhar muito dinheiro".

Mas ela também ganha dinheiro por parecer que já tem dinheiro. Cada quarto vem mobiliado com uma cama de casal, um armário com chave e fechadura, uma penteadeira com espelho, uma mesa de cabeceira e um lavatório, onde as mulheres lavam os clientes enquanto os inspecionam em busca de sinais de infecção antes de começarem. Durante seu tempo livre, Sandra passeia pelas lojas de artigos de segunda mão na cidade e compra móveis. Em seu quartinho, ela monta uma estante e um bar com bebidas; leva um abajur, um tapete, um jogo de cama, música suave. Lá, naquele barracão de latão na beirada de um deserto enorme, ela transforma um oásis em realidade.

Ela dá um passo para trás para verificar se a cortina vinho está pendurada direito e uma das garotas mais novas para no corredor para olhar lá dentro.

"Parece um luxo entrar no meu quarto", explica Sandra. "Eu sempre passo a ideia de que sou rica e vivo bem, pois cria uma ilusão em volta de mim." O que ela não diz porque ainda não percebeu é que, quanto mais ganha, mais ela gasta, porque fica mais infeliz. Móveis, presentes, roupas, acessórios, bebidas, drogas. Ela foi para lá com a intenção específica de ganhar dinheiro e é inflexível quanto a isso, mas, diferentemente de outras mulheres que entram para sair, ela é uma das garotas que farreiam. Acaba com suas economias, mas, por outro lado, se lembra das noites regadas a comprimidos como "momentos divertidos, no mínimo". Não é bem uma casa aquele barracão comprido e baixo com paredes de metal irradiando calor no sol do verão. Mas é a casa dela por um tempo.

Ninguém sabe direito como o boato começa, mas dizem por aí que tem uma drag queen trabalhando na rua Hay. Bêbados, rindo, furiosos, os homens decidiram caçá-la — uma preocupação que sobrevive quando o efeito do álcool passa e se renova nos bares onde eles se reúnem, fedendo a cigarro, cerveja, comida frita e suor. Estão dizendo que o cara está no primeiro quarto da primeira casa. A vigilância temerosa que Sandra carrega sempre desperta dentro dela agora. Ela é alta, tem seios enormes, mãos grandes. Mas a garota sueca alguns quartos depois é mais alta, tem mais busto, é ainda maior.

"Sabe o que vamos fazer?" Ela sorri, essa linda mulher a quem Sandra sempre será grata, mas cujo nome vai esquecer. "Vamos trocar de quarto."

No quarto pouco mobiliado ali perto, Sandra se esforça para ouvir o que está sendo dito quando os homens vão até a entrada e passam pela porta do quarto número um.

"Cavalheiros?", diz a mulher a título de cumprimento.

"Nós ouvimos que você é homem", fala o porta-voz em tom ameaçador.

Mais tarde, a mulher vai contar a Sandra como respondeu. Que abriu o roupão e que estava perfeitamente nua por baixo. Que se apoiou nos cotovelos e abriu as pernas. "Eu pareço homem?", pergunta ela com voz calma. "Eu trepo como homem?" Ela dirige essa pergunta a um deles.

"Não", murmura ele em resposta.

"Bem. É melhor vocês espalharem a notícia de que estão sonhando", declara ela em tom leve.

Mais à frente no corredor, no quarto que parece uma prisão, o coração de Sandra está disparado quando os homens vão embora. Se alguém lhe contasse que dezoito anos depois aquela cidade elegeria uma mulher trans, ex-prostituta e madame de bordel como vereadora, ela teria morrido de rir.

Ela volta para Melbourne e para a memória de Maria para testemunhar contra Phillip John Keen. Volta também ao médico, que refaz as receitas dos hormônios e das drogas. Ela volta, volta, volta.

Houve duas notícias no *Age* sobre a investigação da morte de Maria. A primeira, do dia 28 de fevereiro de 1980, descrevia evidências de que "[um] leão-de-chácara de uma discoteca pulou na barriga de uma garota grávida antes de ela morrer... Maria Gloria Paten soltou um grito horrível e gemeu antes de o leão-de-chácara a arrastar para fora". O tribunal também foi informado que "a srta. Paten estava vestida como homem na ocasião" e ouviu evidências da srta. Amanda Celeste Claire, "que se descreveu como transexual e amante da srta. Paten".

Um mês depois, a "garota grávida" tinha se tornado "uma mulher de 19 anos" que por acaso estava "com três meses de gravidez na ocasião". Esse artigo mostra que, ao levar o sr. Keen a julgamento com uma acusação de homicídio culposo, o magistrado colocou uma boa parte da culpa sobre os ombros magros da vítima: "O sr. Griffiths disse que a srta. Paten tinha provocado Keen... mas que o ato dele de recusar a readmiti-la na discoteca no dia 26 de junho do ano anterior tinha 'passado do limite'". O magistrado disse: "Não tenho dúvida de que a falecida provocou o sr. Keen para que fizesse o que acabou fazendo, ou seja, quando ela estava no chão, ele pulou sobre ela, caindo de joelhos na área da barriga".

Demoraria vinte e cinco anos para que a legislação reconhecesse o que realmente essa linguagem dizia e repudiasse a defesa de provocação com base na afirmação de que ela servia sobretudo para desculpar agressões masculinas contra as mulheres.

Sandra oferece suas provas, revive aquela noite no banco das testemunhas e depois bebe sozinha e toma seus comprimidos e dorme com a televisão ligada em um hotel vagabundo nos limites da cidade. Ela pega um avião de volta para o oeste, onde fica parada por cinco horas seguidas, cinza feito um dente podre.

Sandra lembra que Keen reagiu à sugestão de que seu ataque a Maria tivesse motivação racial oferecendo a noiva asiática como prova de que não era racista. Mas esqueceu se ele foi considerado culpado do crime. Ela acha que ele foi preso; mas não tem certeza. O arquivo do fórum sobre a questão só contém as acusações e as várias ordens de suspensão da sessão. Eu me pergunto se a incerteza de Sandra é prova de que, no fim das contas, a punição é irrelevante. Ou se só mostra como ela é boa em escapismo.

Ela deixa o primeiro bordel para ir trabalhar para outra madame da rua Hay, que fez uma boa proposta. Um dia, entra na cozinha compartilhada e abre um armário. Remexe no conteúdo, joga fora pacotes e latas vencidos, arruma outros de acordo com tamanho e forma. Inspirada, passa para a geladeira. Depois, panelas, formas, talheres. Ela sai para comprar comida. Do próprio bolso, começa a preparar refeições para a casa.
"Você tem jeito pra isso", comenta a madame com agrado. "Você faz um *lar* para elas." Querendo se aposentar e se mudar para o subúrbio de Perth, a madame pergunta a Sandra se ela estaria interessada em assumir o negócio. Sandra fica lisonjeada pela demonstração de confiança, mas recusa.
"Não quero fazer disso uma carreira, sabe", responde. "Não é o que eu quero fazer no longo prazo." E quando Sandra vai embora de Kalgoorlie, elas — talvez estranhamente — haviam se tornado boas amigas.

Sandra foi embora de Kalgoorlie, mas para onde? No cosmos insondável dos vinte aos trinta anos, as datas e os lugares flutuam, completamente independentes umas das outras. O nome da garota sueca se perdeu. Os nomes das madames se perderam. Os nomes dos bordéis, o período preciso que ela passou em Kalgoorlie, tudo se perdeu. Escrevo um rascunho atrás do outro da linha do tempo e, mesmo quando sou ajudada na tarefa pelas lembranças de Sandra, a narrativa permanece um colar emaranhado. Os eventos se ligam nos outros até pararem abruptamente em um grande nó, em que se sobrepõem de forma tão apertada que alguns parecem desaparecer por completo. Ainda assim, puxo aqui e mexo ali, procurando uma folga, até que às vezes dá para afrouxar e uma linha — uma linha amassada e danificada — se desenrola.
É mais provável que em algum momento de 1982 Sandra tenha juntado tudo que conseguiu guardar e comprado uma passagem para Sydney, talvez por dica da madame ou de uma das outras garotas. Lá, trabalhou

por alguns meses em um bordel em Lidcombe, porque foi lá que conheceu Rick, um cliente que vivia voltando só para visitá-la e, em pouco tempo, para tirá-la de lá. Rick, que parecia Clint Eastwood e que ela chamava de Clit Eastwood. Rick, por quem ela ia dormir usando maquiagem e por quem acordava cedo para retocar. Rick, que dizia que se casaria com ela se não fosse um "problema mental" que ele tinha com "essa coisa aí do gênero". Rick, que nunca foi fiel e que viveu à custa dela como um verme por anos e a chamava de "Frank" pelas costas.

Mas Rick sempre volta, e por isso Sandra está disposta a fingir que não machuca muito. Ela é excelente em sufocar a dor, em misturá-la à paisagem assim como espalha a base no rosto. Eles fazem planos de se mudar para Melbourne juntos.

Apesar de todo seu trabalho árduo, suas economias são drenadas pelo dinheiro que ela gasta com bebidas e drogas, em festas, com as pessoas em volta dela e de Rick. Quando volta para Melbourne, ela volta sem nada, para nada; descobre que Robyn tirou tudo dela, que vendeu todos os móveis que estavam em seus cuidados, assim como tudo da loja de artigos de segunda mão. Sandra nunca soube que ela era drogada. Ela precisa recomeçar, dormir no chão de novo, trabalhar de novo em bordéis por períodos longos para economizar o suficiente e deixar tudo confortável para Rick quando ele se juntar a ela um dia.

A fronteira entre quem ela já tinha sido e quem ela é agora é concreta, mas também é porosa. Ela se veste uma noite e dirige até a rua Barkly, Footscray, com uma amiga para jogar bingo e tomar umas bebidas. Ela volta para o antigo bairro naquela noite por orgulho? Como reinvindicação de um direito? Talvez seja um teste, um desafio pessoal. Ou poderia ser solidão intensa, o tipo de desespero que faz uma pessoa aceitar a facada da familiaridade como substituta da verdadeira conexão.

Sua amiga Kat, que fuma cigarros caseiros como uma chaminé, segurando-os entre o polegar e o indicador, a lembra Maria; ela se veste e age como Maria. Com adrenalina percorrendo os braços, Sandra passa pelo mercadinho Sims escuro, onde ainda espera ver a mãe saindo com farinha e açúcar, pela agência do correio, pela barbearia e pelos chãos que varria enquanto os homens fumavam e riam dela por ser tão bichinha. Ela estaciona e sai do banco do motorista, torcendo para ver um rosto familiar, mas ao mesmo tempo com medo disso. Mas, mesmo que encontre alguém, vai estar protegida pela maquiagem e pelo cabelo, pelas roupas e pelo corpo. Como quando seu primo entrou no bordel. Olhou para ela antes de escolher outra garota. Nem a reconheceu.

"Você nunca vai adivinhar quem está aqui", sussurra Colleen com urgência no telefone perto do bar.

"Não estou ouvindo!", grita Linda, de pé na cozinha. Com o barulho dos irmãos bebendo à mesa e das crianças jogando futebol do lado de dentro e a barulheira do bar atrás da irmã do outro lado da linha, é impossível ouvir o que Colleen está dizendo. "Silêncio, garotos. É Colleen", grita ela para eles.

"Peter está aqui!", diz Colleen, mais alto agora. "Vestido de mulher de novo! Mas eu o reconheci! No bingo perto da rua Barkly!"

Linda manda os meninos jogarem do lado de fora. Fecha a porta e explica rapidamente para os irmãos enquanto corre para o quarto para trocar de roupa. "Pete está no pub perto da rua Barkly. Eu vou, vocês têm que ir pra casa." Os homens fortes trocam olhares. Terminam lentamente os cigarros, tragando até o filtro. Deixam as latas de cerveja na mesa e saem para subir nas motos. Grávida demais agora para pegar carona, com oito meses, Linda corre e pede o carro da vizinha emprestado.

Ela procura a cabeça mais loira na multidão. Anda até lá, para na cabeceira da mesa e vê, quase como as palavras apagadas de um quadro-negro, seu Pete conversando com "uma garota que parecia um cara". Sandra olha com um sorriso educado que se estilhaça. "Linda!", diz ela, alto demais com o coração tão disparado que parece parado. Ela se vira e tenta explicar casualmente para Kat: "Só vou conversar com uma velha amiga, amor".

Elas se sentam na escada por quase uma hora enquanto as pessoas esbarram ao passar para o banheiro. Linda conta sobre seu novo homem, como ele é bom para ela e para as crianças, apesar de não morar com eles. Que Ailsa parou de falar com ela quando ela ficou grávida. Sobre os garotos, como estão grandes, como estão indo na escola, como a lembram tanto o pai. Mantendo contato visual, feito uma ave procurando terra, ela conta tudo para Pete, mas Pete não está ali.

"Humm", diz Sandra. E também: "É mesmo?". E, estranhamente: "Eu não gosto mais de homens".

Linda assente ao ouvir as palavras, perplexa demais no começo para sentir mágoa. Pergunta-se se isso quer dizer que "ele" é lésbica agora. Sandra se levanta de repente e diz que foi ótimo, muito mesmo. O bingo já acabou e o pub vai fechar. Sandra encontra o rosto familiar de Kat; elas se juntam às pessoas saindo para a noite. Passando a mão distraidamente na barriga, Linda começa a pedir um número de telefone, mas vê o irmão no caminho, observando todo mundo que está saindo: caçando. A raiva dele é um presente sombrio para ela, mas ela não o quer, não agora.

Mas acontece rápido. O irmão de Linda prepara o punho. Linda se joga entre os dois. Sandra levanta por reflexo os braços longos e finos bem alto e fica parada, como uma árvore na sombra do poste de rua. Ela se vira e sai correndo pela rua, o estômago embrulhado. Ele vai atrás dela. "Olha aquele homem correndo atrás daquela mulher", gritam as pessoas no caminho. Cabeças se viram alarmadas.

"Ei!", grita Kat e sai correndo atrás deles.

Linda, com a barriga enorme, vai atrás o tanto quanto consegue até ter que parar, bufando, com aquele peso todo.

"É engraçado, eu sei. É engraçado agora", diz Linda, embora tudo nos olhos e no rosto dela e nos álbuns de fotos amareladas abertos na nossa frente digam o contrário.

Janice

Fico perturbada sempre que penso nisso, na minha percepção tardia de que Janice estava falando. Sua mandíbula estava tão imóvel, com o prognatismo deixando os dentes projetados no ar como as estacas de uma cerca, mas, quando todo mundo ficava parado, dava para sentir mais do que ouvir. Assim como o mar dentro de uma concha, uma voz baixa que mal murmurava através dos lábios antes de ser engolida pela escuridão de onde vinha.

"Sabequalémeuproblema? Soulentademais. Porquedemorotanto?", dizia Janice, sorrindo com pesar para Sandra enquanto colocava um saco de lixo no degrau inferior da porta de casa. Ela correu de volta para dentro e trancou a porta.

Sandra e a equipe de faxineiros estavam esperando do lado de fora da casa de Janice havia meia hora porque, apesar de Janice ter concordado em começar às 9h quando Sandra fez o orçamento na semana anterior, ela está relutante agora. Falando com Sandra da escuridão por trás da porta de tela, Janice pediu educadamente meia hora a mais, durante a qual — Sandra veria! — ela faria o trabalho sozinha porque aquilo não era necessário.

Sandra aceitou o pedido como medida tática e porque a caçamba de lixo industrial que tinha pedido para a casa cheia de lixo de Janice ainda estava presa no trânsito. Dois coelhos, uma cajadada. Ela deu a Janice alguns sacos pretos de lixo enormes e tirou uma máscara do bolso da parca roxa. "Use isto sobre a boca e o nariz, querida, você vai se sentir melhor", aconselhou ela. Janice pegou a máscara e fechou a porta.

Sandra está empoleirada nos tijolos baixos que contornam um canteiro de flores vazio, debaixo do céu azul perfeito. Ela verifica o relógio e os e-mails e brinca com os funcionários, a maioria de pé em círculo ali perto, fumando muito. Em intervalos de poucos minutos, Janice aparece, meio inclinada segurando um saco de lixo abarrotado que coloca na areazinha de terra e mato em frente à porta de casa. Ela comenta com alegria demais sobre estar trabalhando bem e rápido e desaparece pela porta novamente.

Na garagem tem uma montanha de sacos de lixo abarrotados, mas essa quantidade impressionante de lixo fica tão escondida que, quando você para na entrada e olha para a casa de Janice, parece não haver nada de incomum à primeira vista. Porém seus sentidos apurados perceberiam a discordância entre a luz linda da manhã e a persiana fechada tão baixa na única janela da frente que o excesso de seu comprimento ficou amontoado na parte de baixo. E, caso se aproximasse da janela, você veria o mofo preto subindo pelo vidro e a condensação pingando feito lágrimas.

Exatamente às 9h30, Sandra manda os faxineiros se vestirem. Lizzie — calma, obesa, o cabelo preso em um coque — vai até os fundos da van, onde pega um montinho de pacotes de plástico, cada um com um macacão branco descartável extragrande. Depois de distribuí-los, Lizzie entrega a todos uma máscara e um par de luvas descartáveis. Em pouco tempo, os faxineiros estão prontos, mas a porta permanece trancada. Eles ficam parados no sol quente e fumam mais um pouco, a parte superior do traje caída na cintura. Conversam trivialmente, rindo e falando um monte de besteiras. Sandra, claro, não veste o macacão.

São 9h50 da manhã. As pulseiras de Sandra tilintam alto quando ela atende uma chamada do motorista dizendo que a caçamba está quase lá. Ela pede a Lizzie para pegar uma lata prateada na van.

"E tome muito cuidado com ela, querida", diz Sandra distraidamente, digitando no celular, as unhas estalando na tela a cada movimento. "São 500 dólares um litro."

"O que é?", pergunta Lizzie, franzindo o rosto.

"Óleo de cravo. Para o mofo." Sandra guarda o telefone e alisa as rugas inexistentes no jeans *skinny* impecável. "Misturamos um quarto de colher de chá com um litro de água."

"Por que é tão caro?", pergunta Lizzie.

"Sei lá. Tem que tirar o óleo dos cravos. Deve precisar de uma porrada de cravos."

O caminhão com a caçamba chega, assim como um segundo caminhão com um trailer de móveis que Sandra selecionou de sua coleção pessoal para instalar na casa de Janice depois que terminar a limpeza: uma mesa lateral, uma poltrona, um sofá. "Para dar a ela um novo começo", explica Sandra, aproximando-se para garantir que tenham sobrevivido ao trajeto ilesos. Eu pergunto como ela sabia que Janice precisaria daqueles móveis.

"Imaginei que, como houve uma inundação de matéria fecal aqui, tudo teria que sair", responde ela secamente. Um dia em 2010, a única privada de Janice quebrou e começou a transbordar. Ela não conseguiu consertar sozinha e não pediu ajuda.

São 10h15 da manhã. Sandra vai até a porta e bate rápido, dizendo com voz calorosa e firme que está na hora de começar. Não há resposta.

"Vamos lá, amor, está na hora de seguir em frente", diz Sandra com alegria.

Silêncio.

"Janice" — a voz ficou mais forte — "você pediu um tempo, eu te dei um tempo. Agora está na hora de você me deixar entrar."

Janice surge segurando um saco de lixo cheio. Começa a negociar de novo. Sandra não poderia voltar na semana seguinte? Seria o melhor, de verdade. Janice varia entre a docilidade e a teimosia. Ela está vestida como uma bibliotecária em um filme dos anos 1940. Tem a formalidade polida de uma era passada, o que também explica o batom, o vestido comprido e a meia-calça que ela usa, apesar do calor, com uma mancha de líquido seca na frente feito uma lágrima. Essa formalidade, com seu hábito de se encolher como um esquilo com uma noz, dá a impressão de ela ser bem mais velha do que realmente é.

"Vamos trabalhar juntas, está bem?", sugere Sandra com gentileza.

Janice olha para Sandra. Com a mão suja, ela ajeita o cabelo curto. Olha para as mãos e diz: "Minhas unhas estão um horror".

"Você vai poder receber seus filhos", diz Sandra em tom encorajador, voltando à discussão que tiveram na semana anterior, quando ela foi fazer o orçamento.

"E não vou me estressar", concorda Janice de repente, com alívio. Sua postura muda por completo. Ela mantém contato visual com Sandra. "Por que eu faço isso? Por quê?"

"Porque você teve que abrir mão de muita coisa na vida", responde Sandra.

"Houve um trauma aqui. Houve uma morte aqui", diz Janice.

Sandra lembra que Janice mencionou antes que gostaria de queimar sálvia dentro de casa para afastar as energias ruins. "Nós já fizemos isso, podemos fazer aqui se você quiser", oferece Sandra.

Janice ri. "Eu estava meio que brincando", diz ela com desdém, e o sorriso some na mesma hora e os olhos se arregalam. "Mas você acha que devemos? A sálvia? Acha que é boa ideia?"

"Podemos fazer se você quiser, amor. Vamos decidir depois, que tal?", fala Sandra, esticando a mão para a maçaneta. Lizzie chama Sandra para lembrá-la de botar a máscara; o mofo preto é particularmente perigoso para os pulmões dela. Irritada, Sandra para e bota a máscara. Entra pela porta e acende a luz.

"Está vendo isto?", sussurra ela, olhando de forma direta para onde aponta o dedo. "São fezes no interruptor de luz." Ela coloca a cabeça na porta da frente e procura Phil, seu faxineiro mais experiente. Ele se materializa e ela entrega a chave do carro, pedindo para ele ir buscar o frasco grande de antisséptico para as mãos que ela guarda lá.

É noite dentro da casa de Janice e, embora seja verdade que o banheiro transbordou muitos anos antes e que os ralos tanto do chuveiro quanto da banheira estejam entupidos com roupas molhadas há um bom tempo, não é verdade que a casa tenha ficado submersa em água. Mas essa é a imagem transmitida pelas paredes manchadas de sépia e pela mobília estranhamente úmida e pelo acúmulo de lixo e itens aleatórios espalhados para todo lado: águas de inundação entrando por baixo da porta, subindo inexoravelmente, enchendo gavetas, armários, tecidos e pulmões e, aos poucos, descendo e deixando um rastro de lama.

Vagamente aquático, o ambiente interno também traz à mente imagens de fogo, que não são menos vívidas por serem paradoxais. O mofo preto que mancha as paredes amarronzadas e cobre o tapete parece fuligem; parece que uma fadinha maliciosa roubou cinzas da lareira e a espalhou nas paredes, polvilhou generosamente por cima dos móveis e, em um ato final de vandalismo, jogou o excesso nos cantos. Quando Sandra insiste em abrir a persiana da janela grande da frente, o mofo nas beiradas do vidro sujo faz a vista de céu azul e das casas vizinhas parecer queimada nas beiradas, como uma antiga ferrotipia. Inundação e fogo. Aqueles aposentos são pequenos, mas dentro deles há dor de proporções bíblicas.

Sandra pega um saco de lixo vazio e seus olhos percorrem rapidamente a sala até a cozinha. A extensão do dano ali vai demorar horas para ficar evidente. Isso porque é difícil enxergar qualquer coisa debaixo das camadas de lixo e sujeira que cobrem os ossos da casa como pele e pelos. Sem luvas, Sandra começa a enfiar montes de jornais, revistas velhas, garrafas esmagadas e latas vazias de comida de gato no saco. Ela progrediu pouco quando Janice arranca o saco da mão dela.

"Eu gostaria de terminar eu mesma", insiste Janice. "Gostaria de verificar o saco para ver se tem alguma coisa dentro."

"Janice, é claro que é lixo", diz Sandra com calma.

"É, mas nunca se sabe", rebate Janice, a cabeça enfiada no saco enquanto remexe nos jornais. "Às vezes, coisas boas se misturam com o lixo..."

Depois de ouvir essa declaração milhares de vezes ao longo da carreira, Sandra reconhece o que é: a marca do "verdadeiro acumulador, saído dos livros".

"É tudo lixo, Janice", fala Sandra com mais firmeza agora.

Phil aparece com o antisséptico. Usando uma camisa polo preta com o símbolo da STC no bolso, ele é um homem pequeno, cheio de energia, com a cabeça careca brilhante e cuja determinação e alegria perpétua me lembram um tordo. Phil usa short em qualquer tipo de clima e é, assim como Sandra, excelente no tipo de conversinha que deixa os estranhos à vontade. Ele se junta a Sandra, pega um saco de lixo na caixa ao lado da porta e começa a enchê-lo com garrafas vazias e sacos de chá velhos, parecendo pescoços torcidos, espalhados pelo chão.

"É. Mas eu quero fazer alguma coisa!", insiste Janice e de repente arranca o saco das mãos de Phil. "Eu posso muito bem fazer! Cuide da sua própria vida!", grita ela para ele com a fúria de alguém que não fica nem um pouco à vontade de expressar raiva. E como uma onda que quebra e recua, ela pede desculpas logo em seguida. "Sei que você só está fazendo seu trabalho..."

Phil fica imóvel e olha para Sandra para saber o que fazer. Os funcionários de Sandra são orientados para que sua interação com os clientes se limite ao que é absolutamente necessário; eles precisam ser respeitosos e o mais próximos possível de invisíveis. Agora, Sandra chegou ao limite. "Isso é para o seu próprio bem, Janice." Ela ergue a voz como uma mãe irritada.

Chocada, Janice se acalma na mesma hora. "Me desculpe por ter ficado brava com você", diz para Phil, que não foi afetado pela explosão dela e ainda espera calmamente as instruções de Sandra. Mas começa de novo, dizendo alto: "Não gosto desse homem aqui!". Phil parece benigno para mim, mas Janice vê uma pessoa completamente diferente, não um homem cuja mensagem de caixa postal de celular suplica para que você "Tenha um dia feliz!".

Um engenheiro me disse uma vez que o jeito como o vidro se estilhaça indica a causa. Janice não está dizendo que não gosta "*desse* cara aqui" no sentido pessoal de odiar Phil. Ela está dizendo "esse *cara* aqui": acredito que ela esteja tendo uma reação traumática deflagrada pela presença de um homem na casa dela. Sugiro isso baixinho para Sandra e, para minha surpresa, ela fica surpresa. Mas age mesmo assim, imediatamente pedindo para Phil fazer outra coisa do lado de fora.

"Me desculpe", diz Janice, mais calma agora. "Ele não falou nada, mas eu me chateei. Ele parece outra pessoa. Não quero surtar. Eu só queria fazer sozinha."

"Isso é fisicamente impossível", comenta Sandra, olhando para o sofá grande que ocupa boa parte da sala e para a mesa lateral, quase escondida debaixo dos detritos acumulados.

"Meus filhos deveriam estar aqui", fala Janice.

"Deveriam", concorda Sandra. "Ligue para eles se te ajudar a se sentir apoiada. Aqui, use meu celular. Qual é o número?"

Janice não quer dizer para Phil não ouvir.

"Então digita você mesma." Sandra entrega o celular para Janice, que o pega e digita o número com os dedos sujos. Falar com o filho deixa Janice mais calma. Ela entrega o celular para Sandra e, depois de também falar com ele, ela enfia o telefone com a tela imunda no bolso. O filho vai chegar em uma hora.

Lizzie e Cheryl começam a limpar em silêncio, inclinadas, colocando braçadas de garrafas e latas vazias em sacos pretos. Em pouco tempo, um estrato diferente de sujeira, mais perto do tapete, fica exposto. Esse envolve pequenos pedaços de papel — revistas e jornais e mala direta —, alguns dos quais com texto suficiente para poderem ser datados, como se fossem pedaços de cerâmica (2012, 2009, 2008), indicando há quanto tempo existe vida humana aqui, nesta situação. Depois da primeira passada pela sala, as faxineiras vão para a cozinha. Enquanto enchem mais sacos, mais chão vai ficando visível: círculos de ferrugem no linóleo entregam o tempo em que latas vazias ficaram esquecidas ali. As faxineiras continuam no banheiro e no quarto que fica na escuridão depois da cozinha.

Na sala, Sandra olha meticulosamente cada item com Janice antes de jogar no saco de lixo. Ela está trabalhando para abrir uma área pequena do chão onde a sala leva para a cozinha. Quando a última revista e o último jornal são retirados, uma página de uma antiga *TV Week* fica grudada na parede como papel machê.

Fora o sofá grande e uma mesinha lateral, tem duas televisões na sala de Janice. A primeira fica em uma estante de madeira coberta de mofo preto, uma camada de poeira e teias de aranha. A segunda está torta em uma cadeira bem na frente da primeira e exibe uma mulher ensinando a fazer um suco verde. Apesar de serem esses todos os móveis de uma sala relativamente grande, o espaço parece tão pequeno que chega a ser claustrofóbico por causa das pilhas de parafernália doméstica e de lixo impossível de identificar que cobrem o sofá e estão espalhados pelo cômodo em acúmulos variados.

Tem a caixa em que veio um aquecedor, a caixa em que veio um filtro de água, a caixa em que veio uma das televisões, a caixa em que veio uma das antenas delas, as caixas em que vieram o aparelho de DVD e o ventilador e cada uma das três últimas chaleiras de Janice. Tem um ninho de saquinhos de chá usados atrás da primeira televisão e uma pilha de garrafas de água e de caixas de comida de gato vazias atrás da segunda. Dentre os itens espalhados no chão, há: um pote de creme fresco, um pacote de pão de forma, um montinho de um pijama de flanela; moscas, traças, aranhas.

Não há espaço para se sentar com conforto no sofá, mas é lá que Janice dorme, debaixo de um cobertor fino, em um espaço tão pequeno que não ocupa nem uma almofada inteira. O sofá flutua em uma galáxia de revistas de fofoca, roupas, latas de comida de gato vazias, moedas, produtos de cuidado pessoal e caixas de biscoitos. No sofá tem também uma estátua de anjo de gesso, um par de óculos de sol, uma caixa de lenços de papel, um telefone desligado, uma escova de engraxar sapatos e um pote de cream cheese. Pequenas aranhas correm para se esconder sempre que um desses objetos é removido.

Como pessoa, Janice é mais do que a casa, claro; mas também é verdade que a casa dela é um indicador de como é ser Janice. E ser Janice é estar sendo asfixiada aos poucos, sem poder fazer nada, sob o peso esmagador e cada vez maior do passado e do presente. Eu a imagino no sofá, encolhida como uma folha de samambaia às 4h da madrugada. E apesar de provavelmente parecer uma catacumba de madrugada, e apesar de todas as horas por trás daquela persiana terem sido no escuro, a casa está vibrando com movimento: tem mofo subindo e descendo pelas paredes, tem comida apodrecendo, tem latas enferrujando, tem água pingando, tem insetos nascendo, vivendo e morrendo, o cabelo de Janice está crescendo, seu coração está batendo, ela está respirando. O que quer dizer que aquilo também é vida. Assim como as criaturas que nadam na escuridão perfeita do fundo do mar, o ecossistema aqui seria irreconhecível para a maioria das pessoas, mas esse também é nosso mundo. A Ordem das Coisas inclui os excluídos.

Há uma série de batidas baixas no banheiro, onde Lizzie está jogando vários frascos de xampu no saco de lixo. Enquanto Sandra anda pela sala, Janice conta que não era assim quando se mudou para lá. "Era bem bonito", diz ela.

"Aquele pobre homem", comenta, se referindo a Phil, que está agora trabalhando lá fora, colocando sacos de lixo no trailer. "Eu devia ter feito tudo isso no fim de semana passado."

"Amor, você devia ter feito isso anos atrás!", exclama Sandra calorosamente, como se tudo fosse uma tarefa adiada por tempo demais. O efeito normalizador acalma Janice, como se a maré tivesse baixado. Lizzie segue a caminho do banheiro para o trailer com dois sacos de lixo enormes em cada mão.

"Você já viu coisa tão ruim?", pergunta Janice com voz aguda e nervosa.

"Sim, já vi, claro", responde Lizzie com doçura e também com sinceridade — apesar de ter acabado de passar um bom tempo limpando um corredor cheio de sacolas cinza de compras que continham as fezes humanas que está agora carregando.

Sandra faz sinal para o banheiro escuro, onde tem roupas molhadas espalhadas no chão e flutuando na banheira em meio a centopeias. "Aquelas roupas vão ter que ir embora, querida", diz ela com resignação.

"Não", declara Janice.

"Ficaram no esgoto, amor. Mantenha o foco", pede Sandra.

Janice pega um dos sacos nas mãos da Sandra.

"Isso é lixo, obviamente." Sandra suspira.

"Sei disso", diz Janice e solta uma risadinha aguda.

"Então por que você está remexendo?", pergunta Sandra com calma, apontando para uma lata de comida vazia que Janice retirou do saco.

"Estou com medo de ter alguma coisa boa misturada com as coisas ruins. A gente sabe que não tem um milhão de dólares aqui, né... Minha família não sabe sobre isso. Eles cairiam duros desmaiados! Isso é ruim?", pergunta Janice, olhando para Sandra com olhos arregalados. "Devo borrifar um pouco de Glen-20 por aí?"

"Pode, vá em frente", fala Sandra.

O mofo sobe pelas paredes. Cresce em pilhas pretas que parecem cinzas em cima e debaixo de tudo. Suja a blusa, o rosto e as mãos de Janice. Ela as fica enfiando nos sacos de lixo, tirando cada item com desespero, remexendo em tudo em busca de algo valioso para guardar porque acredita, ainda que não no valor absoluto de cada item debaixo do teto dela, na possibilidade de pelo menos alguma coisa infinitamente preciosa ter ficado esquecida no fundo de uma lata de comida de gato ou nas dobras de um jornal velho, e jogá-lo fora seria vivenciar uma pequena morte.

"Nada bom aí?", grita ela para Lizzie e Cheryl, trabalhando na cozinha.

"Não, nada", é a resposta em meio ao barulho de talheres e pratos.

"Ah", suspira Janice baixinho.

"Precisa relaxar um pouco", diz Sandra, tranquilizadora. "Está sendo dura demais com você mesma."

Em um sonho que tenho às vezes, estou tentando freneticamente salvar o máximo que consigo da minha casa de infância antes de ser obrigada a ir embora para sempre por causa de algum desastre. Nesse sonho, do qual acordo com o maxilar contraído como um punho, pego o que consigo, levo o que dá para carregar. Sempre meus livros de infância e nossos álbuns de fotos da família, mas às vezes também os castiçais de prata, as coisas na mesa do meu pai, os quadros nas paredes. Talvez seja por causa da velocidade na qual minha família mudou de forma um dia, talvez seja por causa de mudanças, talvez seja por causa do horror recontado da minha avó de perder tudo no Holocausto, mas não consigo abrir mão da panela amassada que lembro de minha mãe botar no fogão todas as semanas. Nem do sofá que meu pai comprou com seu primeiro salário, que não era confortável quando eu era pequena e não é confortável agora. Não consigo abrir mão do batom que encontrei rolando em uma gaveta vazia meses depois que minha mãe foi embora. Nem de uma lista de compras em um envelope com a caligrafia dela. Em um mundo que muda tão rápido e onde todo mundo acaba indo embora, nossos pertences são a única coisa em que podemos confiar. Eles testemunham, pelo jeito mudo das Coisas, que éramos parte de algo maior do que nós mesmos.

A casa de Janice é mais do que uma questão de acúmulo dentro de casa, de prateleiras estreitas e as coisas que colocamos lá. Mas a dor é um quebra-cabeça sagrado, onde todas as peças, por mais deformadas que pareçam, encaixam perfeitamente. No contexto de enfrentar os medos sozinha, a fortaleza de merda de Janice faz sentido.

Janice começa a remexer nas pilhas no sofá, jogando coisas no saco de lixo que Sandra segura para ela. Pega uma foto da adolescência; nela, está jovem e bonita, sentada no sol com amigos. Ela pega um porta-retratos, mas a foto dentro parece rabiscos pretos em papelão marrom.

"Essa molhou", comenta Janice, sem graça, antes de explicar que era uma antiga foto de família. Ela pega uma lixa de unha e a examina por um tempo. "Isto é só uma lixa de unha. Eu nem tenho mais unhas mesmo", diz ela, colocando-a no saco. E, falando consigo mesma, com voz ríspida e baixa: "Por que você faz isso? Você sabe o que é lixo".

"Porque você se vê como lixo", conclui Sandra. "É hora de começar a ver as coisas boas da vida. Você merece." A estátua de anjo escorrega de repente do sofá e quica no tapete; uma asa se quebra.

"Isso é mau presságio?", pergunta Janice, olhando para Sandra com desespero.

"Sabe o que ele está dizendo?", responde Sandra com um sorriso. "Estou quebrado, mas não estou morto."

Embora Barbara, a irmã mais velha de Sandra, e Christopher, seu irmão mais novo, estejam vivos, ela não teve contato com eles em décadas e é mais correto dizer que a única pessoa da família que resta é Kerrie, a viúva do irmão Simon, que mora em Queensland. Kerrie conhece Sandra há trinta e três anos. O relacionamento delas é cordial e, apesar de não ser íntimo, é tão importante na vida de Sandra que foi o único que ela manteve de forma consistente desde o período seguinte à cirurgia de redesignação sexual e seus últimos anos de trabalhadora do sexo, pelos anos em que Sandra "usava drogas pesadas, álcool e coisas assim", pelos seus vários relacionamentos, negócios e problemas de família. Sandra descreve seu relacionamento com o irmão e a cunhada como carinhoso, mas não muito íntimo: "havia admiração, mas também distância".

Kerrie e Simon se conheceram em 1982 e ficaram juntos por 26 anos. Bem cedo, sem drama, Simon explicou para Kerrie que tinha "um irmão, uma irmã e um irmão-irmã". Apesar da diferença de cinco anos e do jeito caladão típico de Simon, os dois irmãos eram bem parecidos de várias formas importantes. Os dois apanhavam de Bill quando pequenos e foram expulsos de casa aos 17 anos. Kerrie descreve a capacidade de Simon de lidar com lembranças ou eventos dolorosos como "algo que entrava por um ouvido e saía pelo outro. Ele deixava pra trás. Não guardava ressentimentos que o tornariam uma pessoa horrível". O corolário desse tipo específico de foco no futuro, compartilhado por Sandra, era que "se você o irritasse, ele não ligava mais pra você. Ele te tirava da vida dele".

Sandra amou Simon desde cedo e por muito tempo. Escolheu o nome dele para seu primeiro filho. Em retribuição, Simon "amava a irmã. Ele a aceitava, assim como sua decisão. Nunca deu as costas para ela". Em idas a Melbourne, ele e Kerrie sempre visitavam Sandra. Mas não contavam a Ailsa. Na rua Birchill, Sandra era assunto proibido. "Tentei conversar com Ailsa uma vez sobre isso", contou Kerrie. "Eu falei: 'Ailsa, às vezes as pessoas nascem com os genes errados e não têm culpa de sentir o que sentem'. Mas eles foram uma geração que não aceitava esse tipo de coisa. Ela nunca a perdoaria."

Uma vez, Sandra pediu a Kerrie para ver se Ailsa falaria com ela no telefone. "Ailsa disse: 'Não, não quero que ele ligue pra cá. Não quero que ele venha aqui'. Sandra nunca teve a oportunidade de ficar em paz com isso e acho que a irmã dela cometeu um grande erro sobre o funeral." Kerrie está se referindo ao fato de que, quando Ailsa morreu, Sandra tentou ir ao enterro da mãe. "A irmã dela surtou e Simon, pra manter a paz, só disse pra Sandra: 'Barbara não quer você lá, ela está agindo como uma idiota'. Ele não ligava se Sandra fosse e se sentasse nos fundos da igreja. Mas ela não foi."

Um dos bens mais preciosos de Sandra é um caderno em que seus antigos hóspedes deixaram bilhetes e no qual Simon escreveu, em 2001: *Valeu a viagem por sua culinária e sua companhia fabulosa. Depois das besteiras obrigatórias — só lembre que você é muito amada e que Kerrie e eu pensamos em você com frequência. Aconteça o que acontecer, sempre seu irmão, Simon.*

Simon, aquele garotinho cujo irmão mais velho, Peter, lhe comprou um kit de química com o primeiro salário, ganhou a Ordem da Austrália pelo serviço no exército no campo de engenharia dez anos antes de morrer repentinamente em Papua Nova Guiné, onde estava fazendo trabalho de consultoria. Além de ter fotos da cerimônia de premiação de Simon pela casa, Sandra fala com orgulho das realizações do irmãozinho e mostra fotos dele no celular sempre que é quase relevante na conversa.

Ninguém sabe bem o que aconteceu com Barbara depois que ela "se casou com um cavalheiro asiático", mas Christopher é executivo em uma das companhias mais importantes da Austrália. Na opinião de Kerrie, "Sandra chegou a um ponto na vida em que é, eu não diria 'feliz', mas 'satisfeita consigo mesma' e como sua vida se desenrolou".

Os quatro irmãos vieram da mesma casa em West Footscray, mas se a medida pudesse ser padronizada, Sandra pode ser vista como quem foi mais longe. "Sandra conquistou muito por ter vindo do nada e fez tudo sozinha. Ela é uma mulher incrível, de verdade, uma mulher incrível mesmo."

Sandra leva Janice para o lado de fora para descansar. Com roupas demais para o calor do dia, como se protegida contra a lembrança do frio, Janice toma um pouco de água e fica suando no sol. Ela não consegue ficar do lado de fora por mais de alguns segundos, pois logo se sente obrigada a voltar correndo para dentro para ver se os faxineiros não jogaram fora algo de valor. Dá para ver a compulsão tomando conta dela, estrangulando-a como uma trepadeira. Primeiro, ela inventa pequenas desculpas cada vez que entra correndo dentro de casa: esqueceu o celular, as chaves, só precisa dar uma olhada em uma coisinha, precisa ver uma outra coisinha, ops, esqueceu uma coisinha, só um momento, já volto. Mas, apesar de garantir a Sandra que agora vai descansar do lado de fora, Janice cede à pressão que cresce dentro dela e volta correndo para remexer nos sacos de lixo. Vejo e sinto: pensamentos intrusivos circundam Janice feito tubarões, tentam mordê-la e lhe dão menos e menos tempo entre os ataques, até a arrastarem para baixo. Janice está se afogando, está sendo comida viva.

Ao ver isso, Sandra lembra a ela sobre o objetivo pelo qual elas estão trabalhando. "Vamos lá, querida, lembra a visão de que conversamos? Você e seus filhos e uma xícara de chá no sofá?" Essa é uma marca registrada de Pankhurst: encorajar os clientes a pensar em objetivos pequenos e alcançáveis. Quando um cliente está ao menos um pouco receptivo, Sandra usa essa linguagem repetidamente, voltando a ela como um refrão ao longo do dia ou dias passados trabalhando com ele. E é baseada em uma prática que ela mesma segue.

Uma vez, perguntei a Sandra se, considerando o que tem que enfrentar todos os dias, ela era pessimista ou otimista. Ela respondeu sem hesitar: "Sou otimista, é, sou otimista. Sempre olho o lado bom da vida. É possível conseguir o que você quer e fazer o que você quer desde que se dedique e tenha uma perspectiva otimista".

Janice se tranquiliza por um momento, mas a paz passa logo quando uma nova preocupação surge com toda força. "Vocês não vão jogar nada fora?", grita ela para os faxineiros pela porta de tela.

"Não", vem a resposta, e ela está livre para tentar conversar com Sandra pelos poucos segundos de descanso. Mas quase imediatamente ela se pergunta em voz alta onde está uma caixinha com fotos e, como não consegue encontrar, começa a tirar sacos de lixo do trailer freneticamente.

Um dos filhos de Janice chega e corre pelo caminho de entrada. "Cheguei, mãe", diz ele, e começa a massagear as costas de Janice. Ela, ainda inclinada sobre os sacos de lixo, o convoca na mesma hora para procurar as fotos.

Sandra chama o filho e diz para ele que a mãe precisa beber líquidos porque está trabalhando arduamente a manhã toda e que, embora ele deva ficar à vontade para entrar, claro, se entrar, vai precisar usar máscara por causa do mofo. O jovem assente como se Sandra tivesse acabado de ler o manual de instruções de um dispositivo que ele nunca viu antes. Ele pega uma máscara, desaparece lá dentro por alguns minutos e, quando sai, fica óbvio que está com dificuldade para assumir o papel de pai da mãe que foi jogado nas costas dele de forma completa e irrevogável. Chocado, ele diz em voz baixa para Sandra que não sabia que a casa havia ficado ruim a esse ponto. Não parecia assim, todo aquele mofo, na última vez que ele foi lá.

"Quando foi isso, querido?", pergunta Sandra.

"Cinco anos atrás", responde ele. "Ela não nos deixa mais entrar."

Lizzie aparece com a caixa que Janice achava que tinha sido jogada fora. O filho, constrangido, começa a amarrar os sacos de lixo que eles remexeram. "Vai consolar sua mãe, amor", diz Sandra.

Phil e Leigh recebem de Sandra a instrução de entrar e remover o sofá para que possa ser substituído pelo que espera no segundo trailer. Os homens puxam o sofá da parede e revelam uma pilha grande de sujeira e mofo esfarelado, cheio de lixo e itens perdidos tão variados que fico pensando nas circunstâncias que os fizeram parar lá: três sapatos, um relógio da Disney, uma garrafa cheia de enxaguante bucal, pacotes e caixas vazios, um frasco de vitaminas, aromatizantes de ambiente, aranhas.

"Eu não conseguia entrar atrás do sofá, claro", fala Janice com voz fraca, olhando para a sujeira. Em seguida, ela fica de quatro e começa a remexer febrilmente na pilha. Enquanto os homens empurram o sofá velho pela porta, Sandra se vira e — apesar de não estar usando máscara e da vulnerabilidade de seus pulmões — grita com raiva para Leigh botar a máscara. "Você pode ficar com um esporo de mofo nos pulmões e acabou-se!"

Phil puxa Sandra de lado. Ele conta o que reparou quando estava agachado para levantar o sofá: as paredes "ficaram moles" por causa do mofo. Sandra verifica para confirmar: estão esponjosas. O rosto dela desmorona quando ela se dá conta das implicações.

"Tem mais coisa a ser feita aqui do que uma limpeza pode resolver", diz ela, suspirando baixinho.

A casa precisa ser isolada imediatamente por motivos de saúde e de segurança. Todos para fora. Depois de saírem pelo mosaico aleatório de lixo que ainda cobre o chão densamente e entra nos buracos nas paredes, os faxineiros, Sandra, Janice e o filho saem um a um, derrotados, deixando a casa na escuridão mofada e uma pequena floresta de barulhos quando a porta se fecha atrás deles com um baque seco.

Todos se reúnem em volta do sofá velho no meio da entrada da casa. Janice se encolhe perto de Sandra como um coelho se abrigando embaixo de uma árvore. Sandra abre delicadamente um macacão branco no braço do sofá e se senta. Pega o celular e começa a digitar, as unhas perfeitas voando na tela imunda. Janice se senta com o braço do filho em volta dos ombros. Ela vai para a casa dele naquela noite.

"Você tem razão", diz ela, "coisas não substituem o que você perdeu. Não se pode botar um preço no que perdi." Os lábios dela estão apertados e ela olha para a frente. "Pegamos minha escova de cabelo?", pergunta ela de repente. Sandra responde que está na bolsa dela. "Certo. Devo ir buscar os saquinhos de chá e o leite que comprei ontem?"

"Deixe, amor, o mofo afeta tudo", aconselha Sandra.

"Parece que estou em outro mundo", confessa Janice, sem piscar.

Sandra segue em frente. Falando calmamente, ela continua insistindo nas conversas, guiando Janice com o uso de exemplos: está tudo bem.

"Gostei do seu perfume", diz Janice para Sandra.

"É Chanel, amor", responde ela enquanto sinaliza para Phil trancar a porta antes de seguir para um comentário tranquilizador sobre o fato de que diferentes fragrâncias assumem cheiros diferentes em pessoas diferentes, e Janice só murmura concordando.

A mobília que Sandra trouxe está intocada no trailer. Ela teria dado a Janice "um novo começo" se as condições tivessem permitido. Teria tirado todo o lixo e os móveis contaminados da casa e desinfetado o piso, as paredes e o teto. De seu estoque próprio, teria fornecido a Janice novos móveis, lençóis e toalhas, talvez não combinando (como sempre é a preferência de Sandra), mas limpos e dobrados com precisão militar. Teria organizado os armários, espalhado algumas revistas recentes de fofoca na mesinha de centro e afofado almofadas novas no sofá. "Eu tenho uma quedinha por programas sobre decoração de interiores, design, essas coisas", disse Sandra uma vez para mim. "Uso muito isso na hora de apresentar as casas para as pessoas, principalmente nos casos de acumuladores. Tenho uma crença firme que mudamos o conceito da casa em relação ao que era antes, e eles ficam com a ideia na cabeça de que tudo vai ser diferente agora. Ajuda com os processos de lidar com a mudança e é um lembrete constante de que não estão seguindo os mesmos padrões e as coisas precisam ser diferentes."

Uma mudança na topografia doméstica, às vezes, basta para botar a vida interna de um cliente em um caminho melhor. Não tanto (e aqui discordo de Sandra) por causa do poder exercido pelo ambiente — embora isso, claro, tenha grande influência —, mas por causa do fato de que alguém se preocupou tanto com eles a ponto de fazer isso. A transferência de abajures e micro-ondas, de sofás e fronhas, não é uma panaceia para uma doença ou disfunção profunda, mas é bom para o coração.

E funciona em mão dupla. Ao fazer um lar para os clientes, Sandra fez um lar para si. Apesar de ter vivenciado golpes piores do que a maioria dos seus clientes, é ela quem aparece para transformar o caos deles em ordem. O ânimo inegável que isso dá a ela não é uma questão simples de prazer com o infortúnio alheio, tampouco é algo do outro lado do espectro, de altruísmo. É o produto de um trabalho importante: a sensação de propósito que criamos ao cultivar nossos dons e os compartilhar com o mundo.[6] Mas muitas vezes não basta imbuir esses clientes com o tipo de bem-estar de que Sandra gosta. Seria preciso mais do que um sofá novo para dar a Janice aquilo de que ela precisa.

O que vai acontecer com Janice não está nas mãos de Sandra. Ela vai ter que se mudar, o que não vai estancar o fluxo de lixo que vai segui-la como um rio poluído se permitirem que ela mergulhe na solidão na qual insiste.

Em pouco tempo o sofá vai ser colocado na caçamba, todo mundo vai arrumar as coisas e vai se dispersar, e as breves horas de Sandra ajudando Janice vão acabar. Mas agora, aqui está ela, encarando Janice e conversando casualmente com ela debaixo do sol, obtendo respostas, pedindo opiniões, tirando-a de onde quer que ela queira ser esquecida: mesmo que só por aqueles momentos, chamando-a de volta.

Se alguma coisa a faria se arrepender de ter feito a denúncia para a polícia, seria aquele homenzinho argumentando no tribunal que o caso todo era uma piada porque, como dava para ver claramente, a vítima não era uma florzinha indefesa, era um sujeito grande e forte que teria reagido se a coisa tivesse acontecido do jeito que ela — *ou ele? Peço desculpas, Excelência, estou confuso, acho que todos estamos, como era mesmo?* — alega que foi.

Sandra volta exausta de seu primeiro dia apresentando provas. Rick está deitado no sofá assistindo televisão.

"Como foi?", pergunta ele sem olhar para ela.

"Uma merda", responde ela, preparando um drinque para os dois. E diz mais para si mesma, em um tom derrotado que ele nunca ouviu da boca dela: "O que vou fazer?".

Ele afasta o olhar da tela e diz: "Olha, só fala pra eles examinarem as provas fotográficas".

"Já estão com isso", responde ela sem ânimo na voz.

"Não, você sabe, as fotos que a polícia tirou. As fotos da porta, sabe, que ele a arrancou inteira."

Ela inclina a cabeça para o lado, esperando.

"Diz pra eles: 'Era de madeira maciça. Se ele fez isso com a porta, o que acham que fez comigo?'." E volta a olhar para a televisão.

Pela primeira vez, ele merece o que Sandra lhe dá. No dia seguinte, ela usa a sugestão de Rick no tribunal. A defesa pede um breve recesso. Quando todos voltam a se reunir, surge uma declaração de culpa.

"Esse cara aparece batendo na porta." É assim que ela começa a história quando a conta trinta anos depois, a voz completamente firme: com os ossos e músculos e carne direto na madeira, e que ela soube que ele era forte só pelo barulho. O punho parecia um casco de cavalo.

O Dream Palace é só mais um bordel, uma casinha em uma rua mal iluminada em um bairro suburbano industrial "longe de tudo", onde ela trabalha há três meses. É noite de sábado em meados de maio e o dia foi como qualquer outro sábado. Ela começou por volta das 10h30 da manhã, pretendendo trabalhar um turno duplo e terminar quando fechasse, às 4h da madrugada. Às 20h, já teve seis ou sete clientes. São só ela e Jenny, a outra garota que está trabalhando naquela noite. Lúcifer, o cão de guarda preto grande da madame, está dormindo no quintal.

Ela está entre trabalhos, usando um collant e meia-calça, tomando chá com Jenny na sala e tentando ignorar as batidas na porta. Apesar de os soluços terem virado fungadas infrequentes, Jenny ainda está abalada por causa do último cliente, um homem enorme que a enforcou. Ao ouvir Jenny gritar, Sandra convocou seu cliente para expulsar o homem, e ele foi embora, carregando os sapatos na mão. Mas agora ele voltou e está batendo na porta.

"Vai ficar tudo bem, querida", diz Sandra distraidamente para Jenny, encolhida no canto do sofá com as mãos em volta da xícara de chá. Qualquer tipo de violência faz Sandra entrar em pânico, e a coisa toda a abalou um pouco, mas ela tem certeza de que, se o ignorarem, ele vai se cansar e vai embora como todos os outros babacas bêbados. "Meu Deus, a gente vê cada tipo nesse trabalho, hein?", comenta com voz leve, erguendo o olhar brevemente do baseado que está enrolando. Ela está prestes a lamber o papel para grudar quando há um estrondo altíssimo, o som da madeira quebrando quando a porta se parte. As duas gritam, ela e Jenny, mulheres que não se assustam com facilidade, e, de repente, o homem na porta está na sala, tão grande que bloqueia a luz. Ele segura Sandra e depois Jenny pelos cabelos. No começo, o medo ofusca a dor que ela pouco consegue sentir enquanto ele as arrasta como sacos de lixo pelo corredor, rosnando: "Se fizerem o que eu mandar, vocês não vão se machucar".

O nome improvável desse homem é Mel Davis Brooks. Naquela noite, ele está livre em condicional por acusações anteriores de invasão de domicílio com assalto e estupro com agravantes. Brooks para perto da porta de entrada, onde faz as duas mulheres se ajoelharem no chão. Obriga-as a tirar toda a roupa. Abre o zíper e puxa o pênis flácido. Coloca-o à força repetidamente na boca de cada mulher. Depois de um tempo, decide que quer apagar a luz da varanda. Apesar de estar apavorada, Sandra tenta preservar a possibilidade de um cliente chegar e assustar Brooks sem querer. "Não dá pra apagar a luz, está programada em um timer", diz ela. Ele vai para a varanda e procura a caixa de luz. Jenny se levanta e ele berra: "Fica de joelhos!". Ele desliga a energia no interruptor principal e a casa some na escuridão.

Ele volta para o corredor e para com intenção de ajeitar a porta da frente, que está pendurada, e a fechar de novo. A casa ocupada mais próxima, outro bordel, fica no final da longa rua. Não tem ninguém para ouvir Lúcifer latindo. Sandra está tremendo, chorando em silêncio. Jenny tenta convencer Brooks a parar. Ela diz: "O que quer que você queira, vamos tentar fazer". Ele enfia o pênis de volta na boca de Jenny e depois na de Sandra, onde ejacula. O estômago dela revira. "Fica com a porra na boca", avisa ele. Ela vai vomitar. Ela pega a toalha que Jenny estava usando e cospe furtivamente nela. O cachorro está andando em volta delas, lambendo os braços delas, balançando o rabo; agora ele acha que é uma grande brincadeira.

"Vão para o quarto!", grita Brooks para as duas mulheres. Ele levanta a persiana para poder olhar para o jardim da frente. Força Sandra a se ajoelhar e enfia repetidamente de forma dolorosa o dedo no ânus dela. "Lambe meu cu!", diz Brooks quando se vira e se inclina um pouco. Ela vê com clareza como ele está sujo e, repugnada, pega a toalha para limpá-lo. Ele avisa: "Faz direito. Abre as nádegas". Ela tenta não vomitar.

Jenny está ajoelhada na frente dele. De repente, ele diz para Sandra: "Agora você vem pra frente". As mulheres trocam de lugar. Ela está com medo demais para reparar no que Jenny está fazendo, está com medo demais para desobedecê-lo, apesar de achar que ele vai matar as duas de qualquer modo. A campainha toca.

"Vou atender a porta e o colocar em outro quarto", diz Jenny para Brooks.

"Não, diz que fechamos", diz Sandra, pensando que talvez o homem possa ir buscar ajuda.

"Se você fizer alguma besteira, eu vou matar ela", avisa Brooks para Jenny quando ela sai.

Jenny atende a porta casualmente com a toalha manchada de fezes em volta do corpo, se livra do visitante e volta para o quarto, onde Brooks está pedindo dinheiro.

Sandra diz que a madame já recolheu tudo. Ele pergunta onde está o carro dela.

"Nós somos deixadas aqui, não temos carro", diz Sandra, pensando no seu carro estacionado nos fundos e suas chaves na bolsa.

Brooks assente.

"Se vistam, as duas. Nós vamos dar uma volta."

Sandra pega o collant, mas ele só permite que elas se enrolem em toalhas. Pega o cabelo delas de novo e as leva para fora da casa até o outro lado da rua, onde tem um parque deserto. Eles andam por um tempo, vão para dentro do parque, até chegarem a um alambrado, onde não têm como seguir mais e se tornam apenas formas se movendo na grama escura; um leão atacando a presa ao luar.

"Abram as toalhas no chão", ordena Brooks, soltando os cabelos delas. Ele obriga as duas mulheres a alternadamente o beijarem na boca e chuparem seu pênis. Nauseada pela violência, pela dor, pelo pavor, pelo cheiro do bafo e da pele suja dele, Sandra fica ainda mais enjoada quando ele começa a enfiar os dedos na vagina dela. Ela sabe pelo jeito como ele fala e se comporta que sua vida está em perigo.

"Fiquem em sessenta e nove", diz ele. Sandra começa a chorar de novo. "Não se preocupe", sussurra Jenny para ela. "Vai ficar tudo bem." Sandra se encolhe quando ele enfia o dedo de novo no ânus dela. "Lambe mais! Você não está fazendo direito", grita ele para a nuca dela, que está agora entre as pernas de Jenny. Tremendo, ela tenta fazer o que ele manda. Ela não sabe quanto tempo passa enquanto ele as rearruma sem parar, como se fossem bonecas.

Ela ergue o rosto por um momento e vê que ele acabou de ejacular. Ela não hesita. Dá um soco nas bolas dele, com o máximo de força que consegue.

Brooks tenta bater nela, mas ela desvia, segura os testículos dele e aperta com força com as duas mãos. Ele só olha para ela. Nem se encolhe. As duas mulheres começam a gritar por socorro, mas o som afunda na noite como tinta no papel. Brooks vai para cima de Sandra de novo, mas desta vez ela reage. Eles estão lutando agora, agarrados na semiescuridão. Ele enfia as unhas na pele em volta do olho direito dela. Ela olha ao redor desesperada, vê que Jenny sumiu. Descalça e nua, Sandra tenta se levantar. Joga Brooks longe e, quando ele tropeça, ela sai correndo.

Ela corre por arbustos e grama alta e cascalho e pela rua; corre de volta ao bordel e pela porta aberta e pelo corredor escuro até a sala, onde, tremendo, procura o telefone no sofá. Ao olhar para o aparelho, ela liga para 000. Ouve mil barulhos lá fora que são todos Brooks voltando para matá-la e responde freneticamente as perguntas do atendente. Ele diz para ela que a polícia está a caminho. Ela desliga, fica paralisada, prestando atenção nos ruídos. Não ouve nada e liga para a madame.

"Manda alguém aqui, manda alguém aqui", sussurra quando a mulher atende. Ao desligar, ela tateia pelo escuro na direção do local onde tinha deixado a bolsa. Quando olha pelo corredor comprido através da porta aberta, vê Brooks chegando na casa. Ela dispara pelo corredor na direção do quarto que elas chamam de Calabouço, perto dos fundos da casa. Antes de entrar, as luzes voltam de repente e ela fica paralisada por um segundo, como se tivesse levado um choque. Ela se vira e o vê no fim do corredor, enorme, emoldurado pelo buraco onde ficava a porta e olhando para ela. "Aí está você", diz ele.

Ela corre até o Calabouço, joga a bolsa embaixo da cama e pega uma toalha para se cobrir e um chicote de couro com rebites e cabo de madeira; corre pela porta dos fundos e se agacha no cascalho atrás do carro, espreitando para ver os pés dele. Lúcifer começa a latir para ela, entregando sua localização. Ela bate nele para tentar silenciá-lo. E ouve um carro parar do lado de fora.

Ela corre pela lateral da casa, tentando se proteger, virando a cabeça loucamente para ver se Brooks vem atrás. Chega na frente, mas não é a polícia; é só mais um cliente. Ela grita e bate na porta do passageiro, mas ele vai embora.

Ela corre pelo meio da rua, passando pelas fábricas, na direção do outro bordel. Está machucada, cortada e sangrando, segurando a toalha com uma das mãos e com dificuldade de respirar, pois o medo e a asma estão roubando todo o ar.

Ofegante, ela corre até a porta do outro bordel e começa a bater e tocar a campainha. Pela janela, vê as mulheres delineadas na luz amarela lá dentro. Elas a ouvem pedindo para entrar, mas não abrem a porta. Ela começa a implorar. "Por favor, me deixem entrar, porfavormedeixentrar, por favor…"

Uma viatura de polícia chega.

"Foi você quem ligou?", grita um dos dois policiais pela janela do carro.

"Foifoifoi…"

"Entre agora!", ordena ele, apontando para a porta.

"Elas não me deixam entrar", chora.

"Deixem ela entrar, porra!", grita ele para as mulheres na janela, que só agora abrem a porta.

Às 3h da madrugada, Sandra identifica Mel David Brooks nas fotografias mostradas na delegacia. Às 6h10, deu um depoimento de dez páginas para a polícia.

Meu nome completo é Amanda Celeste Claire. Tenho 31 anos. É assim que ela começa a exibir as provas, envelhecendo-se ao aceitar com gratidão o benefício do aniversário que se aproxima, ainda algumas semanas à frente. No dia seguinte, Brooks, um antigo operador de máquinas de 31 anos da Nova Zelândia, é localizado, preso e acusado.

Para entender como é incrível Sandra ter mantido a acusação contra Brooks, é preciso refletir sobre várias coisas.

A primeira é o relacionamento dela com a polícia sendo uma mulher transgênero no começo dos anos 1980. Na época do estupro, Sandra já tinha testemunhado e vivenciado anos de violência policial institucionalizada com pessoas transgênero. Apesar disso, chamou o serviço da polícia e contou explicitamente no depoimento: "Preciso citar que passei por mudança completa de sexo no hospital Queen Victoria. Desde então, vivo como uma mulher normal e tenho todas as funções de uma mulher".

E tem também o relacionamento de uma trabalhadora do sexo com a polícia. Ela estava ciente da cultura de corrupção envolvendo alguns policiais uniformizados e detetives. Quando era gerente do bordel em Footscray, ela pagava subornos diretamente para a polícia para poder trabalhar. Tinha conhecimento de milhares de dólares de suborno pagos a um detetive do esquadrão por Geoffrey Lamb, dono de um dos bordéis em que ela trabalhava. Na mesma rua do Dream Palace, membros da polícia de Caulfield tinham sido acusados por fontes de confiança de frequentarem um bordel ilegal, onde bebiam e faziam sexo com as funcionárias de graça; uma dessas reuniões supostamente terminou com tiros disparados e uma trabalhadora sexual estuprada.

Nessas circunstâncias, pedir ajuda à polícia demonstra o quanto Sandra temia pela própria vida. Mas seguir em frente com o depoimento, prolongando assim seu contato com a polícia, foi insistir com coragem notável na justiça, ainda mais naquele ambiente policial do começo dos anos 1980.

Tem também a consideração de que ela participou do julgamento do agressor em uma época em que a proteção da lei não era oferecida a trabalhadoras do sexo. O caso dela foi julgado três anos depois que o maior tribunal de Victoria decidiu que o estupro de uma prostituta era menos sério do que o estupro de uma "mulher casta". Anos antes dessa posição ser repudiada expressamente — e apesar de estar bem ciente desses preconceitos culturais, se não legais —, Sandra insistiu, mesmo assim, em ir ao Fórum do Condado para testemunhar no julgamento de seu estuprador.

Como incontáveis sobreviventes de estupro descobriram, decidir dar um depoimento e mantê-lo depois significa reviver a violência do estupro diversas vezes. Agora, pelo menos, há algumas proteções criadas para preservar a saúde mental e o bem-estar dos sobreviventes que seguem esse caminho. Mas medidas assim inexistiam na época. Além disso, Sandra decidiu se expor no processo sabendo que teria que aguentar o desrespeito e o constrangimento adicional de seu gênero sofrer escrutínio público, ser questionado e incompreendido. Esse foi o custo estranho e odioso do respeito básico que ela insistiu para si mesma.

A última coisa impressionante na reação de Sandra ao estupro foi o resultado. Ela ofereceu provas suficientes para o estuprador ser preso, acusado, julgado, considerado culpado e sentenciado a seis anos, com possibilidade de condicional depois de quatro. Era uma sentença curta demais considerando o contexto do crime, a duração prolongada da agressão, o uso de violência e humilhação adicionais e o antecedente dele com crimes similares.

Mas foi relativamente pesada quando consideramos que, entre 2010 e 2015, a sentença média de prisão para uma condenação por estupro era de cinco anos, e que trinta anos antes as atitudes públicas consideraram que estuprar uma prostituta era só um pouco mais possível do que estuprar a esposa. Então, sim: Sandra não foi só espetacularmente corajosa, mas também incrivelmente bem-sucedida.

Shane

O que posso dizer sobre Shane? Posso contar que é ao mesmo tempo verdade e mentira que a rua dele era como qualquer outra rua, que o quarteirão de casinhas dele era como qualquer outro quarteirão de casinhas, que a grama no jardim comunitário que havia na frente da porta como um cobertor sujo era tão verde e marrom quanto de qualquer outro jardim. É verdade porque tudo parece comum e também é mentira porque pairando acima de tudo havia o cheiro de morte viva; o tipo de silêncio alto demais que faz as criaturas pequenas se esconderem em lugares altos. Posso dizer que a primeira impressão que se tem de olhar para Shane é de franqueza. Ele parece ao mesmo tempo drogado e sem habilidades físicas; há algo nos membros curtos, no nariz redondo, nos dedos grossos e na boca de peixe que sugere que ele ficou entorpecido — talvez usando a si mesmo como um martelo contra a bigorna do mundo.

Shane é um criminoso sexual condenado. E seus olhos nesta manhã estão energizados: eles observam, avaliam, calculam. Portanto, seria errado ver Shane como lerdo; a simetria dele ainda é temerosa. E embora eu não ache que seja o tipo de caçador que perseguiria alguém usando o talento de se esgueirar despercebido, acredito que não hesitaria em agir se você por acaso se afastasse do seu grupo.

Shane não pode ficar sozinho com Sandra, que foi lá limpar a imundície seca e úmida da casinha, e também não pode ficar sozinho com nenhuma outra mulher. Embora fique um pouco intrigada com isso, Sandra não se incomoda nem um pouco. Ela foi com quatro faxineiros: Lizzie, Cheryl, Phil e Jarrod, que tem 1,95 metro e pesa pelo menos 120 quilos. Mas Jarrod não é o motivo para Sandra não estar incomodada. Apesar de ser sobrevivente de estupro e não ter ouvido nada sobre a natureza do crime de Shane, é da natureza dela ser totalmente prática. "Não importa quais sejam as condenações dele, é só mais um trabalho", diz ela. Essa posição não é ideológica nem altruísta. É devido ao fato de Sandra se motivar a fazer cada trabalho com excelência, independente das condições.

Sandra bate rapidamente na porta. Shane sai feito um urso de uma caverna para o concreto rachado da varandinha da frente e aperta os olhos no sol da manhã.

"Preciso tomar meu café da manhã." A voz rouca articula a artimanha de uma criança pequena. "Posso ter mais alguns minutos?"

Sandra responde tranquilamente que volta em dez minutos. "Ele devia ter algumas coisas pra guardar", reflete ela. "Deve ter guardado com as roupas no armário."

Pergunto o que acha que ele está escondendo.

"Não faço ideia", diz ela, desinteressada, verificando o celular debaixo do céu cinzento.

Antes conhecido como Crossfire, Multi-Task é um produto de limpeza que Sandra usa para limpar superfícies com manchas de comida ou nicotina. A isso ela acrescenta um desinfetante hospitalar chamado SanSol quando precisa cuidar da presença adicional de efluentes gasosos humanos e/ou fluidos corporais que podem conter "HIV ou infecção bacteriana". É essa mistura que Phil está usando para limpar o teto do quarto de Shane. Lizzie e Cheryl, poupada do trabalho de limpar os tapetes porque Sandra determinou que nenhum deles pode ser salvo, vão usar o coquetel de Multi-Task e SanSol para tirar as manchas marrons da porta e do piso do banheiro. Ninguém está de macacão especial hoje. "Nós usamos os macacões em casos extremos", explica Sandra. "Isto é um trabalho regular, café com leite."

O conhecimento de Sandra sobre o processo e os instrumentos de limpeza muito específicos, variados, urgentes, complexos e de larga escala é enciclopédico. Ela me responde quando levanto hipóteses sobre vários tipos de serviço.

"Morte, sem sangue?", pergunto.

"Morte sem sangue não exigiria minha presença, a não ser que houvesse fluidos corporais", corrige ela.

"Certo, digamos que uns dias se passaram e está fedendo", digo.

"Isso é decomposição, é coisa pesada." Sandra suspira. "Decomposição: a primeira coisa em que penso é o que precisa ser jogado fora. Que superfícies tem ali? É carpete ou linóleo? Porque, se for carpete, em nove a cada dez casos em que há decomposição, vamos ter que tirá-lo. Isso também me orienta se vamos precisar de um veículo capaz de transportar as coisas, porque a sequência de cuidados com cada coisa é bem específica", explica ela rapidamente.

"Ou pode ser o colchão", continua. "Nós compramos sacos enormes que isolam o colchão, porque o odor pode ser bem agressivo. O primeiro pensamento seria tirar qualquer matéria suja da propriedade, porque quando a causa é removida, dá para começar a eliminar o odor. Você passa pela esterilização limpando tudo. Tudo na casa precisa ser limpo. Se o corpo ficou lá por um tempo, os gases e todo o resto devem ter impregnado as paredes, os tecidos, tudo. Então eu lavaria as paredes e os tetos e colocaríamos máquinas de controle de odores para agirem sobre os tecidos e tudo mais. Os alarmes de incêndio têm que ser desconectados, porque eles disparam. Os guarda-roupas, armários e todas as coisas assim têm que ser abertos, porque o cheiro penetra nas roupas e em tudo que estiver dentro."

"Tudo tem que ser jogado fora?", pergunto.

"Não, nós desinfetamos com o desodorizador", responde ela. "Fica borrifando no aposento. É quase impossível de respirar e supostamente é natural." Ela revira os olhos. "Até parece, mas a gente finge que acredita. A gente deixa borrifando na casa toda. Deixa a casa trancada por 24 horas e deve ficar tudo novo em folha. Em casos extremos, temos que botar um maquinário dentro que vai ficar ligado durante três dias e três noites. Às vezes é preciso trocar o piso se tiver encharcado a madeira."

Pergunto se ela já teve que fazer isso.

"Tivemos, mas só em uma ocasião", responde Sandra. "Estava pingando no apartamento de baixo e tivemos dois apartamentos pra limpar.

O cara de baixo reparou em um gotejar constante caindo na sala e o cheiro chegou na casa dele embaixo, então foi bem ruim."

"O que você faria se houvesse morte *com* sangue?", pergunto.

"Primeiro, daria pra saber pela cor a profundidade com que penetrou no carpete", explica ela. "Se estiver claro, costuma dar para tirar do tapete sem afetar a camada de baixo. Nós borrifaríamos uma solução por todo o carpete para ver se há gotículas de sangue, porque o ilumina. Isso nos diz onde temos que trabalhar e em que temos que trabalhar. Quando aprendemos essas habilidades, dizem que se tiver uma poltrona contaminada, dá para cortar o pedaço contaminado. Por mim, de jeito nenhum. Eu tiraria a peça toda, porque se você fosse a família que vai voltar e ter que encarar aquela poltrona, vai estar para sempre na sua mente: foi lá que o papai morreu, se é que você me entende. Pra mim, é preciso tomar muito cuidado com o jeito como deixamos a casa. Tem que ser o mais próximo do normal possível, mas pode ter peças faltando. Pra mim, nada de marcar os lugares com um X."

Sandra me diz que suicídios de homens costumam dar mais trabalho do que de mulheres. "Homens são matadores sujos, enquanto mulheres são cuidadosas na forma como fazem", diz Sandra.

"Como quando cozinham", sugiro.

"É", concorda Sandra. Ela fica em silêncio por um momento. "Da mesma forma, teve um cara que deu um tiro na cabeça, e ele botou plástico no banheiro pra deixar tudo limpo. Espalhou pra todo lado, mas a intenção estava lá."

Sandra é certificada pelo Institute of Inspection Cleaning and Restoration Certification [Certificação do Instituto de Inspeção de Limpeza e Restauração] em limpeza de carpetes e pelo National Institute of Decontamination Specialists [Instituto Nacional de Especialistas em Descontaminação] como técnica de biorrecuperação de crimes e situações traumáticas. Fora um volume amplo de habilidade técnica que precisa de atualização constante, pergunto a Sandra o que mais o trabalho exige. "Compaixão", responde ela solenemente. "Grande compaixão, grande dignidade e um bom senso de humor porque você vai precisar. E uma boa capacidade de não absorver os cheiros, porque fede. É podre."

A equipe está dentro do apartamento há uns vinte minutos quando um aborrecimento surge na forma de Shane, convencido de que Jarrod o está "encarando", chamando Jarrod para uma briga. É extremamente improvável que Jarrod o estivesse encarando de verdade. Apesar de ser alto e forte, ele é tímido, fala baixo e chama todo mundo de "mano". Além disso, Sandra está supervisionando todo mundo de perto e a casa de Shane é mínima. Ainda assim, Sandra reage com calma e rapidez e pede a Jarrod para ir limpar o quarto com Phil. Quando Shane vai para lá alguns minutos depois, Jarrod o cumprimenta com um simples "Oi, chefe", e tudo fica bem; o equilíbrio de poder foi restaurado. Phil, com o short preto de sempre apesar do ar do inverno que felizmente entra pela porta aberta, pergunta a Shane se a família vai bem. Shane responde: "Vai, vai", como se eles estivessem só de bate-papo em um churrasco.

Fluidos marrons secos escorrem pelas paredes amareladas do quarto. A persiana está fechada. Tem uma cama, uma cômoda e uma mesa de centro que foi encostada na parede. Por causa da prática de Shane de deixar as coisas onde elas caem, o carpete com manchas marrons está cheio de roupas sujas, sacos plásticos, vários fios, rolos de papel higiênico e eletrodomésticos quebrados. Não tem fronha no travesseiro, colcha ou lençol no colchão amarelado, afundado e cortado de um dos lados, com enchimento cinza vazando do corte. Isso poderia ser resultado da idade e da qualidade, das muitas mudanças a que deve ter sido submetido ou de um esforço desajeitado de Shane para esconder algo valioso ou ilícito dentro dele. No chão, há revistas (*Sexpress*) e livros (*Como Melhorar a Energia, Reduzir o Stress e Aprimorar a Audição em Noventa Dias*). Há três televisões no quarto; duas são enormes e ficam lado a lado em cima da cômoda, as telas voltadas para a parede. A terceira televisão é mínima e fica na mesa de centro, ao lado de uma base de liquidificador desligada da tomada coberta de líquido marrom seco. O vidro da mesa de centro está preto de sujeira e escondido debaixo de sapatos, fios, aparelhos quebrados, um bong, papéis e livros. Um rádio relógio pisca, exibindo o horário errado. Uma toalha marrom suja está caída no chão como um animal atropelado. Shane vai até a cozinha e Sandra instrui todos em uma voz baixa a evitarem contato visual com ele, porque, como lhe disseram, ele vai interpretar errado.

"Só vim ver se todo mundo está trabalhando em dupla em aposentos diferentes para fazer as coisas, vim cuidar pra que fiquem em segurança o tempo todo", sussurra ela para mim. "Não preciso me preocupar com a equipe porque eles são perfeitos pra lidar com pessoas com problemas mentais ou afetadas por drogas e álcool ou o que for. E esse é só mais um trabalho assim, sabe."

O telefone dela toca. A pessoa que ligou pede redução do preço que ela orçou recentemente para um trabalho. "Como você sabe, é muito caro se livrar de lixo", responde Sandra com simplicidade, "principalmente se estiver coberto de urina e fezes."

Ela encerra a ligação e espia o banheiro, avaliando o progresso feito por Lizzie e Cheryl. Apesar de nada poder ser feito quanto aos buracos na porta, elas tiraram as manchas marrons. Todas as manchas grossas marrons sumiram também do piso, da privada, da pia e da banheira. Parada no piso branco com o batom rosa cremoso, a parca roxa passada e o cabelo loiro refletindo a luz que entra pela janela de vidro jateado, Sandra é um fardo de feno de Monet: dourada, com muitos tons, familiar, elevando-se da paisagem de linóleo para atrair e confortar os olhos. Satisfeita no momento, ela vai na direção da cozinha.

O som da geladeira não agrada Shane. Tem alguma coisa no ruído que o incomoda e ele a desligou um tempo antes, deixando o conteúdo apodrecer. Moscas saem voando quando a porta é aberta, e a geladeira vai precisar ser esvaziada, desinfetada e deixada aberta para arejar e o cheiro sair. Cheryl cuida disso enquanto Lizzie recolhe os vários pratos espalhados pela casa de semanas de jantares de uma pessoa só, abandonados com suas pilhas de ossos e poças de gordura solidificada. Os pratos estão equilibrados em ângulos estranhos na bancada da cozinha e em cima de coisas que cobrem o banco; cada um tem uma faca e um garfo, cruzados como se alguém só tivesse parado para descansar. Todas as superfícies da cozinha estão manchadas com sujeira marrom. Fluido marrom escorre pela frente dos armários e do forno. O fogão é mínimo, mas nele há duas panelas enormes de aço inoxidável, e em uma das panelas tem uma frigideira equilibrada, preta com comida queimada. As moscas cobrem tudo. Tem dejetos de rato espalhados como sementes no forno.

Apesar do estado da casa em geral e da cozinha em especial, Shane é meticuloso com o tipo e a qualidade da comida que ingere. Os numerosos produtos de alimentação saudável na cozinha dele incluem: óleo de coco orgânico, painço, um saco de 15 dólares de muesli sem glúten, camu-camu em pó, chá para jejum intermitente, maca em pó e uma grande variedade de vitaminas, suplementos e proteínas em pó. Sandra está se inclinando para pegar cascas de laranja espalhadas no carpete da sala.

"Eu não tomo leite", anuncia Shane. "Estou parando de comer carne, estou ficando mais puro. Um estilo de vida mais puro. E nada de prostitutas. Brincadeira." Sandra permanece concentrada nas cascas de laranja.

Shane fica andando pelos aposentos pequenos, vendo os faxineiros trabalhar. Agora, ele para na frente da porta, e as faxineiras mulheres precisam passar por ele quando levam os sacos de lixo para o trailer atrás da van da STC. Quando ele sai da sala, Sandra olha para o haltere enorme no meio do caminho e se pergunta se o objetivo do equipamento é "deixá-lo forte para o que ele gosta de fazer nos momentos de 'lazer'". Shane frequenta a academia e faz caminhadas diárias. "Talvez seja para caçar", diz ela sombriamente. "Só dá pra imaginar..."

Sandra começa a pegar os fragmentos maiores de lixo misturados com os bens de Shane em pilhas aleatórias sobre os móveis e no chão. Shane entra na sala e fica perto demais dela, com os braços ao longo do corpo.

"Passei por muito estresse ultimamente", diz ele sem se mexer. "Você pode achar isto aqui nojento, mas eu passei por muito estresse. É por isso que não consigo limpar."

"O que foi, querido?", pergunta Sandra, se levantando da posição agachada, colocando lixo em um saco plástico.

"Eu passei por muito estresse ultimamente", repete Shane mais alto. Ele tosse na cara dela.

Sandra olha para ele e aponta para uma televisão em uma mesa de centro baixa e suja. Sugere colocá-la na estante. "Assim, você poderia usar a mesa para o café", diz ela.

Shane sorri. "Mas eu não tomo café."

Sandra se vira e coloca a mão na estante de vime, com revistas e livros meio sujos (*Sucesso Sem Esforço: Como Fazer Nada e Conseguir Tudo, Histórias Para Aquecer o Coração, T'ai Chi Chi Kung: Quinze Formas de Ser Mais Feliz*). Tem uma revista pornográfica equilibrada em cima dos livros; uma mulher sorri na capa, com uma estrela amarela cobrindo a vagina.

"Tem alguma coisa aqui que você queira guardar?", pergunta Sandra em tom agradável.

"Tudo", responde ele. Ela começa a arrumar os livros e Shane se afasta de novo, os braços ao longo do corpo. É possível ver por pouco a forma do menino que ele foi.

"Não importa a situação dele, eu consigo ver além. Vejo só a doença mental. Só mais um dia no serviço", ela suspira. Termina uma hora depois e caminha pela rua para ir dar um alô rápido a um outro cliente que ajudou algumas semanas antes.

Não é a primeira vez que ela tem uma dor lancinante, que enfia em uma bolinha de gude e joga por entre as grades da mente, em um lugar profundo. Também não é a primeira vez que precisa mudar tudo de repente. Mas isso não torna nada mais fácil.

Depois do estupro, ela não consegue trabalhar. Quando se recupera fisicamente, descobre que não consegue fazer o trabalho sexual que constituiu sua renda da década anterior. Ela tem Rick e Rick tem trabalho, mas isso não quer dizer muito; o dinheiro de Rick é de Rick, e o dinheiro dela é de Rick. Além de comida, moradia e transporte, suas necessidades incluem as drogas e o álcool que ela usa para entorpecer a mente o suficiente para viver e dormir, a capacidade de suplementar a vida de Rick para que ele fique por perto, e os cosméticos e hormônios que não são meramente estéticos, mas vitais para a dignidade dela. Ela tem algumas economias, ninguém a quem pedir ajuda; nenhuma rede de apoio.

Muito maquiada e carregada de dúvidas, ela sai todas as manhãs para procurar trabalho. Consegue algumas horas atrás da bancada da Tinturaria Shield, seu "primeiro trabalho careta" como mulher. O dinheiro é ridículo em comparação ao que está acostumada a ganhar e o trabalho é chato, mas é um primeiro passo. Em pouco tempo, ela procura em outros lugares, e quando recebe uma ligação em resposta à candidatura ao Black Cabs, vibra de alívio; é seu "primeiro sucesso".

Sandra trabalha no rádio da empresa de táxis. Não se importa de trabalhar à noite — trabalha à noite há uma década — e tolera o salário horrível, mas as restrições do que ela pode dizer para os motoristas no rádio são insuportáveis. "Mac um, mac dois, puta que pariu", brinca ela com voz baixa de robô com as outras meninas depois da primeira vez que leva bronca da gerência. Ela só tem que transmitir informações sobre passageiros e tráfego, usando um tom formal e impessoal.

Mas ela sabe os nomes de todos os motoristas, conta piadas, discute as notícias do dia, flerta, faz críticas, inventa apelidos, pergunta sobre as esposas. Os motoristas gostam porque ela os mantém acordados, os mantém distraídos e, nessa época anterior ao celular, os mantém seguros. Ela liga para a polícia algumas vezes por causa de motoristas encrencados e eles enviam flores, que ela exibe na mesinha. "Os motoristas me amam, mas a gente tem que se ajustar o tempo todo", reclama enquanto arruma as coisas no dia em que é demitida. "Só que nem tudo cabe em uma caixinha."

Para falar a verdade, ela não ficou muito chateada. A experiência aumentou a confiança dela para ter um trabalho careta. O que é bom; ela vai precisar de um emprego novo logo, porque Rick não vai ajudar em nada.

Ela se muda para um apartamento menor para economizar. Passa longos dias dirigindo pela cidade, preenchendo formulários de emprego com um sorriso no rosto. Semanas se passam e ela não tem retorno. Ela começa a andar de ônibus para economizar gasolina. Depois, começa a andar, para economizar a passagem. Volta para casa ao cair da noite, os pés doendo de cansaço, se senta sozinha à mesa e depois procura nos classificados de empregos. Espera o telefone tocar ou Rick voltar para casa, talvez. A conta de luz está atrasada, o aluguel está atrasado. A garganta está apertada demais, o peito pequeno demais; ela começa a bocejar com frequência só para sentir que está recebendo ar suficiente. Está ciente a cada segundo que poderia resolver tudo na rua ou em qualquer um dos bordéis onde ainda tem contatos, mas aquele trabalho não é mais possível para ela. Assim, liga o rádio e bebe no escuro. Quando começa a pensar em formas de se matar, ela se levanta e anda. Passa noites inteiras andando em volta da mesa de centro como um leão na jaula, aquela mulher alta no apartamento pequeno e cheio de móveis velhos.

• • •

De ressaca, ela pega o jornal local na caixa de correspondência e abre automaticamente nas páginas de trás enquanto sobe a escada de concreto de volta para casa. Algo dentro dela fica alerta. *Condutor/planejador funerário*. Ela passa o dia arrumando o cabelo e escolhendo a roupa e só toma três drinks naquela noite. Levanta-se cedo na manhã seguinte para fazer a maquiagem e ir até a Funerária WD Rose & Son para se candidatar em pessoa.

Lá, na brisa suave do ar-condicionado, o desespero fica mascarado por baixo do charme, das conversas, dos movimentos de cabeça, das frases curtas e encantadoras; ela afasta a fome e só passa a impressão de doce proficiência. Aperta mãos, dá um sorriso de despedida e volta para o sarcófago de sua casa com uma esperança que murcha e morre lentamente nas duas semanas seguintes. Quando o telegrama enfim chega, é como se fosse a própria Anunciação: Parabéns por se tornar uma das primeiras mulheres condutoras de funeral do estado.

A casa funerária vai lhe dar autoconfiança, um salário legítimo e alto, amigos, um marido, um amante e contatos que ela vai usar para recomeçar uma década depois, quando tudo desmorona de novo.

Elas se vestem como hematomas, as mulheres idosas segurando bolas de lenços de papel úmidos; as idosas queridas com chapéus e dores intercambiáveis, com cotovelos vestindo poliéster. Sandra cruza as pernas embaixo da mesa, puxa rapidamente a saia até os joelhos, bate com uma caneta prateada em um bloco de papel e começa: "Como sua condutora de funerais, faço todos os membros do grupo funerário se envolverem de forma a ficarem *muito emocionados*".

Perplexas, as mulheres do outro lado da mesa ficam em silêncio.

"Um funeral é como uma peça. O ritmo tem que ir aumentando", explica ela, desenhando uma colina no ar. "Você leva as emoções de todo mundo até lá", ela cutuca o topo da colina com a unha longa e vermelha, "elas explodem, se acalmam e seguem com a vida. Se não for assim, ficam tentando lidar com a situação por anos. Então, é como conduzir uma peça e deixar todo mundo envolvido na situação."

As mulheres assentem e sorriem.

"Vou pedir a todos para pegarem uma flor quando entrarem, para poderem botar no caixão. As pessoas se envolvem assim", diz ela, servindo dois copos de água, oferecendo às mulheres. Ela explica a ordem dos acontecimentos e faz algumas perguntas sobre preferências de música e flores. "Acho que Pachelbel em vez de Bach — mais tranquilizador, vocês não acham? Mas, se vocês tiverem alguma música que era especial para ele, é só me avisar que posso incluir."

Ela se levanta e as pulseiras tilintam quando ajeita as ombreiras e estica a mão para ajudar a viúva a se levantar. "Sei que você vai fazer um trabalho maravilhoso, querida", diz a mulher. A filha dela assente e Sandra as leva com gentileza para a área da recepção.

Apesar das implicações do nome, a habilidade de um agente funerário não está principalmente na tarefa física de colocar um corpo debaixo da terra — embora competência nesse aspecto não seja algo negociável —, mas na satisfação com que os vivos se lembram da experiência. Nas palavras do sr. Eric G. Walters, gerente do Grupo Funerário Milne e, nos últimos meses, chefe de Sandra: "Nós devíamos todos sentir orgulho da nossa associação com uma atividade que tem lugar essencial no padrão grandioso da lealdade humana, da dignidade e dos altos ideais". Ninguém tinha falado com Sandra assim antes. Claro que ela ganha vida nessa casa de morte.

As casas funerárias de Joseph Allison, Drayton & Garson, WD Rose & Son e Graham O. Crawley se uniram sob o guarda-chuva do Grupo Funerário Milne pelas cores corporativas do magenta e do cinza-claro, uma inclinação por "iluminação colorida" e uma espécie mórbida de senso de humor melhor caracterizada como Êxtase de Escritório.

A capa do boletim de 1987 nas mãos de Sandra informa aos funcionários:

- Joseph Allison venceu de forma convincente a Drayton & Garson no torneio inaugural de tênis de mesa.
- Mais de quinhentos vão a um memorial para natimortos no Fawkner Cemetery.
- Curiosidade — cinco esposas e duas enteadas não se conhecem!!
- O mundo de Eric, Críticas de Livro do Keith, Aniversários, Humor do Túmulo e mais...

E lá está ela, uma das funcionárias da seção chamada "Por aí: novos e velhos rostos", com o queixo elegantemente apoiado nas costas da mão direita, sorrindo de leve, os lábios fechados, olhando para a câmera com o olhar firme sob um penteado que ficaria ótimo na cabeça da Princesa Diana. Ela para na página enquanto termina o almoço, lambe as migalhas dos dedos com prazer e guarda cuidadosamente o boletim na bolsa para mostrar a Rick.

Parada na cozinha naquela noite, ela lê a página em voz alta, apesar de já saber o texto de cor: *A experiência de trabalho anterior de Sandra inclui supervisionar os horários da Black Cab Taxi e supervisionar turistas em resorts de férias*. Ela olha para ver se ele está prestando atenção. *Sua energia e entusiasmo logo conquistaram a equipe. Seus interesses são todas as formas de música, criação de roupas, arquitetura e decoração. Sandra tem dois filhos adolescentes.*

Embora sua experiência de trabalho "supervisionando turistas em resorts de férias" seja um eufemismo digno de veneração e os "dois filhos adolescentes" sejam na verdade os filhos de Rick e não os seus filhos adolescentes, isso é um retrato — mais ou menos — preciso de Sandra Vaughan, condutora/planejadora de funerais há quatro meses. E ela já começou a prosperar nesse ambiente peculiar de luzes e sombras, onde a morte é o negócio diário da vida e onde seu ar de autoridade gentil é tão apreciado pelos amigos e familiares dos falecidos que entram pela porta.

Há uma pessoa que preside o funeral, mas Sandra o produz, cria, junta as peças de formatos estranhos. Ajuda a preparar o corpo, passando maquiagem na pele fria até ficar parecida com a foto oferecida pela família. Ela guia os presentes por todas as etapas da organização e execução do funeral; fica vigilante nos fundos da sala, parada solenemente ao lado da porta, como um farol; lidera a procissão pela grama macia até o túmulo novo. Ela leva a força total do seu perfeccionismo a cada detalhe dos funerais, que conduz como sinfonias. Com o dinheiro que ganha, paga os estudos da filha de Rick em uma escola particular.

Ela coloca o boletim em uma gaveta, se vira para abrir uma garrafa de vinho e diz para Rick: "Adoro esse trabalho, amo de paixão".

"Que bom pra você, querida", responde Rick, pegando a chave do carro dela na mesa e saindo para a noitada.

• • •

Quando conversa com os presentes em um funeral, Sandra menciona que começou aquele trabalho "tarde na vida", o que é verdade, de certa forma. Só tem trinta e poucos anos, mas viveu, envelheceu e morreu nas suas vidas secretas anteriores. Agora, nesses anos "tardios", ela começa a mudar e a se tornar mais autêntica. A maquiagem fica moderada, as roupas ficam moderadas, a voz fica mais alta, as preocupações aumentam e caminhos se abrem à frente dela. Ela chega no trabalho todos os dias de terninho, absurdamente linda. É magra e alta, com um cabelo loiro tão dourado que parece, nas fotos da época, ter uma auréola. Quando Rick enfim a abandona por uma das mulheres com quem a trai, uma mulher de cadeira de rodas que está prestes a ganhar um bom dinheiro, Sandra almeja ir mais longe.

Craig aparece no escritório vindo da funerária na mesma rua para ajudar a carregar um caixão ou para falar com o chefe, mas, nos últimos tempos, ele aparece mais do que o normal e fica mais do que o necessário. É magro, mas forte, o rosto com sardas está sempre bronzeado e os lábios cobrem dentes perfeitos em um sorriso cínico. Demorou meses para ela ter motivo para dizer mais do que algumas palavras para ele, mas ela o pega olhando-a o tempo todo e percebe quando ele está fazendo isso porque a sensação é de levar uma flechada em chamas. Ultimamente, ela começou a olhar também; se tornou uma espécie de jogo. Em uma noite de sexta, quando todos ficam para tomar cerveja e comer peixe frito com batatas, ele ri e a vê tomar vinho branco sentada no colo do chefe, admirando como ela provoca o velho que todo mundo trata com respeito. Mais tarde, ele entra na sala dela, onde ela está arrumando a bolsa, um pouco tonta, para voltar para casa.

"Não combina", reflete ele, andando lentamente pela sala, fingindo admirar a gravura que ela pendurou há pouco tempo na parede. Ele para na mesa e aperta os olhos para ela em meio à franja loira-escura. "Alguma coisa não está certa. Uma loira linda assim, flertando com um velho mala como aquele. O que tem de errado aqui?", questiona ele. Ela sorri, não diz nada. Pendura a bolsa no ombro, empurra a cadeira para o lugar e, antes de sair para o carro com o coração disparado, tira a caneta prateada do meio dos vasos na mesa e escreve o número do seu telefone na palma da mão dele.

Quando Sandra me conta sobre "O Cachorro-Quente Maldito" ou "Johnny Pau Quente da Funerária que Era Simplesmente Lindo", ela está se referindo a Craig. Ele ocupa um grande espaço no Panteão de Pankhurst; dizer o nome dele ainda lhe dá um ânimo visível. Mesmo agora, hoje, se os comprimidos para dormir permitissem que ela sonhasse, sonharia com Craig. Ele continuou sendo o amor da vida dela mesmo depois que ela se casou com George.

Conheceu o marido quando enterrou a esposa dele. Essa era a frase que ela soltava com alegria como uma flâmula preta ao longo dos catorze anos de casamento. Alfred George Pankhurst era um avô de sessenta e poucos anos quando chegou à funerária, a camisa tão cinzenta e amassada quanto a última imagem que ele tinha das mãos da esposa. Uma imagem que foi assombrando-o cada vez menos quanto mais ele olhava para a deusa loira levando seus amigos para seus lugares enquanto o Cânone de Pachelbel tocava ao fundo. Ele acreditou que sua vida tinha acabado naquele dia quando, na verdade, estava começando de novo.

George começa a ligar para Sandra, procurando conselhos. Ela poderia ajudá-lo com isto ou aquilo? A vida de viúvo é novidade para ele. A pedido dele, ela vai vê-lo na Mackay Rubber, onde é gerente de exportação, e logo ele a convida para sair, e tudo começa a parecer como se ela tivesse entrado em um filme: as cadeiras puxadas e as portas abertas, o champanhe e os coquetéis, o vinho e os "bons jantares", os gerentes que vão apertar a mão de George, suas "maneiras de primeira classe", o jeito como ele anda sempre do lado de fora da calçada, deixando-a protegida do lado de dentro.

Claro, ele está um pouco acima do peso, é meio careca, vermelho da bebida e ávido demais. Claro, o casamento de trinta anos dele acabou de acabar e ela só tem seis anos a mais do que o filho dele e oito a mais do que a filha. Mas ele também é carinhoso, cavalheiro, seguro, competente e respeitável. Até fica bonito de terno, com o que restou do cabelo penteado para trás. E cada vez que o encara, ela se apaixona. Não por ele exatamente, embora permaneça leal do seu jeito até a morte dele. Ela se apaixona pela imagem idealizada de si mesma refletida para ela: a gata loira; a mulher de carreira; a perfeita dona de casa; a boa mãe; a companheira igualitária; a amada esposa. Ela se apaixona, finalmente, sem parar, por si mesma.

Quando George pede Sandra em casamento, a reação dela é ficar paralisada. *Porra. Eu me deixei levar. O que vou fazer? Tenho que contar a história para ele.*

"Olha", diz ela. "Tenho uma coisa pra contar, mas não sei como contar."

"Tudo bem", responde George, confuso, depois desanimado e depois apavorado. Mas Sandra não consegue encontrar as palavras. Primeiro parece que ela as perdeu, como se tivessem rolado para longe feito uma moeda no chão. Mas ela se dá conta de que nunca as teve. "Nós vamos ao médico, está bem? E vou conversar com o médico sobre como explicar", diz ela.

O estômago de George se contrai e ele faz a pergunta com dificuldade. "Você tem câncer?", sussurra ele.

"Não, não, não, não", fala Sandra, com desdém tranquilizador. "Eu só preciso falar com meu médico."

Ela marca uma consulta para aquela tarde. George a leva e a deixa lá, e apesar de ser cedo ele provavelmente vai tomar alguma coisa antes de dar a volta para esperá-la em frente ao hospital, no carro, com um jornal fechado no colo.

Lá dentro, Sandra afasta a preocupação do médico sobre qual pode ser o problema. Ele se acomoda na cadeira e ouve enquanto ela explica sobre George. "Como vou contar pra esse cara? Ele não faz ideia do que está rolando", declara ela com desespero.

O médico pensa por um momento. "Bom, só diz que você é transgênero, que passou por 'transformação de gênero' ou 'redesignação'. É um pouco mais suave do que dizer que você mudou de sexo."

Quando ela volta para o banco do passageiro, George observa o rosto dela e suplica para que conte logo o que está acontecendo. Mas Sandra pede que ele dirija até seu local favorito de reflexão na praia. Ela diz que vai contar lá.

Quando for mais velha do que George era naquele dia, ela ainda vai lembrar precisamente como chegar àquele ponto na rua Beach, no final da rua Charman, onde se sentou tantas vezes e deixou a mente fervilhar como água.

George estaciona e eles ficam no abrigo do carro, ele olha para ela enquanto ela observa o horizonte.

"George", diz ela por fim. "Eu passei por redesignação de gênero." Ela se prepara para o que vem em seguida, e ela tem certeza de que será um soco na boca, porque foi isso que já aconteceu antes, com outros. Mas só há silêncio.

"Bom, George, o que você acha disso?", pergunta ela, virando-se cautelosamente para olhar para ele.

"Então", diz ele, limpando a garganta e apertando as mãos nas coxas, os dedos grossos abertos no tecido escuro da calça. "Você... hã... está me dizendo que quer ser, hã, lésbica agora?", pergunta ele com insegurança.

"Não, não é isso", responde Sandra com um sorrisinho. Ela tenta de novo. "A *aparência* que eu tenho não é como eu *nasci*, entende?"

"Ah." George assente, tentando de verdade, mas sem entender.

Sandra respira fundo. "George, eu não nasci como eu sou. Nasci com uma *forma diferente*, entendeu?"

Agora ela se prepara de novo, esperando o soco. Ela olha para a água pelo que parece "a porra da eternidade", prestando atenção em sons de movimento. Mas ainda não há nada.

"E então?", pergunta ela, contraída de tensão, virando-se para ele de novo, agora com a sobrancelha erguida.

Mas George só fica em silêncio. Ele parece bem pequeno naquele momento e, apesar da barba por fazer e das rugas, apesar da papada e do cabelo branco nas sobrancelhas, ela conseguiria ver com perfeita clareza se estivesse procurando o menino que nasceu filho de um fazendeiro e sua esposa mais de meio século antes. Ele fica muito parado com as mãos no volante do carro moderno estacionado na frente do mar profundo. Está com cheiro de álcool, colônia, sabonete e suor. O cheiro dele é familiar agora. E ela sabe que, seja como for que ele a corte da vida, ela vai sentir falta dele.

"Bom", diz ele, limpando a garganta e ligando o carro. "Eu conheci a Sandra. E me apaixonei pela Sandra. E por mim está bom."

Sra. Pankhurst. Bem depois de eles se separarem, bem depois de George falecer e o casamento deles ser burocraticamente "anulado" por motivo do sexo dela, inalterado na certidão de nascimento, Sandra vai guardar uma foto do casamento deles, exposta na mesinha perto da porta de entrada. Também vai manter o nome de casada. Ela foi essa pessoa por mais de uma década e era quem sempre deveria ser: não necessariamente a esposa de George, mas normal o bastante, como mulher e pessoa, para merecer amor.

"Ganhei uma chance nova na vida!", gaba-se George para os colegas em volta da mesa do restaurante depois de apresentá-los à sua linda nova esposa. "Estamos pensando em comprar um carrinho de bebê!" E apesar de ela rir de leve e sorrir durante toda a refeição e o prato de queijos e os conhaques, Sandra explode quando eles ficam sozinhos no carro.

"Carrinho de bebê, cacete?! GEORGE! Pare com esse circo! Você está piorando tudo, sabe! Não *faz* isso", grita ela.

"O quê?", diz ele, enfiando a chave com embriaguez na ignição. "Você está se chateando por nada." Ela respira fundo e acende um cigarro. É a mesma coisa que ele fez antes de ficarem noivos, quando a levou ao piquenique no parque Ballam para conhecer a família. Os filhos dele estavam lá, alguns primos também. George ficava desfilando com ela como se ela fosse um pônei e reclamando de mentirinha com todo mundo sobre Sandra o arrastar para a igreja. Mesmo depois que ela o chamou de lado e disse gentilmente "George, não faz isso, isso vai se voltar contra mim. Fala a verdade. É você que está me perturbando para se casar comigo!". Mas ele continuou falando as mesmas coisas, até ela virar o que restava da bebida e ir para o carro com ele correndo atrás feito um cachorrinho.

"Nunca mais faça isso comigo, George. Nunca mais me insulte. É *você* quem está forçando a barra pra casar. Estou cagando se você quer se casar comigo ou não. Eu não preciso ser casada!", gritou ela, o rosto rosa de raiva, medo e humilhação.

Isso acabou sendo resolvido, mas agora ele estava começando de novo, falando sem parar, constrangendo-a enquanto pretendia o contrário. Ela olha pelo para-brisa, concentrada no caminho para casa, que fica claro e escuro e claro de novo quando eles passam embaixo dos postes e ao lado das luzes dos carros na direção contrária. Claro, ela pensa com um ruído debochado, ele teria que ser meio bizarro para estar com alguém como ela.

Mas é bem mais familiar do que isso. George também ama se olhar no espelho do casamento deles. Lá, ele está jovem de novo. Mas, diferentemente da primeira vez, tem a carreira e a casa e a segurança financeira de uma vida de trabalho anterior. Lá, ele é poderoso, viril, atraente; sua bebedeira é comemorativa, sua saúde está ótima, sua esposa é linda, ela o deseja e ele é merecedor do desejo dela. Portanto, apesar de George saber que Sandra nasceu como menino, que foi pai e abandonou dois filhos, que trabalhou como prostituta por uma década e que sobreviveu a um estupro brutal, ele também deixa de saber cada uma dessas coisas.

O passado dela não apenas deixa de ser mencionado, é totalmente apagado pelas alusões a seus supostos bebês. E embora sua ansiedade seja disparada por esse tipo de comentário, ela também deseja a suspensão de conhecimento que vem disso. Ela pensa que essa é sua melhor chance de vida normal. Embora seja solitário, louco e insustentável, o poder redentor do pensamento mágico também é uma proposta de santuário: um presente que um dá para o outro. "Eu conheci a Sandra. E me apaixonei pela Sandra. E por mim está bom."

Quando aceitou se mudar para a casa de fachada tripla de tijolinhos de George, seus termos foram diretos. "Seus móveis têm que sair. Vou me mudar com os meus móveis e vamos rearrumar o local, vamos mudá-lo", disse Sandra. Ela manda derrubar uma parede para abrir a área da sala e gasta "mais do que a casa vale" com cortinas para o janelão que dá para a rua. Passa horas cuidando do gramado, ajoelhada no jardim.

A senhora da casa ao lado, que no começo não a recebeu bem, acaba cedendo; diz com um sorriso suave que ela transformou a casa, tão sombria e adormecida durante a bebedeira que dominou os anos finais do primeiro casamento de George, em um "lar de verdade".

Esses são os dias em que ela se senta à mesa de café da manhã, onde o sol do fim da tarde bate na fruteira e no banco imaculadamente limpo, folheando o jornal e esperando o som do carro de George; quando ouve o ronronar grave do motor parando lá fora e corre para abrir o portão para ele entrar; quando ela fecha o portão depois que ele entra e corre para beijá-lo, e depois corre para dentro para preparar um uísque antes de eles se sentarem para o jantar que ela preparou. Esses são os dias em que ela dá jantares fartos regulares para os colegas de trabalho dele e para os clientes que ele recebe de outros países. Esses são os dias em que eles não precisam do dinheiro dela, e George pede que ela pare de trabalhar na funerária e vá com ele nas frequentes viagens de trabalho.

Sandra tirou seu primeiro passaporte aos 36 anos, oito meses antes de se casar. Isso exigiu que ela primeiro mudasse o nome na certidão de nascimento para Sandra Anne Vaughan, embora o sexo dissesse (assim como ainda dizia quando a conheci) masculino. O fato de que um passaporte foi emitido para "Sandra Anne Vaughan, F" não pode ser subestimado.

Repetir o processo menos de um ano depois para mudar os documentos para o nome de casada foi trabalhoso. Foi complicado pela falta de consistência em relação ao nome e ao sexo no resto dos documentos de identificação. Também foi complicado pelo fato de que casamento era entendido legalmente como a união de um casal de sexos opostos.* Exigiu contratar um advogado caro que escreveu elaboradamente para o Registro de Nascimentos, Mortes e Casamentos, exibindo a certidão de casamento de Sandra, registrada com sucesso, na esperança de que os burocratas não olhassem com muita atenção a certidão de nascimento que a acompanhava. Mais uma vez, ela se saiu bem.

---

* Apenas a partir de 9 de dezembro de 2017 o casamento de pessoas do mesmo sexo passou a ser legalmente reconhecido em toda a Austrália. [NE]

Ainda assim, fica extremamente nervosa e tímida no primeiro voo para outro país; fica "paranoica", insegura sobre o quanto parece "convincente" para os representantes do governo que carimbam seu passaporte, apavorada com a possibilidade de causar um constrangimento para George. *Esse é o problema de ser colocada em um pedestal*, ela pensa quando eles começam a descer em Hong Kong. *Você fica com medo demais de se mexer pra não cair.*

Nunca há problemas nos aeroportos nem nos hotéis quando eles viajam pela Ásia e Estados Unidos. Mas embora se esforce para ficar à vontade e ser apenas a acompanhante do marido, fica entediada e inquieta, crepitando com energia acumulada.

Ela encontra George no saguão gelado do hotel em Bangkok, quando ele deixa seu martíni para ajudá-la com as sacolas de compras. Ele sinaliza para o garçom: "Mais dois, por favor. Bom homem", e dá total atenção à esposa, abrindo um sorriso úmido para ela com seus lábios grossos. "Vestido novo? Vamos dar uma olhada."

Ela descarta o pedido dele. Inclina-se para a frente, apoia os cotovelos nos joelhos e une as mãos. "Há um limite para o quanto aguento viajar, George", diz ela, suspirando, exasperada. "Há um limite para as compras que aguento fazer, para os almoços." A testa dele está franzida. "Nós temos que comprar um negócio", conclui ela. Sandra está pensando em uma butique, imaginando-se uma dama numa loja.

George se lembra de ter visto um anúncio no jornal antes de eles partirem; a ideia saltitou por sua mente como uma ave atravessando a rua. "Vamos comprar uma loja de material de construção."

"Ah." Sandra fica confusa. Depois, intrigada.

A North Brighton Paint & Hardware, na rua Bay, a área comercial principal em Brighton, se tornaria o ponto inicial de Sandra. Como sócia, ficou imediatamente mergulhada na vida diária de um dos subúrbios mais ricos da Austrália. Apesar de viver na extremidade do bairro vizinho, Brighton era onde ela passava o tempo. Aqueles clientes eram sua comunidade, suas preocupações eram as preocupações dela, seus valores eram os valores dela, a legitimidade deles era a dela.

"Sandra Pankhurst se tornou a pessoa possível. George me fez possível", explica Sandra. "George me tratava como uma princesa, como se eu fosse alguém, alguém a se respeitar, alguém a se tratar bem. Ele me deu crença em mim mesma e força em mim mesma para perceber que eu poderia ter um caminho melhor na vida. Ele estava lá naquela época pra me fazer perceber que eu podia ser o que quisesse."

A diretora executiva da Transgender Victoria, Sally Goldner, uma vez me contou que falou com "uma mulher trans que sobreviveu à cena de rua de St. Kilda nos anos 1970 e que disse que para elas havia duas opções de trabalho: as casas de prostituição e os shows drag. Havia uma limitação de potencial".

Nesse contexto, a ascensão autopromovida da sra. Sandra Anne Vaughan é tão incrível que, apesar da crença de Sandra de que George "a tornou possível", eu preciso ser extremamente cautelosa para não superestimar o impacto do casamento dela. É verdade que a classe média-alta da Austrália do final dos anos 1980 não teria se aberto automaticamente à sra. Vaughan. No entanto, antes mesmo de conhecer George ela já tinha garantido, graças às suas próprias habilidades e ao seu intelecto, um emprego "careta" adequadamente pago e profundamente satisfatório. Se ela não o tivesse conhecido, Sandra teria podido trabalhar na funerária por um longo período e criado um futuro para si mesma. Ou sua natureza inquieta e ambiciosa poderia tê-la empurrado para oportunidades maiores. Mas o impacto *percebido* do casamento dela nas escolhas subsequentes não deixa dúvida: "Eu fui importante pela primeira vez na vida".

Bem-vinda ao mundo, Sandra Pankhurst, Presidente da Câmara de Comércio de North Brighton! Um jornal de outubro de 1992 mostra Sandra vestida para uma festa de rua de Halloween: uma apresentadora de circo com calça listrada de lycra, gravata borboleta e casaca e os braços erguidos com triunfo como Nadia Comaneci. Em recortes, citações e fotos, a Presidente Pankhurst daquele período, com um cartaz na mão, lidera a resistência dos comerciantes locais à expansão dos gigantes varejistas. Ela aparece em bailes beneficentes e eventos promocionais. Lidera o

Comitê Consultor Comunitário da Polícia de Brighton: lança um novo registro para cidadãos idosos que desencoraja o isolamento social; é fotografada em um evento de arrecadação de fundos para a juventude em risco. Em 1996, Oprah Winfrey acaba tendo em mãos o currículo de Sandra quando ela escreve uma proposta exuberante propondo uma série de shows de arrecadação de fundos na Austrália.

A grande decepção é que Oprah não responde, mas, mesmo assim, esses são os anos em que, na maior parte das vezes, o que Sandra quer ser ou fazer só é limitado pela energia dela mesma — que parece ilimitada, só cresce com tudo que ela assume. Dá para ver acontecer nas páginas do *Sandringham-Brighton Advertiser*, do *Bayside Times*, do *Bayside Shopper* e do *Moorabbin Standard*, dentre a propagandas de escolas particulares e armários sob medida.

Desse arquivo local de notícias, Sandra emerge gradual e depois integralmente como de uma crisálida. Sandra é Dona de Pequeno Negócio, depois Líder dos Donos de Pequenos Negócios. Ela é líder, porta-voz, anfitriã, presidente, política, filantropa. Ela é entrevistada, fotografada, citada. Ela é. Ela diz para as pessoas que ser dona da loja de materiais de construção a está ensinando sobre o lado técnico das coisas, "como as coisas funcionam e como se encaixam". Mas o que está realmente aprendendo é como se encaixa bem na Ordem das Coisas.

Sempre é quente em dezembro, mas este ano o calor está insuportável. Ainda assim, ela abre a porta de tela para sair da casa com ar-condicionado e se sentar sozinha no piso fervente dos degraus dos fundos, abanando a blusa úmida de seda para se refrescar. Convencida nas semanas anteriores de que devia estar passando por "uma mudança precoce na vida", ela fica sufocada de calor e tontura e pelo ressentimento crescente com o fato de ninguém nunca a ajudar a cozinhar e limpar.

Sempre tentou fazer com que o Natal cada ano fosse "como a Disneylândia" para George e os filhos dele e os filhos deles, que saem correndo do carro gritando para ela "Vovó!". Ela convida os amigos e primos dele. Nos primeiros anos, passou dias planejando, fazendo compras e cozinhando uma refeição para trinta pessoas.

Mas, nesse ano, algo está diferente; um interruptor foi acionado. Ela está tendo dificuldade de ficar de boca calada sobre o desrespeito exibido por Neil e Anita com ela e o pai deles, cuja cabeça agora surge através da porta.

"Você está bem, amor?", pergunta George, o suor brilhando no lábio superior.

Ela se vira e o encara com severidade. Ele fecha a porta, ajeita o cabelo que não existe mais e espera que ela explique.

"Eles vivem como quem não tem preocupação", sussurra ela, virando a cabeça para olhar para a frente. Eles entram na casa e tiram quadros das paredes, pegam o que querem, e a forma como George lida com isso se tornou um ponto de tensão no casamento. Ela se vira e olha para ele com expressão de aviso. "George, respeito gera respeito. Seus filhos não te respeitam. Você não pode ficar tentando *agradá-los* o tempo todo. Sou sua esposa, você tem que me colocar em primeiro lugar."

"Quer saber?", diz George. "Nós não vamos mais comemorar o Natal nesta casa. Você tem tanto trabalho e eles nem levam os pratos pra pia. Nós não vamos mais fazer isso." Os gritos dos netos brincando com os brinquedos novos na sala chegam lá fora.

Dali em diante, eles viajam todo ano para algum lugar novo, começando pelo lago Como. Isso resolve a tensão imediata das festas, mas não ajuda muito a promover a harmonia familiar.

George é muitas coisas para ela: marido, amigo, amante, sócio de negócios, parceiro de bebida, pai, filho, professor, companheiro, consultor, colega de trabalho, apoiador e, de verdade, um amor da vida, embora não possa ser dito que ele é *o* amor da vida dela, porque esse é Craig. Portanto, embora não tenha planos de deixar George, ela diz para ele com certa regularidade que uma reunião emergencial do comitê foi convocada, que saco, mas que era para ele comer os restos na geladeira e não precisava esperar, não adianta os dois ficarem cansados, não é? E ela vai para a casa do Craig. Em outras ocasiões, Craig vai até lá de moto quando George está na loja de materiais de construção.

Eles estão deitados no sofá no começo de uma tarde quando ela escuta o carro de George parar lá fora.

"Merda", diz ela, saindo do sofá e pegando os sapatos de Craig. "Se esconde! Se esconde!", pede ela, como se a força da voz dela pudesse pegá-lo e guardá-lo no armário com o aspirador e os casacos.

"Não vou me esconder porra nenhuma", diz Craig, sentando-se no sofá e cruzando os braços sobre o peito exposto com despreocupação exagerada. No fim do corredor, uma chave é enfiada na fechadura e a porta da frente se abre. George anda com passos pesados na direção deles a caminho da cozinha. Na mesma hora, Sandra ocupa a porta da sala, os braços esticados para cima, a bunda inclinada para o lado para obter o máximo de cobertura.

"Ah, você chegou cedo, amor", diz ela para George, parado diante dela e de frente, embora não consiga ver, para a nuca de Craig, apoiada no sofá dele. "Eu estava cochilando um pouco antes de fazer as compras." Ela pega o braço dele e o leva gentilmente para a cozinha, onde ele encontra os papéis que tinha se esquecido de levar para a loja de manhã. "O que você quer jantar? Eu estava pensando em um belo bife bourguignon pra acompanhar aquele vinho tinto que você comprou..." Ela mantém os olhos dele grudados nela quando eles voltam pelo mesmo caminho ao longo do corredor. Dá um beijo de despedida nele pela primeira vez em meses, acena, fecha a porta e volta para a sala.

"Me lembre de nunca confiar em você." Craig sorri, deitando-se de novo. "Você mente de forma muito convincente." As mãos dela ainda estão tremendo quando ela serve um uísque.

Marilyn

As rosas em volta da casinha de Marilyn estão há muito sem cuidado, crescendo selvagens e densas em um bairro de gramados bem-cuidados e carros lavados nos fins de semana. Essa é a primeira e única dica que se tem do lado de fora: uma dissonância visual tão leve que poderia não ser nada; uma corda desafinada no instrumento de uma orquestra. E embora muitas das casas que precisam de Sandra proclamem seus problemas — a banheira enferrujada cheia de bolas de boliche no jardim da frente, a porta pendurada nas dobradiças, o cheiro forte de cigarro que lhe acerta na cara como uma tijolada —, também há muitas outras casas em que os sinais são mais sutis. As persianas permanentemente fechadas, a correspondência não recolhida, o carro que não se move; se você começar a prestar atenção, vai reparar que elas estão em todos os lugares. Mas, às vezes, você só vê algumas roseiras grandes demais balançando os dedos longos com espinhos na brisa, como quem diz: você pode chegar até aí, mas não mais perto.

Depois de ligar para Sandra para pedir uma limpeza, Marilyn não atendeu o telefone por algumas semanas nem retornou as numerosas mensagens de Sandra. Mas elas enfim conseguiram se falar e Sandra chegou hoje com três faxineiros.

Sandra está animada esta manhã. Ultimamente, anda preocupada com um soro dermatológico de vitamina C, se seu contrato de trabalho para a polícia será renovado, com a dificuldade que uma amiga está tendo com o filho adolescente, se ela pode ter apneia do sono e como — caso tenha apneia do sono — o aparelho respiratório necessário estragaria o visual do quarto dela, com ter perdido o prazo de inscrição antecipada da Conferência Anual sobre Acúmulo e Esqualidez, como é irritante lidar com as pessoas do VicRoads, que ameaçaram desligar na cara dela se ela continuasse falando palavrões, com um lindo cartão de agradecimento que recebeu de um cliente, e que tipo de psicopata colocou o carpete em seu novo escritório, porque é claramente três tons mais escuro do que deveria ser para a harmonia da sala. Ela é meticulosa nesse aspecto, assim como no trabalho, onde a perspectiva de não completar uma tarefa com perfeição a horroriza mais do que qualquer coisa que ela pudesse encontrar na cena traumática de um de seus locais de trabalho.

"Vivo em busca do sucesso", explicou Sandra uma vez. "Tenho que obter um resultado alto e, se não conseguir, isso faz mais mal pra mim do que ter que lidar com essa merda o dia todo."

Uma vez, perguntei a Sandra sobre o trabalho mais perturbador que ela já fez. "Tem alguns trabalhos que ficam na cabeça", admitiu. "Tipo, teve um cara, por exemplo, depois de uma Melbourne Cup alguns anos atrás. O que o levou ao limite eu não sei, mas foi mais o *jeito* como ele se matou. Foi com podadores de árvore e tijolos. O nível de dor que ele passou foi impressionante. E você olha para o sangue por todo o aposento — ele cortou os dedos dos pés? Cortou o pênis? O que ele fez? E ele também andou pela casa. Quando você chega na escada, apesar de não ter sangue, tem uma sensação de que algo não está certo. E eu não sabia o que era. Então, começamos a levantar o carpete, estava cheio de larvas embaixo. Eu gritei 'Ai, meu pai!'. Fiquei impressionada com a quantidade de larvas embaixo da escada. Isso ficou na minha cabeça. Porque, se eu não tivesse tido aquele sexto sentido, o que mais eu teria deixado ao acaso? E isso teria sido péssimo para o meu nome."

Sandra gosta de me mostrar no celular as fotos de "antes e depois" dos seus trabalhos feitos recentemente. "Isso é em Caulfield. Mofo", explica ela quando estamos paradas do lado de fora da casa da Marilyn. "Isso aqui é o fogão: ratos e camundongos." Ela mostra mais fotos. "Olha o mofo. É surreal, não é?" Ela mostra mais. "Ah, isso foi um suicídio, desculpe."

Ela passa rapidamente por duas fotos de uma poça preta. "Esse é o produto final." Essa ela exibe com orgulho. "Esse é o produto final." Essa ela também exibe com orgulho. "Produto final, produto final, produto final." Cada aposento está meticulosamente limpo, brilhando ao ponto de parecer uma caricatura. "Foram dois dias de trabalho. Acho que ficou muito bom. Ah, eu tenho que mostrar isto, você vai rir", diz ela. "É um cachorrinho com roupa de urso de pelúcia."

A postura de Sandra é de gentileza objetiva quando ela entra pela porta creme da casa. Marilyn não aparenta a idade que tem. Apesar de andar devagar, com a ajuda de um andador no qual está equilibrado um gim com tônica efervescendo na luz da manhã, o rosto dela é liso e seu tom é brincalhão. No entanto, quando você olha melhor, acaba vendo, antes mesmo de registrar que ela tem setenta e poucos anos, que ela não está bem. A pele é tão pálida quanto o cabelo branco que sobe em cachos crespos acima do rosto. Com a barriga redonda, os lábios pálidos e o dedo tremendo no ar enquanto procura uma palavra que esqueceu, Marilyn parece um dente-de-leão cujas sementes estão prestes a voar. Mas ela orienta Sandra e os faxineiros pela cozinha com ordens curtas de alguém acostumada a estar no comando. Quando me diz que foi professora, não fico surpresa.

"Tive que ser internada em uma casa de repouso quando fiquei muito doente", explica Marilyn enquanto Sandra dá tapinhas no ombro dela. "Acabei quase que me tornando parte da equipe", diz, rindo e erguendo uma sobrancelha, "os pobres coitados não sabiam se eram Arthur ou Martha..." Marilyn balança a mão com desdém; suas unhas — assim como as de Sandra — são artificiais e muito longas. Foram pintadas recentemente em um tom forte de roxo.

Trinta anos antes, Marilyn comprou aquela casa para ela e os dois filhos pequenos, que criou sozinha. Era uma mãe solo trabalhadora na época, aposentada agora, e apesar de sofrer de câncer e artrite, não tem planos de partir. Olho pela sala ampla e para a cozinha, onde a porta da geladeira está aberta. Pergunto se está quebrada.

"Não", responde Sandra vivamente no lugar de Marilyn. "Estava cheia demais e ela não tinha força para abrir, então as coisas ficaram meio grudentas lá dentro."

"Há quanto tempo você está tendo problema com a geladeira?", pergunto.

"Umas três semanas, talvez mais", responde Marilyn vagamente.

Começando na porta da frente, o saguão está abarrotado de sacolas plásticas cheias de compras em vários estados de decomposição. Por pelo menos algumas semanas, Marilyn teve energia física e mental para ir até o supermercado, escolher artigos nas prateleiras, conversar trivialidades com o caixa, que consegue alguém para ajudar a botar as sacolas no carro, dirigir até a casa dela, tirar as sacolas do carro e levar até depois da porta de entrada. Mas Marilyn não teve energia para fazer a transferência final das compras do saguão até a cozinha. E mesmo que tivesse conseguido arrumar forças, ela não teria conseguido colocar nada dentro da geladeira, porque já estava cheia de comida podre que ela não teve energia para limpar. Por isso, a equipe de Sandra está agora limpando a geladeira e a cozinha rapidamente, com eficiência e a percussão sem ritmo de talheres e panelas. Em intervalos de minutos, uma das ajudantes leva um saco plástico de lixo através da porta e do gramado, até colocá-lo no trailer preso à traseira da van da STC estacionada na rua.

A vida aqui parece estar menos em crise e mais surrealmente interrompida. A sensação é de que alguém apertou um botão de pausa com as compras esperando para serem guardadas e a chaleira fervendo em uma casa vazia. O problema, então, é mais sutil do que muitos com que Sandra costuma lidar. O leite talhou e as plantas morreram nos aposentos bem decorados com as fotografias emolduradas. Apesar de a casa parecer arrumada, três faxineiros trabalham freneticamente na cozinha, carregando um saco de lixo atrás do outro para o lado de fora. Aquela casa, assim como Marilyn e suas mãos com unhas lindas, não é sua aparência.

Sandra sugere que Marilyn e eu conversemos na sala de estar, o que vai permitir que os faxineiros se movam com liberdade pelo corredor. Marilyn rejeita a sugestão, cita um problema com a altura do sofá e me leva por um corredor escuro até seu quarto. Ela anda devagar, falando: "Quanto mais eu ando, melhor eu ando".

O piso do quarto de Marilyn está sujo, manchado e cheio de correspondência de mala direta. Tem cestos de plástico lotados de papéis, roupas, comida e itens de casa aleatórios que preciso transpor para atravessar o quarto. O cheiro é ruim, mas não sufocante, e nesse sentido é melhor do que quase todas as casas em que Sandra trabalha; há aromas destacados de pele suja, fruta podre, poeira, produtos industriais de limpeza, fezes. A cama de Marilyn está embaixo de camadas variadas de papéis (revistas, guias de televisão, folhetos, documentos, cartas ainda fechadas) nas quais vários itens se alojaram: um pote Tupperware com líquido amarelo que ela explica depois que é de uma lata de pêssego, uma caixa de leite, uma caixa de biscoitos, uma lata de repelente de insetos e uma variedade de outras coisas, inclusive um frasco plástico de creme de leite, cinco caixas de paracetamol, pacotes de chocolate e um kit de presente de sabonete e hidratante ainda fechado. Seus muitos travesseiros não têm fronhas e tanto eles quanto a colcha estão amarelados de sujeira ou velhice.

Nem um pouco preocupada com o estado do quarto, Marilyn segue lentamente em volta da cama e faz sinal para que eu abra a cortina que cobre uma parede, explicando que sempre a deixa fechada. Puxo o tecido laranja pesado e o sol atravessa as gardênias em vasos no jardim e as teias de aranha sobre o vidro sujo até entrar no quarto, onde banha Marilyn, que está tirando os chinelos e subindo na cama. Tem uma pilha grande de sapatos ao lado da cama: sandálias amarelo-limão, tamancos de plástico turquesa, tênis roxos impecáveis. Marilyn se inclina por cima de sua barriga, esforçando-se para puxar o roupão lilás por cima das pernas, e se acomoda como Buda nos travesseiros. Eu me sento de lado na cama perto dela.

Um dos faxineiros entra e começa a limpar as paredes e o chão do banheiro adjacente enquanto Marilyn me conta sobre o câncer que foi diagnosticado em 2014 e como as drogas que lhe deram exacerbaram a artrite e acabaram com o estrogênio, fazendo com que ela passasse por uma coisa parecida com a menopausa pela segunda vez, o que "não foi horrível, mas foi inconveniente e desconfortável". Ela cita as sequelas físicas dessas doenças dolorosas e debilitantes como o motivo de ela precisar da ajuda de Sandra para limpar a casa.

"E aí, no Natal passado, as coisas começaram a seguir ladeira abaixo", diz Marilyn, suspirando. Ela puxa o roupão lilás até o rosto, onde capilares vermelhos se espalham pelas bochechas como fogos de artifício. Seus olhos espiam para o alto, por cima do tecido por um momento; estão muito grandes e redondos e brevemente são os olhos de uma criança.

Marilyn tem dois filhos adultos. Apesar de bem diferentes em personalidade, são ambos inteligentes e ela lista as conquistas deles com orgulho. Mas, da mesma forma, quando fala sobre eles é mais em tom crítico e uma sensação de ter sido ferida: o calor que se nota quando ela fala de faxineiros anteriores não está presente quando fala dos filhos. Embora Marilyn normalmente passe o Natal com o mais novo, a nora e os filhos deles, eles disseram para ela que comemorariam com a família da esposa naquele ano. Isso deixou Marilyn com a sensação de que "não fazia parte de nada". Portanto, ela planejou ir a um restaurante com o filho mais velho que "nunca se casou" e que mora a uma hora e meia de distância. Esse filho planejava passar a manhã de Natal com a namorada e só poderia estar com Marilyn no almoço. Ele só chegou às 14h, e àquela altura Marilyn já estava se sentindo "muito insatisfeita". Marilyn e o filho foram "os últimos a chegar" no restaurante, e apesar de ainda haver uma oferta surpreendentemente abundante de pratos quentes e frios, "o estrago já tinha sido feito".

Para entender a natureza e a extensão desse estrago, também é preciso entender várias outras coisas. Primeiro, Marilyn dedica um aposento da casa a acessórios de Natal, e lá ela guarda muitos rolos de papel de presente com tema natalino, tapetes com tema natalino, vários kits de luzes de Natal, pelo menos uma árvore de Natal artificial e "muitos Papais Noéis", inclusive um que tem "tamanho real, mas com uma roupa linda".

Segundo, dentre os vários doces apodrecendo na cama dela naquela manhã, há uma cesta feita de chocolate, que ela comprou para si mesma há pouco tempo porque era uma coisa que seus pais compravam para ela na Darrell Lea em todos os Natais da sua infância. Apesar de o gosto ainda ser o mesmo, ela lamenta o fato de que eram "bem maiores" e vinham com um pintinho dentro — inexplicavelmente excluído da versão moderna.

E é preciso entender que, fora os dois meninos que ela criou sozinha depois que o marido foi embora com a namorada quando eles ainda eram pequenos, Marilyn está sozinha nesta pedra flutuando no espaço.

Assim, as horas passadas sozinha, a partir da véspera de Natal até as 14h do Natal no ano em que ela foi diagnosticada com câncer, foram não só longas, mas totalmente agonizantes.

"A partir disso, eu só piorei com a depressão, a minha artrite piorou e uns três meses atrás cheguei ao fundo do poço", diz Marilyn, brincando com um coçador de costas de madeira que ela tirou de debaixo de uma pilha de revistas ao seu lado. No banheiro adjacente da suíte de Marilyn, onde a faxineira está trabalhando, tem uma pilha alta de garrafas de água tônica e caixas de vinho que vai do chão até a altura da pia rosa. Na bancada, perto da escova de dentes e do talco Crabtree & Evelyn, tem um pote de picles e dois de macarrão instantâneo com garfos prateados enfiados em ângulos estranhos. A faxineira está inclinada, botando lixo em um saco.

"Eu só queria ir pra cama e ficar na cama. Não queria me levantar. Não tinha motivo pra sair da cama. Sempre tive bichos de estimação, mas não naquele estágio. Sabia que não era hora de ter um gatinho novo. Novembro é a época de procurar um gatinho. Não só isso, eu questionava se era capaz de cuidar de alguma coisa. Fiquei tão deprimida. Fui ao meu médico e ele dobrou minha medicação antidepressiva e meu anti-inflamatório da artrite porque eu estava com muita dor."

Pergunto a Marilyn se ela contou aos filhos sobre a depressão. Ela diz que não.

"Não quero que se preocupem. Uso a palavra 'incomodar', mas eles não me incomodam. Quando perco o controle das coisas, não deixo ninguém entrar. Eu só não queria fazer nada. Perdi o interesse e o entusiasmo. Algumas vezes, eu dormia o dia e a noite toda. Escondia o telefone pra que não me acordasse. Dá pra ver as revistas que eu não li. Eu não tinha concentração, não tinha entusiasmo. Só me levantava pra tomar mais um comprimido pra dormir."

Olho para os arquivos vazios na ponta da mesa e para uma caixa de pastas cuidadosamente etiquetada dos anos 1990 no chão. Fico imaginando quantas vezes a casa caiu nesse estado de negligência, se foi uma luta ao longo da vida ou um fenômeno recente. "Quando você diria que ficou mais difícil ser organizada?", pergunto.

"Foi piorando aos poucos, até chegar ao ponto em que eu não queria fazer nada, nada mesmo, só ficar na cama o dia inteiro", responde ela.

Durante esse período, como eles costumavam fazer, Marilyn falava com os filhos ao telefone pelo menos uma ou duas vezes por semana. "Normalmente sobre o que eles estão fazendo, o que eu estou fazendo e, se não estou fazendo nada, só digo 'Está frio demais pra sair hoje', o que não é mentira. Este inverno está horrível."

Sandra entra no quarto com um sorriso e para com as mãos nos quadris, avaliando o que precisa ser feito enquanto luta para recuperar o fôlego da caminhada pelo corredor.

"Seus filhos sabem que Sandra veio ajudar hoje?", pergunto.

"Hoje, não. Souberam da última vez, que foi pouco depois que fui diagnosticada com câncer", responde Marilyn.

"Isso mesmo, é verdade, e seu cachorro tinha acabado de morrer; o amor da sua vida", diz Sandra com gentileza. Marilyn queria receber o filho mais velho para poder dar a notícia sobre o câncer.

"Eu falei 'Não posso deixar que ele entre porque esta casa está uma bagunça'", explica Marilyn. "Eu não tinha ajuda havia uns doze meses e estava começando a não conseguir fazer as coisas que eu queria. Não queria deixar meu filho entrar porque ele sempre ameaçou que, se eu não conseguir me cuidar..."

"Ela vai pra um asilo", conclui Sandra.

"Então Sandra veio com a equipe passar um dia, uma sexta, e eles limparam tudo", diz Marilyn. "E eu recebi meu filho no domingo." Essa limpeza envolveu remover do piso 30 centímetros de lixo e matéria fecal acumulada do cachorro que já tinha morrido. Pergunto a Marilyn se ela teve depressão depois que o marido a abandonou com os dois filhos.

"Não me lembro de ficar deprimida na época. Foi uma reviravolta tão grande na minha vida que eu precisei seguir em frente", diz ela.

Sandra vai verificar como está o progresso na cozinha. Quando Marilyn fala, seus olhos parecem reajustar o ponto focal, como se às vezes ela olhasse somente para fora. Quando seus olhos ficam fora de foco, o rosto também fica; a boca fica frouxa, o queixo também, as sobrancelhas ficam baixas e a respiração fica mais lenta. Há um leve atraso na fala, como se ela estivesse lutando para ouvir ou para respirar fundo e poder responder. Isso faz com que pareça bem mais velha.

Outra coisa que reparo em Marilyn é a inteligência, inegável pelo alcance da sua janela de referência, pelo tamanho do vocabulário e pela arquitetura das frases. Marilyn é rápida, é divertida; no auge de seus poderes, devia ser absurdamente intimidante, e, pela maior parte da vida, deve ter sido a pessoa mais inteligente na sala. Tem uma autoridade tão natural que demoro para perceber que Marilyn é uma narradora não confiável.

Não é possível avaliar o quanto do estado da casa de Marilyn tem a ver com sua doença física atual e a depressão relacionada e o quanto pode ser devido a um tipo de doença mental mais profunda. Embora suas explicações sejam circunstanciais, também há fortes indícios de acúmulo, esqualidez severa, alcoolismo. Marilyn está bem nessa área cinzenta. Mas, no fim das contas, que importância tem? Dor é dor.

"Estou um pouco sem ar hoje", comenta Sandra, voltando para o quarto, sorrindo enquanto inspira violentamente, o peito bombeando rápido como um peixe no fundo de um barco.

"Não vá trabalhar demais", avisa Marilyn, balançando os dedos para Sandra da cama. A parte de baixo das unhas está cinza de sujeira. "Não quero ter que te pegar no chão."

"Ah, Deus, me deixa lá, amor!", diz Sandra, dispensando a preocupação. Ela empurra para o lado uma pirâmide de correspondência fechada no canto da cama e se senta ao lado de Marilyn. Pega dois travesseiros embaixo do lixo na cama, os dois visivelmente sujos, aperta cada um como acordeões, os joga de encontro à cabeceira e se reclina neles, cruzando as longas pernas sobre a lateral da cama.

"Ela está melhor do que eu", afirma Marilyn para mim.

"Cheia de Botox e preenchimento", fala Sandra com um suspiro teatral, pegando distraidamente um envelope lacrado no alto da pilha que mudou de lugar, apertando os olhos para ler o remetente e usando uma unha comprida pintada de francesinha como abridor de cartas. Tira uma conta de telefone de dois anos atrás, coloca-a na cama ao seu lado e joga o envelope em um saco de lixo vazio perto dos pés.

"Pensa na Jane Fonda", diz Marilyn solenemente.

"Ela está muito linda, não está?" Sandra inspira com reverência. "Acho que ela tem 78."

"E veja Joan Collins", continua Marilyn.

"Ela é plástico em cima de plástico. A gente podia até chamar de Miss Tupperware", diz Sandra, puxando outra conta e juntando à anterior.

"Se ela fizesse mais um *lifting* facial, acabaria ficando com barba", observa Marilyn.

"Ou falaria pelo cu", acrescenta Sandra, rindo. Sandra é a rainha das frases de efeito. Uma vez, ela me disse: "Eu sempre achei que tinha que ser o bobo da corte. Deve ser uma ilusão ou uma máscara que uso pra ser aceita por todos, pra me mascarar e ficar à vontade com as pessoas".

Outra conta entra na pilha, outro envelope é rapidamente enfiado no saco. E assim por diante. Esse é o temperamento gentil de Sandra: a limpeza que ela está supervisionando e ao mesmo tempo executando parece completamente sem protocolos. Tudo que está fazendo parece casual devido ao momento dela com Marilyn. Qualquer um que observasse a cena só veria duas amigas, totalmente à vontade, batendo um papo. Não saberia que Sandra calculou um momento preciso no qual vai limpar o quarto ao redor de Marilyn; que ela sabe intuitivamente até onde pode forçar Marilyn a jogar fora o que está quebrado, é inútil, está podre ou infestado; que está de olho na funcionária desinfetando as superfícies manchadas do banheiro; e que está ciente do quanto os outros dois faxineiros estão progredindo na cozinha.

Enquanto inspeciona outro envelope fechado, o dom de Sandra é parecer que só está mantendo as mãos ocupadas, da mesma forma como alguém poderia arrancar o rótulo de uma garrafa de cerveja em uma tarde preguiçosa de domingo no bar com amigos, quando ela está, na verdade, atravessando com sabedoria um campo minado emocional logisticamente complexo. Em seu momento mais eficiente, vai parecer que Sandra esqueceu que está trabalhando. E isso porque uma parte dela esqueceu mesmo.

"Você tem conta de telefone pra pagar? Qual é a data disto?", comenta Sandra, erguendo uma folha de papel, alarmada.

"Não, está tudo no débito automático", responde Marilyn, descartando o papel.

"Tudo bem. Já que estou sentada aqui, vou colocar esses jornais no lixo", diz Sandra em tom leve, indicando uma das várias pilhas de revistas de fofoca que ocupam a cama.

"Espere, eu já li aquele?", pergunta Marilyn, apontando para uma das capas.

"Escolha o que você já leu", sugere Sandra, selecionando uma revista e olhando a capa. "E essa Jen? Finalmente se casou. E teve gêmeos", diz ela, impressionada. Nos minutos seguintes, Marilyn especifica que revistas podem ou não ir para reciclagem. Debaixo de uma das pilhas de revistas recolhidas, Sandra encontra uma caneta *stylus* em miniatura e comenta com Marilyn que é a mesma que ela usa no celular. Marilyn explica que não gosta de usar, mas tem dificuldade de usar o celular sem aquilo.

"Quando as unhas são compridas demais, não dá pra apertar a tela direito", digo.

"É impossível ter unhas *compridas demais*", observa Sandra, e eu a venero. "Olha, isso é um recibo velho de alguma coisa que você comprou em uma loja de materiais elétricos..."

O celular de Sandra toca. "Bom dia, Sandra falando. Oi Jesse, tudo bem? Tentei te ligar de manhã para falar da casa da rua Dean... está alagada, a madeira estufou toda e vai ter que ser retirada. Tem que ser dedetizada por causa das baratas e é melhor você chamar a Housing pra fazer isso porque eles cobram menos do que eu, porque o Prozac — pode ser que eu precise de Prozac —, Propest, é, eles têm o contrato do governo e conseguem fazer bem mais barato... Sim, tem uns buracos enormes nas paredes... Isso, porque a garota que morava lá, nós cuidamos dela várias vezes, acho que ela é paciente do departamento psiquiátrico... Não sei se a cama foi danificada... Tudo bem, vou trabalhar nisso à noite e falo com você amanhã. Está bem, querida... Obrigada, tchau."

Sandra abre uma revista de televisão de 2012 com Ronn Moss na capa. "É isso. E o vento levou. Ridge já era", suspira ela, refletindo sobre o rosto dele. "Eu vejo *The Bold and the Beautiful* todos os dias."

"Eu também", diz Marilyn.

Para Sandra, assistir a *The Bold and the Beautiful* é um ato de higiene mental que oferece o tipo de descanso que outros podem ter com férias ou caminhadas ou respirando fundo. Ela pega outra revista e lê a manchete em voz alta: "*Amor na sala de reuniões*... Ah!". Ela espia as páginas, se perde momentaneamente e também a joga no lixo.

"Tome cuidado com o que joga aí", avisa Marilyn.

"Pode deixar", promete Sandra.

"Porque tem meu testamento aqui", diz Marilyn.

"Ah, que bom, vou mudar tudo e botar meu nome, que tal?" Sandra sorri e aperta os olhos para ler as letras pequenas no recibo. "Aqui tem... *Como visto na televisão... pura seda... a túnica decorada aberta nos ombros da Kelly's Kloset...* Porra!"

"Dá uma olhada!", exclama Marilyn com orgulho, apontando para o closet em frente à cama.

"É um dos Katherine Kelly Lang? Ah, sua *vaca*", fala Sandra, correndo até lá enquanto me explica que, além de fazer o papel de Brooke em *The Bold and the Beautiful*, a sra. Lang tem uma grife própria de túnicas. Junto ao som de cabides sendo movidos, a voz abafada de Sandra exclama: "Caramba, você tem duas!". Sandra aparece na porta segurando duas túnicas. "São lindas e ficariam maravilhosas no seu corpo", reflete ela, avaliando a seda da cor de pedras preciosas entre os dedos.

"Isso foi de quando eu estava me sentindo bem na primavera", diz Marilyn, indicando as peças de roupa.

Sandra coloca as roupas no lugar e se acomoda de volta na cama, onde começa a investigar uma pilha de documentos. "Isso é dos advogados; é seu testamento, por acaso?", pergunta Sandra, mostrando os papéis.

"Sim, são esses os documentos que eu quero", responde Marilyn. Um canto da cama foi esvaziado agora e tem percevejos minúsculos saltitando no tecido.

"Tem insetos na sua cama", comenta Sandra com simplicidade.

"Eles não fazem nada", responde Marilyn e se vira para a pilha de correspondência que Sandra preparou para ela olhar. "Tem correspondência aqui que eu nem abri."

Ao abrir mais espaço na cama, Sandra encontra outra túnica de seda esmagada em cima da colcha. Tenta esticar o amassado com a palma da mão, encontra o cinto, pendura em um cabide e a coloca de volta no closet.

"Tem vazamento no seu teto?", pergunta Sandra com preocupação ao sair do closet, apontando para uma mancha da cor de chá no teto ao lado de um ventilador com uma peruca cinza de poeira pendurada em cada pá. "Acho que tem uma telha rachada e tem água passando."

"Não, está do mesmo tamanho há uns três anos."

"Tudo bem. Melhor eu limpar esse ventilador, está meio sujo", diz Sandra. Ela leva um cesto de roupas para a cama e começa a avaliar o conteúdo. Pergunto a Marilyn o que ela gosta de ler.

"*The Six Wives of Henry VIII* [*As Seis Esposas de Henrique VIII*] — eu sou meio especialista em Henrique VIII", confessa ela. "*Elizabeth I*... Isso tudo me fascina. Eu era leitora ávida e tenho *A Casa Soturna*, de Charles Dickens, que é grosso assim", diz, fazendo um gesto com os dedos de pontas roxas enquanto assente para a mesa de cabeceira na qual há livros, grossos ou não, dentre os vários aromatizadores de ambiente e despertadores velhos e novos.

"E televisão?", pergunto, indicando a tela enorme em frente à cama.

"Ah, sim", concorda Marilyn com um certo entusiasmo. "Adoro minha televisão."

"Você não estava vendo *Last Tango in Halifax* [*O Último Tango em Halifax*]?", pergunta Sandra, erguendo o rosto de um cesto.

"Não. Eu vi *O Último Tango em Paris* e achei que seria um pouco parecido", fala Marilyn com decepção.

"Na verdade, é bem interessante", responde Sandra. Além de assistir regularmente a uma variedade de programas de televisão, ela lê os jornais todos os dias, os estaduais e municipais, e também gosta de revistas sobre cozinha e decoração. Diz que não é "uma leitora de livros, mas, se fosse, penderia para o lado das biografias". "Amo a história de Packer; amo Bondy; gosto de Gina Rinehart. Gosto de como essas pessoas pensam e como chegaram ao sucesso", ela me contou uma vez.

Marilyn faz sinal para o banheiro e diz: "Quando a geladeira estiver limpa, tem uns potes para guardar lá". Sandra assente e pede permissão para jogar fora alguns alimentos da cama.

A permissão é negada. "Não. São todas coisas que comprei no supermercado hoje", responde Marilyn. Parece improvável, mas não impossível. Sandra aceita e segue em frente.

Perguntei uma vez a Sandra o quanto o trabalho exigia de seu corpo. "Eu chego exausta depois de um dia trabalhando com acumuladores, fico *completamente* acabada", respondeu ela. "Porque tem negociação constante pra fazer com que eles concordem, mas tentando fazer parecer que a ideia é deles e não minha. É preciso ser muito manipuladora."

"Então são as pessoas vivas que dão mais trabalho?", perguntei.

"Ah, na mosca. Prefiro um cadáver a qualquer momento."

Um pássaro canta do lado de fora da janela. Um faxineiro da cozinha entra e faz uma pergunta para Sandra em voz baixa. "Estamos chegando lá devagar", explica Sandra, assentindo e voltando a atenção para os papéis na cama. "Só quero ter certeza de que não tem nada aí, mas acho que são só cartas de mala direta", diz ela, modelando a pilha em forma de tijolo e dando uma olhada. "Cartas padrão... ações urgentes, acionistas, dividendos de pagamento... Você precisa disso?"

"Preciso", responde Marilyn e pega outro folheto. "Conversas da comunidade... foco em saúde mental. Sou eu!" Ela sorri.

"Sim, eu também, estou na fila", responde Sandra com ironia. Ela pega uma tampa de plástico cinza na cama.

"Isso é do meu NutriBullet, não pode ir na lava-louça", instrui Marilyn majestosamente.

"Estão fazendo tudo à mão na cozinha", garante Sandra.

Marilyn encontra uma carta de um grupo social de "empresários profissionais" que ela frequentava regularmente. "No momento, interrompi minha participação porque para ir e ficar em um salão de igreja gelado...", explica ela. "Quando o tempo esquentar, vou dar um jeito de me tirar dessa situação. Nós sempre fazemos o Natal em julho."

"Olha a viciada em Natal falando", diz Sandra.

"Eu sou louca pelo Natal", admite Marilyn.

"Este ano o objetivo dela é trazer a família toda no Natal porque ela perdeu o último", explica Sandra com leveza. "Sim, esse é o objetivo dela.

Estamos criando objetivos que nos motivem a seguir em frente." Regra de Pankhurst: objetivos pequenos e alcançáveis.

"Mesmo que a gente não almoce aqui ou mesmo que cada um traga alguma coisa", acrescenta Marilyn, e me manda dar uma boa olhada no quarto de Natal. Esse é o outro quarto, no qual é impossível andar por causa da quantidade de coisas guardadas lá. Embora seja verdade que as decorações e os vários rolos de papel de presente estejam visíveis da porta, o Natal não é tão identificável como tema principal. Há pilhas de eletrodomésticos, eletrônicos, produtos para animais de estimação e caixas de papel umas em cima das outras, cobrindo totalmente o chão e criando uma situação pantanosa que chega até a metade das paredes.

"Não é uma extravagância de Natal?", observa Sandra com animação quando volto. Não consigo perceber se ela quer agradar Marilyn ou se, de seu ponto de vista mais amplo, viu mais do que consegui. Ela se aproxima do lado da cama onde Marilyn está e transfere um saco plástico grande cheio de bijuterias de contas coloridas do chão para uma prateleira do armário. Pega uma sacola de compras rosa atrás de uma das cortinas, tira dela uma caixinha de papelão e limpa bruscamente uma camada de poeira da tampa, que cai no meu cabelo.

"É minha querida cachorrinha. Jojo", explica Marilyn.

"Ah, as cinzas da Jojo." Sandra assente.

"Não sei onde botar, mas quero guardar. Essas cinzas serão cremadas comigo", diz Marilyn, ajeitando o roupão sobre as pernas.

"Sim, meus dois cachorros estão no meu quarto", diz Sandra, se referindo a Mr. Sparkles (1º de janeiro de 1995 — 17 de junho de 2010) e Miss Tilly (5 de setembro de 2000 — 9 de fevereiro de 2011), descansando agora em lindas caixas de madeira com placas de metal com seus nomes em uma prateleira em frente à cama. Ela faz uma pausa para pensar. "Vou colocar atrás da televisão, pra ficarem no quarto com você."

"Ah, ótimo."

"O que temos aqui?", pergunta Sandra, espiando em outra sacola grande de papel e tirando mais uma caixa de papelão. "Presentes de Natal, é?"

"É minha gata. O nome dela era Aurelia", fala Marilyn. E então, ao observar melhor: "Ah, não... é um vaso".

Sandra tira essa e abre uma terceira caixa de papelão.

"Ah, aqui estamos, Aurelia!", exclama ela. "Vou botar os dois animaizinhos juntos."

"Obrigada", agradece Marilyn. "Era uma gata linda. Dormia comigo todas as noites." Sandra começa a tossir por causa da poeira. A faxineira sai do banheiro com um saco enorme de lixo. "Não tente levantar isso", avisa Marilyn a Sandra.

"Não vou", promete Sandra enquanto a faxineira empurra o saco para o corredor. Sandra começa a mexer em outro cesto de plástico lotado que está no chão e Marilyn a instrui a guardar alguns calendários de parede lacrados de anos anteriores e um acessório quebrado de mangueira de jardim. A faxineira volta e pergunta a Sandra se o outro banheiro precisa de limpeza.

"Não, tudo bem. Só este é usado e são só, claro... os... acidentes... aqui, então use Amsolve pra limpar", diz ela, se referindo ao removedor de manchas industrial divulgado pelo marketing da empresa como capaz de eliminar igualmente *manchas de carpete provocadas por suco de laranja, refrigerantes, vinho, sangue e alimentos à base de proteína, como leite, ovo, sorvete e chocolate*. Também remove fezes, sendo que há uma quantidade significativa sujando o piso do banheiro.

Marilyn faz um sinal vigoroso para a faxineira lhe entregar um saco plástico cheio de maçãs e laranjas se decompondo, extraído do banheiro. "Obrigada, meu amor", diz Marilyn com doçura quando a faxineira lhe entrega o saco. "Vou jogar isso lá fora para os meus gambás." Ela olha dentro do saco com aprovação e o pendura no cabo do andador. O cheiro é nauseante.

"Você tem sacos e mais sacos de papéis aqui", afirma Sandra, olhando ao redor com as mãos nos quadris. "Nós vamos ter que separar tudo e não guardar só por guardar. Vamos olhar tudo e ver o que é pra guardar e o que não é."

"Tudo bem", concorda Marilyn.

"Vamos começar com esta pilha", diz Sandra. Ela tira uma folha do alto. "Isso é do seu advogado e as coisas do advogado têm que ficar, não é?"

"É."

"Tudo bem." Essa folha é colocada de lado e outra é erguida. "Do banco?", pergunta Sandra, mostrando um extrato.

"Sim."

Sandra pega uma conta de água. "Isto?"

"Não sei, qual é a data?", pergunta Marilyn.

"São todas de 2012, não servem pra nada. Estou achando que a maior parte disso está velha", fala Sandra, remexendo na pilha.

"Joga fora", pede Marilyn.

"Isso, vão embora!", declara Sandra, e joga a pilha em um saco de lixo e o puxa rapidamente para o corredor antes que Marilyn mude de ideia. "E o vento levou", diz ela, voltando. A faxineira sai do banheiro com um enorme frasco plástico de suco de laranja que Marilyn e Sandra confirmam que tem que ser jogado fora. Eu pergunto se Marilyn gosta de morar sozinha.

"Sim, sou bem feliz comigo mesma", responde ela.

"Você já quis se casar de novo?", digo.

"Não tive tempo pra isso", responde Marilyn rapidamente. "Mas eu não queria. Gato escaldado..."

"Sabe, eu gosto de morar sozinha", concorda Sandra. "Não suportaria ter que cozinhar ou limpar ou fazer as coisas pra ninguém. Existe uma independência quando você mora sozinha. Pode cagar na cama se quiser ou pode se acabar de diversão!" Ela coloca algumas sacolas reutilizáveis em uma pilha grande e fofa e assente para a faxineira, que saiu do banheiro com mais dois sacos abarrotados. "Qual é a próxima coisa da sua agenda? O que você vai fazer até o Natal? Qual é seu próximo objetivo?"

"Quando os dias esquentarem, vou andar pelo quarteirão, aos poucos", diz Marilyn.

"Aos poucos, devagar." Sandra assente.

Pergunto a Marilyn se ela se sente bem indo sozinha de carro para o supermercado ou à manicure.

"Me sinto ótima", diz Marilyn. "Mas estou indo um pouco mais devagar."

"É o medo, quando você sente que não consegue mais dirigir, de que você perca totalmente a independência, e isso seria bizarro", se compadece Sandra, tocando no grande temor de Marilyn, que também é o dela.

Pergunto a Marilyn se ela está começando a se sentir de novo como era antes.

"Sim, e sei que vou me sentir ainda melhor amanhã porque Sandra veio aqui", responde ela. Apesar de remexer nos aposentos e de ver que muitas das camadas são anteriores ao diagnóstico de câncer de Marilyn, Sandra permanece fiel à visão de que a situação foi causada pela saúde física fragilizada recentemente.

"Temos que mudar a forma como cuidamos dos idosos que trabalharam a vida toda", diz Sandra enquanto remexe em outro cesto. "Acho que as pessoas que trabalharam e pagaram impostos a vida toda deveriam estar recebendo algum tipo de benefício do governo, tipo que alguém venha, dê uma olhada neles e veja se têm tudo de que precisam."

Enquanto a família de Sandra se resume à cunhada, que mora em outro estado e que ela vê raramente, Marilyn tem dois filhos adultos. Só que o relacionamento de Marilyn com os filhos é tal que aquele nível de imundície e acúmulo, em pelo menos duas ocasiões, foi crescendo aos poucos, como uma cadeia montanhosa, sem o conhecimento deles. Ela pode ficar na cama por uma semana ou mais sem que saibam. Um serviço telefônico liga para ela todas as manhãs entre as 8h e as 8h30 para verificar se está viva. ("Meu filho que providenciou isso para mim.")

Não sei o que houve naquela casa nos últimos trinta anos. Não sei quando Marilyn começou a beber. Apesar de Marilyn assumir o controle de seu isolamento dando um toque protetor ao fato, sei que a desconexão nessa escala tem grandes antecedentes, que passa por uma metástase ao longo do tempo. Talvez não seja surpresa os filhos dela a visitarem tão pouco; a surpresa pode ser que eles ainda sejam presentes. Mas em relação à pergunta de se Marilyn foi abandonada com ou sem justificativa — e o verdadeiro significado dos sacos plásticos brancos cobrindo o saguão como túmulos sem marcas —, a resolução mais satisfatória pode estar na falta de interesse de Sandra nas respostas.

"Agora me diga, quanto tempo você vai ficar aqui?", pergunta ela, acrescentando algumas cartas à pilha que Marilyn prometeu olhar mais tarde. "O tempo que puder?"

"O tempo que eu puder", concorda Marilyn.

"O que faria você se mudar?"

"Um AVC, mas mesmo assim eu sairia gritando pela porta."

"Você consideraria uma daquelas comunidades para aposentados?", pergunta Sandra.

"Sim, se eu sentir que não estou dando conta."

"Você teria que reduzir suas coisas."

"Mas como escolho aquilo de que não preciso?", indaga Marilyn. E, apesar do peso da pergunta, que é o peso do mundo, Sandra é pragmática, como sempre.

"Bom, de quantas suítes você precisa? Você ainda teria um quarto de hóspedes, mas suas decorações de Natal não teriam onde ficar..." Sandra examina uma fotocópia de um registro oficial. "The Australian Imperial Horse...", lê ela.

"Esse era meu tio-avô. Eu achava que ele tinha morrido em Galípoli. Mas, na verdade, ele foi morto no front ocidental depois que eles saíram de Galípoli", explica Marilyn. Ela também menciona que o pai lutou na Segunda Guerra Mundial.

"Ele sobreviveu?", pergunta Sandra.

"Sim, mas sem um dos dedões do pé. Deixou um barril de petróleo cair em cima e acabou no hospital Alice Springs por seis meses", responde Marilyn.

A faxineira se junta a nós, vinda do banheiro. "O avô do meu marido foi igual. Cortou três dedos quando voltou. Não é engraçado? Eles vão pra guerra e só acontece alguma coisa quando voltam pra casa."

Penso nos anos de Marilyn como mãe solo que trabalha fora e cria dois filhos sozinha. No ritmo implacável e na resistência dela, e no que acabou acontecendo quando a pressão aliviou. Pergunto a Marilyn se teve uma infância feliz, e ela diz que sim. "Nós não éramos muito ricos, mas não sabíamos a diferença", explica.

Sandra assente, concordando. "Nós éramos bem mais parecidos naqueles tempos. Não havia gente muito rica e, se havia, a gente não sabia porque não havia a presença da mídia que tem agora. Todo mundo era igual."

"Nossa cidade tinha *um* carro", relembra Marilyn.

"Ainda tinha carroça de bosta naquela época porque a gente não tinha sistema de esgoto", acrescenta Sandra. "É daí que vem aquela antiga frase: achatado feito o chapéu de um carroceiro de merda."

"Acho que o nosso carregava nas costas", reflete Marilyn. "O padeiro fazia entregas diárias. O leiteiro vinha de madrugada e deixávamos as garrafas e o dinheiro na porta de casa."

Sandra assente. "A gente não tinha geladeira. Tudo ficava na salmoura ou no guarda-comida."

"Não, nós tínhamos uma caixa de gelo", diz Marilyn.

"Ah, então vocês eram ricos", brinca Sandra enquanto estica as pernas na cama, se vira para se deitar de lado e apoia a cabeça na mão como se estivesse em uma festa do pijama.

"Nós tínhamos um homenzinho asiático que vinha com uma carroça puxada por um cavalo. Ele vendia frutas e legumes", explica Marilyn. "De vez em quando, conseguia um potinho de gengibre da China e dava para a minha mãe. Ela achava maravilhoso."

"As coisas simples da vida", murmura Sandra com uma voz estranha e suave, olhando com expressão sonhadora para o teto, voltando no tempo. Mas enquanto Marilyn está participando de uma lembrança compartilhada pelas duas mulheres de idades similares, Sandra só está pegando o calor das lembranças de outra pessoa e sentindo sua suavidade por alguns momentos, como os vestidos caros de seda no armário. Na idade em que Marilyn estava olhando com curiosidade para um pote de gengibre chinês, Sandra estava roubando comida e lutando para abrir a lata enquanto seus dentes apodreciam. Mas a diferença de idade, a diferença geográfica, a diferença econômica e a diferença emocional somem perante a destreza social de Sandra, e isso não é um truque, é um desejo.

"Mas isso é só bate-papo", diz Marilyn, e o feitiço se quebra. "Como estão minhas roupas? As que quero que sejam buscadas?"

"Ainda não chegamos lá", responde Sandra. "Estamos limpando a outra geladeira. Pensamos que era melhor cuidar logo das duas geladeiras, pra você poder começar do zero."

"Tudo bem, você que manda", concorda Marilyn. "Estou planejando te chamar de novo."

Sandra vai olhar a cozinha. Eu me levanto por um momento, estico as pernas e me ajeito na pequena clareira na cama. A pilha de revistas e caixas de comida que empurrei para o lado para abrir espaço se move e cai, revelando insetos que parecem centopeias andando pela colcha. Sandra volta. "Nós separamos todas as compras", diz ela, se referindo às sacolas perto da porta de entrada. "Muita coisa tinha passado da data de validade e demos fim a elas."

"Sinto como se as coisas não estivessem repugnantes e fora de controle e além da minha capacidade de resolver. Só preciso estar determinada a nunca mais deixar acontecer", diz Marilyn.

E apesar de sabermos que essa não é a solução para o problema, eu me pergunto se receber Sandra hoje é um sinal de que Marilyn está fora de controle ou um sinal de que talvez ainda esteja bem no controle: vivendo a vida do jeitinho que ela quer — comendo picles no banheiro e tomando gim de manhã, vendo televisão na cama e chamando Sandra para limpar quando a sujeira passa dos limites; no controle até da perda de controle. Não sei.

"Qual foi a reação dos seus filhos quando você contou sobre seu diagnóstico ano passado?", pergunto.

"O mais novo ficou muito abalado. Eu contei pelo telefone. O mais velho... depois que Sandra veio aqui da primeira vez, eu o recebi, em vez de ir até a casa dele. Eu falei: 'Olha, infelizmente tenho más notícias pra você. Fui diagnosticada com câncer'. A reação imediata dele foi 'Nós vamos vencer isso juntos, mãe'."

Penso nos olhos de Marilyn saindo de foco enquanto ela dirige até o supermercado, quando ela guia o carrinho de compras pelos corredores iluminados, segurando o apoio de mãos como se fosse o andador. Ela supervisiona o funcionário que leva as sacolas brancas de plástico até o carro, dirige com cuidado até em casa, carrega as sacolas para dentro e as deixa junto à porta, apodrecendo. Penso no ruído seco da tampa do tranquilizante quando você o tira de um frasco quase vazio, no amargo que deixa na língua ao ser engolido rapidamente sem água. Penso em como um corpo com câncer se mantém tendo álcool e açúcar como combustível. Em um telefone tocando e tocando e na voz de Marilyn dizendo que está frio demais para sair de casa. Nas mariposas que levantam voo feito as cinzas de uma brasa quando a colcha é arrumada. Na sensação estranha de rolar por cima de uma lata de inseticida; se esse desconforto é uma coisa que você pode tentar ignorar, igual uma bexiga cheia na noite fria. Penso em Marilyn se fechando nela mesma e se obrigando a dormir enquanto o céu fica roxo, a claridade some e escurece de novo.

Sandra recebe uma ligação e anuncia que tem que sair para fazer o orçamento de outro trabalho. Avisa que volta logo para ver se tudo foi concluído corretamente. Marilyn assente e se despede. Levanta-se da cama e me leva até a porta, andando devagar pelo corredor, ladeado por fotos de seus antecessores — seu bisavô de camisa de manga curta, os pais no dia do casamento.

Procuro em vão uma foto de Marilyn no auge da vida; uma guerreira de língua de ferro com roupas de seda e contas. Mas uma foto dessas seria só mais uma prova, assim como os rostos que olham daquelas paredes ou os animais de estimação nas caixas funerárias, que a diferença impressionante entre o que já fomos e o que somos agora, às vezes, é tão verdadeira quanto falsa. Saio pelo caminho da frente, passo pelo trailer da STC cheio de lixo e pelas rosas — coloridas, imóveis, debaixo do emaranhado de folhas e espinhos.

Entre liderar e se reunir e falar e fazer contatos e lutar com a concorrência de empresas gigantes, Sandra também cuida de um pequeno negócio em dificuldades sete dias por semana. Trabalhar sob essa pressão e tão próxima de George, que só quer se aposentar, significa que eles têm "alguns momentos conturbados". Só como exemplo, ela pegou a registradora e jogou nele pelo menos uma vez. Mas, na maior parte do tempo, o equilíbrio venceu.

O coração de George está morrendo e o fígado também. O negócio dele está morrendo e o casamento também. Os filhos estão afastados e a casa está prestes a pegar fogo. Mas há um momento anterior em que ainda é possível não saber da maior parte disso; quando ele pode encostar um pano morno no rosto, passar creme de barbear nas bochechas vermelhas e quentes, tirar o excesso dos lábios com o dedo grosso e se barbear com movimentos lentos para revelar uma pele que parece nova; quando pode enfiar os braços murchos em um paletó esportivo marinho e levar a esposa ainda mais jovem do que ele para jantar; quando pode tomar um uísque com uma garrafa de vinho depois e se sentir como ele mesmo de novo por algumas horas.

No final, eles acabam sendo derrotados por Golias. A loja North Brighton Paint & Hardware não tem como competir com a Bunnings. De repente, duas pessoas que trabalharam a vida toda e se acostumaram com um certo padrão de vida estão cheias de dívidas. Eles chamam liquidantes, mas o leiloeiro por um dia custa 40 mil dólares. A dívida vai crescendo como um buraco. Engole as economias, os carros, a casa, a dignidade de George. Ele começa a beber mais e Sandra começa a fazer faxinas.

• • •

O anúncio no jornal local diz:

> Sandra Pankhurst apresenta
> *Nós Somos Fabulosos*
> A especialista em tarefas domésticas

O anúncio e o artigo que o acompanha na coluna semanal Perfil de Negócios são um gesto de amizade; seus contatos no jornal local, que se tornaram amigos ao longo do tempo, lhe dão a publicidade pela qual ela não pode pagar. *Como "Nós Somos Fabulosos" é o nome do negócio, ele precisa refletir a opinião do dono sobre o serviço! Não adianta esconder seu brilho! É nisso que Sandra Pankhurst acredita...*

Sandra é descrita como "integrante antiga e respeitada da comunidade, que trabalhou como diretora funerária e lojista, assim como foi Presidente da Câmara de Comércio de North Brighton" e é citada dizendo que seu negócio está indo tão bem que está procurando funcionários. Em três meses, ela gerencia uma equipe de vinte faxineiros.

Ela entra pela porta do apartamento alugado balançando a edição nova do jornal local. "Imprimiram!", grita ela com triunfo. George, de roupão e cochilando na frente da televisão, olha brevemente para a esposa, mas não diz nada. A tensão que eles ignoraram por anos, se infiltrando pelas paredes como a água de uma inundação, está mais palpável agora. O anel dela faz um clique na bancada quando ela abre o jornal e lê sua carta para o editor em voz alta na sala:

> Na segunda-feira, fui a uma reunião de escolha de conselheiros na prefeitura de Brighton. Uma pena que havia um clima tão claro de agressividade. Nós deveríamos ter usado o tempo para nos conhecer melhor porque poderíamos estar trabalhando pela mesma causa — o bem-estar dos cidadãos de Bayside. Participar do conselho não devia ser questão de jogos de poder, mas de servir à comunidade.

Ela ergue os olhos com expectativa, mas George fechou os dele de novo e parece estar cochilando. As bochechas dela ficam quentes. "O que *você* estava fazendo quando tinha minha idade, George?", pergunta Sandra. Ele não diz nada. "Estava por aí, negociando e viajando pelo mundo! Me deixa fazer o que eu preciso!"

Sandra pega as chaves e a bolsa e bate a porta ao sair, deixando para trás um silêncio tão pesado que merece menção no Livro das Coisas que Podem Ser Vistas.

O slogan de campanha dela é "Sandra Pankhurst, lutando pela comunidade" e ela o repete sem parar para todos que passam pela rua Bay enquanto ela sorri e coloca seu folheto rosa-chiclete nas mãos deles. Tem a foto dela, recortada de uma maior com George em um jantar, um currículo curto e sua declaração de campanha:

> Eu moro e trabalho em Clayton com meu companheiro George, que apoia por completo minha candidatura. Também tenho atualmente meu próprio negócio, mas antes disso, George e eu éramos proprietários da North Brighton Paint & Hardware. Sou uma pessoa cheia de energia, que pensa na comunidade, e entendo bem as preocupações e necessidades da região.

Depois que a votação é encerrada, ela fica acordada tomando uísque com a televisão ligada, tentando ficar longe do telefone enquanto os votos são contados. Uma dica precoce dos avaliadores da eleição a coloca na liderança, mas a declaração oficial só acontece à meia-noite. Sandra perdeu a posição por uma margem pequena. Ela desanima, mas conversa trivialidades mesmo assim e bate papo por um tempo antes de desligar.

"Porra. Foi por causa do erro no número de telefone que botei no folheto. Sei que foi", diz, suspirando e se virando para George. "Aparentemente, o dono do número de telefone está puto porque o telefone dele não parou de tocar."

"Você deu o melhor de si e isso é tudo que você pode fazer", responde George, sem conseguir soar desanimado.

Sandra ignora o tom dele e serve outra bebida. Por um lado, ela não poderia viver com o mísero salário de conselheira, de 250 dólares australianos por semana; por outro, está furiosa por causa do orgulho ferido. Ela toma um comprimido para dormir e se levanta às 6h no dia seguinte para trabalhar no Red Cross Calling, o evento de arrecadação da Cruz Vermelha, com um sorriso no rosto antes de ir limpar casas.

"É um pesadelo de pouco dinheiro", diz ela para Craig quando ele está estacionando no drive-in, o filho de pijama no banco de trás.

"O valor por hora não é ruim", fala Craig, mexendo no alto-falante pela janela.

"É, mas veja bem, em um dia de oito horas de trabalho, só dá pra ganhar seis horas de dinheiro, porque eu tenho que ficar indo de casa em casa. E as pessoas querem uma limpeza geral pagando pouco." Sandra nunca dormiu com facilidade, mas isso a deixa acordada à noite. Ultimamente, anda pensando em algo novo, explorando possibilidades em sua mente: uma lacuna no mercado que ela observou de seus dias de funerária. "Mas vai ficar tudo bem. Tem que ter solução." Ela suspira e bota a mão na coxa de Craig quando o filme começa.

Quando liga o celular, assim que os créditos passam na tela, recebe uma enxurrada de mensagens frenéticas de George. Ele voltou para casa e descobriu que tinha havido um roubo, e como não conseguiu falar com Sandra por duas horas, ficou morrendo de medo de as mesmas pessoas que roubaram a casa terem feito mal à sua esposa.

"Eu só saí com amigos", garante ela quando George atende no primeiro toque.

"Volta pra casa agora!"

Ela se vira para Craig quando ele liga o carro, bota uma unha comprida nos lábios, pensativa, e tenta não sorrir. "Você acha que eu devia ir pra casa ou não?", pergunta ela baixinho, tomando cuidado para não acordar a criança.

"Ah, é melhor ir", diz ele, rindo.

• • •

A primeira faxina em local de acontecimento traumático vem por contatos da funerária. Sandra convoca uma amiga e elas trabalham 72 horas seguidas. Quando vê o estado da casa, fica atônita de haver gente que consegue viver assim. Tem ratos andando pelo corredor e garrafas vazias enfiadas em buracos nas paredes. Todos os armários estão lotados de latas vazias de cerveja e o piso está preto de sujeira. Elas tiram três camadas diferentes de piso podre da cozinha.

Sandra se lembra desse primeiro trabalho com detalhes imprecisos. Do quanto foi inocente em relação ao que o trabalho exigia, física e mentalmente. De como estimou mal o custo. De como os 500 dólares australianos que negociou com o cliente não foram nada pelo que elas passaram para tirar a última camada do piso, porque além de estar rente ao chão, também estava colada. Tiveram que cortar o linóleo, jogar água fervendo e enfiar pás embaixo para tentar soltar. Cada vez que acertavam um rebite, o movimento machucava suas mãos, deixando-as vermelhas e inchadas.

George abre a porta para ela quando ouve o carro chegar. Sandra larga a bolsa na bancada da cozinha e tenta abrir uma garrafa de vinho branco.

"Como foi?", pergunta ele.

"Minhas mãos estão me matando. Os clientes estão muito felizes com o resultado e têm mais que estar mesmo", diz ela com rispidez. "Vou pra cama."

Suas mãos demoram para ficar boas. George nunca a viu tão mal. Mesmo assim, Sandra sai todos os dias para continuar seus trabalhos de faxina doméstica. Porém, leva meses para voltar a pensar na faxina de locais onde aconteceram eventos traumáticos; a verdade é que essa é a opção que paga melhor dentre as que ela tem, e é um trabalho que é capaz de fazer.

Por fim, ela embarca em uma pesquisa técnica real; faz uma compra grande de produtos químicos e equipamentos; registra o nome All Trauma Cleaning para o novo negócio que vai gerenciar da garagem.

• • •

Quando a casa deles pega fogo, Sandra se culpa. Ela teve uma sensação ruim na hora de deixar os panos de limpeza na secadora. Ao examinar a ruína molhada dos quartos, descobre que algumas coisas sobreviveram nos armários e guarda-roupas queimados, embora não em perfeito estado. Fotos derreteram no vidro dos porta-retratos, tudo fede a fumaça.

Com o pagamento do seguro, o casal vai para um apartamento alugado. E embora Sandra se esforce para transformar aquele lugar em um lar de verdade, tem algo errado com George. O alcoolismo. A saúde ruim. A perda do negócio e da casa e dos carros e das economias e do bairro e da aposentadoria e da doce esposa loira, que ficava esperando ouvir o som do carro dele chegar. Agora com setenta e poucos anos, George está ficando cada vez mais doente, limitado e dependente. Ele não quer fazer muita coisa — não consegue fazer muita coisa — e sua necessidade de manter a esposa ao seu lado só a afasta ainda mais.

No fundo, como a música ou o calor ou o cheiro de flores frescas, sempre houve Craig e a certeza permanente de que, em um dia vago no futuro, George não estaria mais presente e eles ficariam juntos. Essa certeza não some só porque ela não viu Craig recentemente. O relacionamento deles sempre foi do tipo "vai e vem", menos por ele ser do tipo que se recusa a ter um compromisso e mais porque o gênero dela "afetava a cabeça dele". Independente disso, Sandra sempre disse para si mesma que não deixaria George, que faria o certo por ele. Mas, aos 50, alguma coisa muda para ela.

Sandra se sente cada vez mais limitada e controlada; fica ressentida. Não só por George ser outonal e ela (em comparação) ser primaveril; por ele ter passado a precisar mais dela enquanto ela precisa menos dele. Ela está cansada, ocupada e estressada ganhando o pão de cada dia que complementa a pequena aposentadoria dele, e quando George tenta lhe dizer o que fazer ou o que gostaria que fizessem juntos, ela acha que é uma limitação de sua autonomia. "Você nunca vai ser meu dono, George", avisa Sandra. E embora a tentativa de controle de George acabe se tornando, por repetição, a explicação para ela ir embora, não reflete precisamente a causa. Depois de viver tanto tempo sem o verdadeiro dom da família — o amor incondicional —, ela não está preparada para assumir o verdadeiro peso familiar — o sacrifício incondicional. Dez anos de um casamento de intimidades parciais não mudou isso. Ela não tem desejo de bancar a "enfermeirinha".

George vai morar com o filho perto de Brighton Beach e Sandra se muda para um local uma hora abaixo pela costa, onde consegue juntar dinheiro para o depósito de um "barraco de merda em Mornington, na área de conjuntos habitacionais". Quando não está trabalhando, ela derruba paredes, arruma o pequeno jardim, decora dentro e fora a partir de "todos os bazares de quintal da face da Terra". É nessa ocasião que, quando se vê indo cada vez mais devagar, em um ritmo tão surpreendente quanto frustrante, a saúde a deixa na mão.

George entra e sai do hospital. Apesar de terem se separado, eles continuam amigos. Sandra dirige de vez em quando por uma hora levando Tilly, a cachorrinha deles, para visitá-lo. E sempre que George se sente mais forte, ele vai até Mornington. Normalmente, ele passa a noite, ele em um aposento e ela em outro. É assim que gosto de pensar neles; sentados lado a lado na varanda dos fundos debaixo das estrelas que flutuam no domo escuro do céu da península, cercados de roseiras que ela plantou recentemente. Seus fígados estão se deteriorando — junto aos pulmões dela e o coração dele —, mas agora eles brindam, riem das brincadeiras do cachorro ou de alguma lembrança ou piada antiga. No momento, estão bem, apesar do fato de isso ser menos do que os dois queriam: ainda unidos, por todas as coisas que os separam.

Quando ele liga na sexta de manhã para dizer que vai até lá, Sandra cuida para que a geladeira esteja "lotada de álcool". O que quer que George queira beber, ela já comprou. Mesmo assim, naquele fim de semana, ele insiste em comprar mais. "Nós temos que comprar mais cerveja e aquele uísque novo", pede ele. Depois fecha a geladeira e passa a mão seca pela barba branca por fazer.

"George, aqui tem mais do que o suficiente", diz ela, exasperada.

Ele insiste.

"Bom, você vai poder encher a cara", fala Sandra, suspirando. Ela bota a faca de lado, pega um pano de prato e procura a chave do carro na cozinha.

Na manhã seguinte, não consegue acordá-lo. Ela chama uma ambulância. Três dias depois, George está morto "e tudo fica uma merda por um tempo".

Fica claro que ela não é bem-vinda no enterro. Como insiste em ir mesmo assim, é chamada — só uma vez durante a cerimônia — de "amiga" de George, o que a magoa profundamente. Na semana seguinte, ela descobre que esperam que contribua com o pagamento do funeral.

Sandra e George ainda eram casados na época da morte dele, em outubro de 2003. Mas seu casamento de catorze anos foi oficialmente "anulado" pelo Registro de Nascimentos, Mortes e Casamentos em 2004. Quando Sandra me contou isso, ela não sabia por que tinha sido anulado e havia esquecido como e quando descobriu. O funcionário do cartório me explicou que eles "receberam uma dica" em 2004 sobre a cirurgia de redesignação sexual dela e identificaram o sexo inalterado na certidão de nascimento.

A definição legal da época — quando Sandra se casou em 1989 e enquanto escrevo este livro — só falava de casamento entre um homem e uma mulher. Com base nisso, o cartório passou a questão para a procuradoria geral e foi instruído a anular o casamento. Embora seja provável que o cartório tenha tentado fazer contato com ela, Sandra não se lembra disso, nem de ter sido comunicada de como essa informação pessoal específica chegou a eles e tampouco se teve direito de resposta. O registro do cartório não contém mais essa informação, um fato que levou quase um ano de consultas insistentes de Sandra para ser descoberto.

De qualquer modo, não fazia diferença; não era possível até 2005 alterar o sexo na certidão de nascimento para que refletisse a cirurgia de redesignação sexual. Victoria foi a última jurisdição australiana a permitir essa mudança. A legislação que permitiria essa alteração — para "tratar de forma mais justa as pessoas com transexualidade"[7] — estava sendo elaborada pelo governo no mesmo ano em que o casamento de Sandra foi anulado.

Foi uma espécie de morte burocrática. Quando, em 2014, seu médico mandou que ela deixasse tudo em dia por causa da saúde precária, Sandra precisou padronizar seu nome nos bens e documentos de identificação. "Não quero aparecer na frente dos burocratas", disse ela, se referindo ao cartório. "Só vão ficar me olhando e me julgando. Então vou ter que procurar um advogado e mudar meu nome porque, como sou, não existo. Tudo — Medicare, cartão de idoso, habilitação, os cartões de crédito, as casas — estão no nome de Sandra Anne Pankhurst, só que eu não existo. Mas é essa pessoa que fui nos últimos 28 anos! Tenho que mudar meu nome para Pankhurst, senão meu testamento não pode ser feito. E olha que paguei impostos todos esses anos..."

Ela está protegida diante do brilho da televisão, que se sobrepõe à música do rádio vindo do quarto no fim do corredor. Mas os músculos dos ombros estão contraídos e elevados, e uma taça de vinho branco barato está ficando quente na mão dela, em sua casa debaixo do céu escuro. Ela desejou essa independência, mas agora tem medo das noites sozinha. Sente o silêncio vibrante e sussurrante oprimindo o quadradinho do telhado, entrando à força pelo vidro fino das janelas, invadindo o ambiente para encostar a mão seca em sua testa e nariz e boca. Quando tenta fazer contato novamente com Craig, descobre que ele morreu um mês depois de George, de um câncer que ele se recusou a contar a ela.

"Pois é. Foi meio louco!", comenta, atenuando a situação. Sejamos claros. Quando Sandra diz que alguma coisa foi meio louca ou bizarra ou sinistra, ou "um caminho meio difícil" ou "um pavor", o que ela quer dizer é que o chão se abriu debaixo dos seus pés e ela caiu no centro líquido da Terra.

"Meu coração ainda está com Craig e é por isso que eu provavelmente nunca mais vou ter ninguém na vida", diz ela com um sorriso tenso. "Depois disso, falei com a mãe do filho dele, porque acabamos nos conhecendo ao longo dos anos. Ela me odiava. Eu falei pra ela: 'Bom, não seja assim, Carla. Pelo menos nós duas temos bom gosto...'."

Sei um pouco sobre Craig: ele era "viciado em saúde", "viciado em exercícios" e pai dedicado para o filho. Sei que Craig "tinha todos os brinquedos": motocicleta, jet ski, quadriciclo. Mas, como Rick, como George, ele continua sendo uma sombra.

Quanto mais pergunto sobre esses homens, menores eles ficam, comprimem-se aos poucos até um ponto de singularidade em que se apagam. Assim como a ex-esposa e a ex-namorada, como os irmãos e os filhos e as amigas drag, como a filha do Rick e o filho do Craig e os enteados e filhos dos enteados, como os amigos e os funcionários, esses homens só existiram em relação a Sandra. Sua essência segue invisível, seus sentimentos seguem não sentidos, suas dimensões adicionais seguem irrelevantes; extraordinariamente lindos e perigosos demais para serem reparados, amados ou lembrados.

Apesar de alguns amigos às vezes viajarem de carro para fazer uma visita, apesar de jogarem as bolsas de couro na mesa de jantar de segunda mão e olharem pelas portas que dão para o quintal com suas rosas e pereiras ornamentais, exclamando com animação exagerada "Nem dá pra saber onde estamos! Parece que estamos em Brighton!", ela está solitária, cada vez pior e desesperada para se mudar.

Está presa em Mornington, onde tem um negócio, agora chamado Specialised Trauma Cleaning Services [Serviços de Limpeza Especializados em Trauma], que ela gerencia de casa. A única maneira de poder se mudar para qualquer lugar é se tiver um bom lucro com a venda da casa. Mas vários corretores disseram que ela não vai conseguir essa quantia. Cada vez que ouve isso, Sandra responde: "Porra nenhuma que não vou receber essa quantia.". Passa todo o tempo livre disfarçando os defeitos da casa. É um "castelo de cartas", mas ela tem que trabalhar com o que tem.

"Marquei com o fotógrafo amanhã ao meio-dia", diz a corretora de imóveis para Sandra. Uma "tremenda filha da puta", ela não serviu para nada até o momento.

"É melhor você cancelar", responde Sandra com irritação, segurando o telefone entre o ouvido e o ombro enquanto dirige para casa depois de uma faxina na cidade. "Eu falei que queria *fotografias ao crepúsculo*. A casa fica melhor com luzes quando está úmido. Isso faz com que fique bonita. Eu paguei por isso e é isso que quero."

Uma hora depois, a corretora liga para dizer que conseguiu mudar a sessão para o final da tarde.

"Tudo bem, mas pode ser que eu chegue um pouco atrasada porque vou buscar as últimas plantas", fala Sandra. Ela está empurrando um carrinho pela seção de jardinagem da Bunnings, procurando as plantas mais bonitas em liquidação.

"Você está exagerando um pouco." A corretora ri.

"Quando faço alguma coisa, eu faço direito", afirma Sandra, escolhendo o maior lírio-da-paz.

Quando a corretora leva o fotógrafo até a casa dela naquele fim de tarde, parece que os dois são os primeiros convidados de uma festa chique, mas silenciosa e gelada. Na varanda de trás, as luzes estão acesas, tem velas iluminando o ambiente e plantas arrumadas com bom gosto em vasos coloridos. Sandra está servindo champanhe em taças que cercam pratos de queijo e salmão defumado, arrumados com cuidado na mesa grande que fica do lado de fora.

Ao ver a cara deles, explica brevemente: "Isso é só pras fotografias. As fotos têm que mostrar que dá pra *receber* aqui fora, elas precisam *plantar a semente*". Com dificuldade para respirar, ela termina de dobrar os guardanapos em velas brancas rígidas. "É isso que vai vender a propriedade." Não está preocupada de a acharem maluca.

A casa é vendida no primeiro fim de semana no mercado por mais do que o dobro do preço de compra. Ela agora pode comprar uma casa na planta em Frankston; sobra o suficiente para os ajustes que vão deixar o espaço perfeito. Sem dinheiro a mais e sem rede de segurança financeira, a última coisa de que precisa é que a construção da casa comece a atrasar.

Ela começa a "ligar para todo mundo para tentar encontrar um lugar para morar". Não tem nada disponível. Ninguém oferece ajuda.

A área para trailers, que acaba sendo o melhor que ela encontra, é fria e velha. Não é segura à noite. Por 500 dólares australianos por semana, ficar lá é mais caro do que uma hipoteca, mas é a única alternativa que tem. Ela acha que aguenta qualquer coisa por um tempo. Visitar a casa e avaliar o progresso da construção é sua única alegria. Mas é lá que ela tropeça em um pedaço de madeira e corta a perna até o osso. Com a pele pendurada feito uma casca de banana, ela enrola a ferida e dirige até o hospital, onde estaciona com o carro torto e entra no pronto-socorro, sangrando no chão. "Tenho cobertura de ambulância, mas aqui estou, dirigindo até o hospital", diz ela rindo para a enfermeira que a recebe.

Volta na semana seguinte, depois que outra queda a faz quebrar o pulso. Apesar de esconder com piadas, Sandra desenvolve uma fobia de andar. Não consegue seguir muito sem se apoiar em uma parede, no encosto de uma cadeira, em um sofá, na beirada de uma mesa, o que houver por perto. Em seguida, vem a pneumonia, que a atinge como um meteoro e a esvazia como uma cratera.

Embora seu impulso seja de se esconder, para se curar ou morrer no trailer gelado feito um animal doente, mais forte é o desejo de se mudar; sua casa está finalmente pronta. Sem escolha e embora isso faça seu estômago se embrulhar de incômodo, ela permite que duas amigas vejam sua fraqueza e aceita a oferta de ajuda. As mulheres vão de Melbourne até Frankston de carro. Limpam a sujeira que os construtores deixaram. Tiram as caixas e os móveis do depósito. Desencaixotam tudo e guardam nos novos armários e gavetas.

Esse "ano louco pra caralho" termina com a perda do dedão do pé quando ela está com dificuldade para colocar uma samambaia grande em um vaso de pedra na "área aberta". Mais uma vez, ela enrola o ferimento e dirige até o hospital. Vai pela rodovia na qual dirigiu mil vezes, sem nem perceber que, embora todo mundo esteja seguindo com a mesma velocidade, os caminhões carregando as maiores cargas têm impulso maior.

"Corta essa porra fora", instrui ela ao médico.

Glenda

"O nome dela é Nefertiti", diz Glenda enquanto olhamos uma caixa de gato na grama alta do jardim da frente. Atrás de nós, em um sofá marinho rasgado na varanda de Glenda, há quatro outras caixas de gatos com outros quatro gatos, enfileiradas. São 9h50 do tipo de manhã cinzenta que não ajuda em nada o bairro de Glenda. Não é um bairro de verdade. É uma fila de casas ao lado de uma rodovia, de frente para uma série de lanchonetes e postos de gasolina do outro lado.

Depois de dirigir uma hora para chegar lá, atravessei uma cerca alta de madeira para entrar em um lugar com cheiro tão forte que pareceu um tapa. No gramado, há uns quinze sacos pretos cheios de lixo que Sandra já convenceu Glenda a jogar fora. Sandra estará lá para trabalhar com Glenda um dia por semana nas cinco semanas seguintes.

Glenda é baixa e tem uns sessenta anos. O cabelo está branco nas raízes e o resto tem o mesmo tom de rosa néon que a camiseta. Ela é europeia e, quando fala, parece um dos meus parentes. Ela devia ter bochechas rosadas e cheiro de talco. Devia estar enchendo todo mundo de biscoitos. Mas está completamente sozinha, vivendo em uma casa cheia de livros e jornais amarelados e gatos e os dejetos deles, que por anos ela não conseguiu limpar ou não quis ver, então vai colocando jornais por cima feito as camadas de um bolo.

Os faxineiros estão trabalhando na cozinha/sala de Glenda. Está cheia de livros, caixas de plástico com mais livros, material de escritório, caixas de aparelhos eletrônicos, jornais velhos e outros itens, igual a uma mala de criança com estampa de bolinhas, tudo empilhado como os destroços de um naufrágio no mar agitado. Meus olhos lacrimejam por causa do cheiro. Sandra me leva até a entrada do quarto de Glenda, onde dou de cara com uma parede enorme de destroços similares que quase chegam ao teto. Está escuro e só tem espaço para olhar de lado para o ninho de Glenda — um colchãozinho no chão, tão pequeno que não dá para ela se esticar. Tem uma pilha de material de leitura ao lado; livros, o *Economist*, o *Quarterly Essay*, um óculos de aro dourado dobrado em cima. A pequena clareira está correndo perigo de ser ocupada pela cerca precária de coisas em volta.

Glenda me convida para conversar lá fora. Ela me leva pela galeria felina de miados na varanda até o gramado, perto de um barracão de metal, onde coloca duas cadeiras de madeira e me apresenta Nefertiti, deitada na gaiola.

Glenda se formou dentista e também tem diploma de psicologia, curso no qual se formou com honras. Trabalhou por anos como terapeuta de pessoas em luto. Além da variedade de cursos curtos e certificados, ela fez um de escrita e edição profissional e, assim como eu, fez uma pós-graduação em direito. Participou por muitos anos de um programa de televisão que entrevistava pessoas "que tinham visão pessoal e profissional para um futuro melhor".

Ela me diz: "Você é o tipo de pessoa que eu entrevistava".

Os papéis estão começando a se embaralhar; estou perdendo altitude e as coisas estão ficando confusas. E, sim, esse é o objetivo de estar no jardim dela. Sandra observou várias vezes que o acúmulo não discrimina em relação a renda nem intelecto.

"Você olha para a parede, vê o diretor de tal hospital ou o presidente de tal empresa e pensa: 'Que incidente aconteceu na sua vida? Ou alguém te abandonou e você ficou emocionalmente abalado e não conseguiu lidar?'. Tem tantas fragilidades que podem transformar uma pessoa", disse Sandra uma vez. "Pela graça de Deus, poderia ser eu. Então, não julgo ninguém. Essas pessoas eram mentalmente fortes, eram pessoas com grandes conquistas. A gente nunca sabe. Ninguém sabe o que vai acontecer no futuro."

Glenda menciona sua tese com menção honrosa e pergunto qual foi o tema dela.

"Ah, tem muito tempo, eu não importo mais, a jornada é sua...", responde, descartando a pergunta. E eu me solidarizo e menciono com timidez como minha tese com menção honrosa parece irrelevante em retrospecto.

Ela elabora, sem dar muita importância: "Era sobre a forma como a ansiedade afeta as atitudes e a capacidade de agir. Não consigo lembrar mais...".

Sandra se aproxima de Glenda carregando uma cesta de vime lotada de itens variados: uma touca de banho, um CD de antivírus gratuito, um dispositivo feito para dar comprimidos a cachorros.

"Tomei uma decisão executiva", anuncia Sandra. "Isso é lixo."

Elas riem. "Mas algumas coisas não são", comenta Glenda, ainda rindo.

"Ah, me diz o quê", pede Sandra.

Glenda mostra o CD. "Isto não é lixo."

"Você vai usar mesmo?", pergunta Sandra.

Glenda assente. "Vou. Hoje."

"Ah, sua mentirosa", repreende Sandra, fazendo Glenda cair na risada de novo. "Isso vai pro lixo, estou avisando, já era."

"Isso vai pra vizinha", responde Glenda.

"Bom, manda ela tirar a calça pela cabeça." Sandra sorri e se afasta com a cesta, querendo colocá-la na pilha no gramado, que está grande, mas não o bastante.

"Ela pode acabar fazendo isso mesmo, porque sofreu danos cerebrais. Não posso dizer isso pra ela. Diz você", fala Glenda antes de explicar como o dispositivo de dar comprimidos para cachorros funciona.

"Humm", murmura Sandra, e pergunta o que é o CD.

"Software de graça!", diz Glenda.

"Ah, droga, joga fora!", exclama Sandra. "Você tem mais coisas do que consegue saber que tem."

Observo que é possível fazer o download daquilo de graça. Glenda diz que não sabe fazer isso, e não acredito no que ela diz antes mesmo de ela me perguntar se conheço o sistema operacional Linux.

Glenda menciona como ela e Sandra riram na semana anterior. "Sabe quando você está cansada e morre de rir? A gente não conseguia parar de rir. Isso é bem melhor, é melhor rir do que chorar. E às vezes a gente faz as duas coisas ao mesmo tempo!"

Depois de um período de afastamento do marido, Glenda passou os últimos dias dele, quando ele estava morrendo, ao seu lado no hospital. Mas pegou uma gripe que foi "como um chute" no peito. Durante três meses, não conseguiu chorar. "Eu fiquei seca", diz. Alguns meses depois, começou a sentir uma "reação tardia de luto", mas foi sofrido demais. Então ela foi estudar. "Fiz muitos cursos curtos", diz, rindo. "É meu jeito de me acalmar e ficar focada. É minha droga, é como eu sobrevivo. Não afetou minha capacidade de estudar."

Penso na minha única reação tardia de luto, depois que minha mãe partiu. Quando ficou claro que ela não voltaria. Penso nos anos em que quase não saí do quarto, quando os comprimidos que eu tomava todos os dias para a ansiedade e a depressão faziam a luz machucar minha pele e minhas mãos tremerem demais para que eu conseguisse segurar uma caneta. Que eu devorava livros, deitada em posição fetal no escuro até meus quadris doerem no colchão. O quanto eu precisava da previsibilidade desolada, da segurança da imobilidade e da solidão. Além da distração e do entretenimento havia a permanência perfeita da palavra escrita e a camaradagem embutida no silêncio.

Glenda acabou se dando permissão de sofrer. "Adotei uma gatinha, ela está com 12 anos agora, e a coloquei ao meu lado no cobertor. Eu dormia, acordava, começava a chorar. Me esticava e lá estava o corpo quente e ronronante, e assim eu dormia de novo." A gata agora tem dez irmãos. "Consegui integrar a dor na minha vida. Mas é incrível chegar do outro lado. É por isso que estou sobrevivendo a essa situação, senão não estaria aqui", afirma Glenda.

Ela está se referindo ao motivo de Sandra estar lá hoje. A narrativa é tão confusa quanto a casa, mas parece que Glenda estava em uma espiral a caminho do fundo do poço, pelo menos desde que perdeu o marido em 2001. Ela ficou indo de aluguéis particulares a moradias públicas até que, cinco anos atrás, acabou na casa que agora ocupa, que era para ser moradia temporária para mulheres em crise.

"Todo o pesadelo começou quando meu marido faleceu, porque eu estava sozinha e tive que pedir aposentadoria por invalidez por causa de fadiga crônica, fibromialgia, síndrome do túnel do carpo, tudo isso, artrose, e por causa do trauma contínuo de estar perdida por anos. Tive que encontrar apoio sozinha, não tenho ninguém pra pedir pra falar em meu nome. E o estresse pós-traumático agora..."

Seus olhos se enchem de lágrimas. Começa a chover e ela arrasta nossas cadeiras para o barracão de metal minúsculo e as posiciona entre caixas de plástico com livros e pilhas de sacos de lixo lotados. Nós nos reacomodamos perto de uma pocinha de vômito de gato. Os assistentes sociais da organização de habitação trabalham com os inquilinos, estabilizando-os para que possam se mudar para moradias de longo prazo, providenciadas o mais rápido possível.

No entanto, Glenda encara essa abordagem terapêutica como assédio. Ela usou sua inteligência para lutar contra cada passo do processo. Sobre a primeira tentativa de fazerem sua mudança, ela explica: "Acabei em posição fetal por meses. É nojento despejar alguém... Todos sabiam desde o começo que sou viúva, sabiam dos meus problemas médicos, que não tenho ninguém, não tenho família...".

Primeiro, sinto indignação por Glenda. Entretanto, conforme a narrativa se expande, minha percepção dos sacos lotados de jornais amarelados ao nosso redor, do vômito de gato aos nossos pés e do cheiro de dejetos para todo lado aumenta, e percebo que meu sentimento é, mais precisamente, empatia pela dor.

Há duas Glendas. Tem a Glenda que me diz: "Não se fica em uma propriedade de transição por cinco anos...". E tem a Glenda que cita violações técnicas da organização de habitação como justificativa para a sua ocupação contínua. Tem Glenda, a terapeuta de pessoas em luto e formada em psicologia, que acha "interessante quando você consegue se observar de forma desassociada ao que está sentindo". E tem a Glenda que me diz que a explicação para seu estado atual é estrutural: "Se você não tem espaço onde botar suas coisas, vai fazer o quê?". Quando ela chama a casa de "barraco de favela do terceiro mundo", está se referindo à falta de armários embutidos, não às fezes no chão.

Não consigo diagnosticar Glenda, mas ela está bem doente e é autônoma o bastante para ser o tipo de cliente para quem os serviços de habitação, com a melhor das intenções, não têm solução. Glenda recusou acesso a qualquer pessoa que a visitasse, deixando a organização com uma escolha entre desobedecê-la e deixá-la sem teto ou deixar que a propriedade continuasse sendo uma ameaça à segurança pública. É por isso que Sandra é vital: não só pelo trabalho que está fazendo aqui hoje, mas pelo jeito como está fazendo.

Não tenho como provar que as coisas que Glenda me disse estão certas. É possível inventar qualificações e contar uma história pelas lentes do medo e da dor até estar distorcida além da realidade. Mas não é possível inventar o fato de que você tem um exemplar de *Vida e Destino*, de Vassili Grossman, porque o vejo em uma caixa de plástico ao meu lado. E como livros, certos livros, são provas, sinto mais proximidade de Glenda do que distância.

Mudo a conversa para os objetos ao nosso redor. "Acho que é uma quantidade normal e admirável de livros", confesso, sabendo que Sandra arrancaria minha cabeça. Vejo *Papillon*, de Henri Charrière. Sobre isso e Victor Frankl e suas preferências de leitura em geral, Glenda diz: "Qualquer coisa que exibe a força humana nas circunstâncias mais terríveis me ajuda a sobreviver". E tenho vontade de dizer "Eu também!". Tenho vontade de explicar sobre meu quarto escuro e minhas mãos trêmulas e como o caminho de volta começa em uma floresta densa. Mas percebo que essa conversa não vai ser possível porque somos sufocadas por esse cheiro absurdo de fezes e porque, para uma de nós, é uma questão de armazenamento inadequado.

Nós saímos do barracão e voltamos para a casa, e penso em um documentário que vi que usava paisagens na Terra para explicar diferentes ambientes planetários. Como me espantei de saber que o deserto do Arizona era tão parecido com a superfície de Marte.

Quando Sandra está me levando até meu carro, Dylan corre atrás dela. Ele sussurra que Glenda começou a reabrir os sacos no gramado. O cheiro fez Cheryl vomitar e Glenda está ficando aborrecida. Sandra volta correndo para executar novamente a tarefa necessária de cauterização. "É isso que acontece quando você abre os sacos que tinha concordado em jogar fora", diz ela, suspirando enquanto anda.

• • •

No longo trajeto para casa na chuva, penso nos livros de Glenda e na abrangência das lindas frases de Marilyn e no espanto da vizinha de Dorothy, com seu protesto suave: "Mas ela é uma pessoa tão *inteligente*...".

Penso de novo sobre minha década perdida, na escuridão que me engoliu inteira, não quando minha mãe foi embora, mas quando ficou claro o quanto tinha levado junto. Penso nos meus tremores, nas minhas enxaquecas, nos meus anos de dias dormindo; anos de minutos tão infinitos quanto insuportáveis. A perda de peso que transformou minha coluna em um ábaco e minhas clavículas em tigelas. Nos pensamentos invasivos implacáveis de que todo mundo também iria embora e nas mil maneiras com que eu merecia ser abandonada. Penso que, em um mundo oscilando como um barco, também havia meu pai. Meu pai, que eu via quando botava a cabeça no meu quarto escuro antes de sair para trabalhar de manhã, quando aparecia durante o dia para dar uma olhada em mim e quando voltava para casa à noite. E antes de ele cozinhar o jantar, e depois que ficava pronto, e mais uma vez quando ele me chamava para ver um pouco de televisão ou tomar uma xícara de chá com biscoito ou quem sabe fazer uma caminhada com ele, talvez?

Ligo para ele do carro e pergunto sobre a manhã dele, conto sobre a minha.

"Que tipo de acumuladora ela era?", pergunta ele.

"De livros e gatos, basicamente", digo para o homem que ama seus gatos e que sei que está observando sua extensa coleção de livros.

"Qual é a diferença entre uma biblioteca particular e um acumulador de livros?", questiona ele.

Nós dois ficamos em silêncio antes de rirmos e soltarmos ao mesmo tempo: "Fezes".

Mas a diferença é esse telefonema. E os outros como ele que eu poderia fazer. E como somos fortes quando somos amados.

• • •

Não sei se vou conseguir contar exatamente como Sandra conseguiu seguir em frente. É verdade que não existe uma tabela de sofrimentos quando o assunto é trauma; a mesma coisa que tira uma lasca de uma pessoa como se ela fosse uma caneca, pode fazer outra se quebrar como se fosse um ovo. Mas isso é uma observação, não uma explicação. Acredito que tem alguma coisa a ver com a calibragem inata dela: uma convicção inerente e inquebrável de que ela, também, tem o direito de viver sua melhor vida. Acredito que tem muito a ver com o maquinário emocional que desenvolveu para se manter na superfície. Essa é a maravilha e a tristeza da resiliência particular de Sandra.

Sandra, por quem, mesmo depois de três anos, eu me apaixono de novo cada vez que a ouço falar; Sandra, que me faz rir até minhas bochechas doerem; Sandra, que me chamou de seu anjo. Sandra, que me deixa sem fôlego com sua grande gentileza pelas pessoas com quem ela trabalha de forma tão fugaz; Sandra, que não consegue reparar em mim em uma foto com duas pessoas, nem perguntar sobre mim quando estou doente nem dizer meu sobrenome. Sandra, que escreveu para mim com clareza em suas anotações: "Sem amigos antigos" e também "Não consigo me conectar às pessoas em nível pessoal". Sandra, que sofre; que não aceita se resignar e que, infelizmente, acaba fazendo exatamente isso.

Para voltar à casa da infância, Sandra dirige o "Missibitchi" branco e moderno pelo ginásio de treino de Footscray, onde foi obrigada a participar do treinamento de cadetes com outros garotos. Agora é um espaço de apresentação usado por um circo de mulheres. Ela passa pela Escola Primária St. John, onde recebia golpes regulares nos dedos e onde 95% dos alunos agora fala um idioma diferente do inglês em casa; passa por um campo oval de futebol australiano que antes era só um buraco no chão. Passa por casas eduardianas meticulosamente reformadas, que estão sendo vendidas agora por quase um milhão de dólares australianos, até atravessar um limite de datas, quando as casas ficam mais velhas e as ruas ficam um pouco mais estreitas e, quando ela entra na rua sem saída da infância, parece que voltamos no tempo.

A casa em frente à casa da infância de Sandra, aquela onde seus avós moravam, continua tão bem cuidada agora quanto era na época: pintada, cheia de flores, o jardim aparado. Mas a antiga casa de Bill e Ailsa parece caída no pequeno terreno como um corpo exumado; reconhecível, mas podre.

Ali está, atrás de uma cerca baixa de tijolos que rachou em três partes e que ameaça cair a qualquer momento: uma casinha branca de madeira. Embaixo do teto torto da varanda, uma janela grande com a cortina fechada parece olhar cegamente para a rua, uma catarata leitosa embaixo de uma pálpebra paralisada. O amado jardim de Ailsa está cheio de ervas daninhas marrons que vão até meus joelhos. O vidro da janela estreita na lateral da porta da frente está quebrado; caixas e panos foram empilhados do lado de dentro em uma tentativa pífia de fechar a abertura.

Tentamos bater na porta. Não tem ninguém em casa. Andamos pelo longo caminho onde Bill entrava com o carro todas as noites e, quando passamos na lateral da casa, Sandra olha por cima da cerca alta. "Aquele era o quarto da Barbara. Aquele era o quarto dos meninos. Aquele era o meu quarto." A parte de cima do "bangalô" é visível de onde estou. Perto da frente da casa, olhamos o outro lado. Só vemos uma janela quebrada; um buraco na casa no meio do inverno.

"É uma puta espelunca", diz Sandra, menos em tom de ressentimento e mais no espírito de uma avaliação realista. Esse é exatamente o tipo de propriedade que ela é chamada para limpar.

Entramos no carro dela e ela me leva para conhecer o bairro. Com o ruído eterno da estação de notícias do rádio, ela mostra o mercadinho Sims, onde sua mãe fazia compras, sua escola primária, várias casas do governo que ela foi contratada para limpar e a casinha na rua Swan, onde seu pai interrompeu sua festa de 18 anos para tentar matá-la.

"Será que podemos entrar e ver as freiras?", comenta sorrindo quando passamos pelo convento onde ajudava depois da escola. Ela reconsidera: "Talvez me deem uma surra por ter mudado de sexo".

Eu pergunto como é ver esses lugares de novo.

"Não me incomoda mais. Mas foi ruim quando voltei aqui pela primeira vez. Morri de tanto chorar. Eram tantas lembranças ruins e eu só queria ir pra longe", diz, entrando de novo na rua onde morava. Ela bate na janela do carro com a unha rosa e aponta com algum entusiasmo para uma casa perto da esquina. "A moça daquela casa ali morreu no banheiro da Myers."

Quando Sandra para de novo em frente à antiga casa, uma mulher baixa com cabelo louro crespo e uma menina adolescente, as duas carregando sacolas de compras, passam pelo carro e entram pelo portão da casa em frente.

"Essas são as pessoas que moram na casa da Vovó!", explica, vibrando de entusiasmo. "Vamos falar com elas." Ela tira o cinto de segurança e sai do carro com o vigor de alguém bem mais saudável.

"Oi, eu só quero me apresentar. Sou Sandra Pankhurst", diz, sorrindo e ofegando um pouco enquanto se aproxima da mulher e aperta a mão dela. "Eu morei naquela casa ali sessenta anos atrás."

A mulher aperta os olhos para Sandra por trás dos óculos com lentes Transitions, escuros no brilho do sol.

"Ah, sim." Ela assente com avidez, esperando que Sandra continue.

"Eu só estava pensando, você sabe as histórias aqui da vizinhança?", pergunta Sandra.

"Sabe de uma coisa, a pessoa a quem você devia perguntar é Nancy", aconselha a mulher, com ceceio e uma leve gagueira. Ela pede para a filha entrar com as compras. "Vou com você."

"Tudo bem, querida", agradece Sandra, e vamos até a casa ao lado.

"A mãe de Nancy morou aqui por anos. Nancy fez cirurgia cardíaca", diz a mulher, conversadeira agora. E então, estranhamente: "Você conhece o pessoal de Geelong que mora no fim da rua?".

"Não, não de Geelong", fala Sandra, respondendo à pergunta sem sentido como se fosse normal.

"Simon", sugere a mulher.

"Meu irmão, Simon? Ele morreu. Mas não morava em Geelong", corrige Sandra.

"Não", diz a mulher quando subimos os degraus da porta da frente de Nancy. "Esse estava vivo." Ela toca a campainha.

"Oi, Nancy! É Debbie!", cumprimenta a vizinha quando a porta é aberta por uma mulher idosa de cabelo castanho curto.

"Como vai?", diz Nancy formalmente, parada no vestíbulo com carpete branco.

"Bem. Você está bem?", pergunta Debbie.

Nancy assente. "Querem entrar?"

Antes que Debbie possa responder, Sandra está se apresentando em voz alta e sem fôlego. "Eu morava ali há mais de sessenta anos. Minha mãe, Ailsa Collins, morreu, e meu irmão, Simon, morreu, e minha tia Sullivan morava ali." Ela gira para a esquerda e aponta para trás. "Vou te dar meu cartão." Ela pega a carteira e tira um cartão entre as unhas compridas. "Essa moça mora na casa da minha avó." Ela gesticula para Debbie.

"Qual era o nome dela?", pergunta Nancy.

"Não lembro do nome dela agora, faz muito tempo", responde Sandra.

Nancy assente e diz para Sandra: "Depois que a avó morreu, a filha de Ailsa foi morar lá".

"Minha irmã foi morar naquela casa?", pergunta Sandra com breve interesse. "Quando a minha mãe morreu — eu fui excluída de casa muitos anos atrás, quando tinha dezesseis ou dezessete anos —, aparentemente minha irmã queria transformar a casa em templo, mas os meninos disseram que tinha que ser vendida. Eles tiveram uma briga e nunca mais se falaram."

Nancy e Debbie estão olhando para ela sem dizer nada. Tem tanta história que sai de repente, sem contexto e desorganizada, em grandes ondas e pequenos jorros dos lábios rosados de Sandra. "Ninguém sabe onde minha irmã está, mas ela se casou com um cavalheiro asiático e se mudou. Meu irmão Christopher é vendedor de carros, e meu irmão Simon, que foi do exército, morreu. E só sobrou eu."

"Certo, porque eu conheço a família dali", fala Nancy lentamente, indicando a casa. "Sei que eram Ailsa..."

"Ailsa Collins e Robert Grifford Parker Collins", confirma Sandra com ansiedade, tropeçando, como sempre, no segundo nome do pai, que é Griffith.

"Só me lembro de Ailsa", diz Nancy.

"Estava sempre bem pintada, eu me lembro disso", diz Sandra.

"Eu também me lembro disso. Era uma casa linda." Debbie assente.

Sandra se vira e olha para uma casa grande um pouco depois. "Bonnie Sullivan morava ali, mas derrubaram a casa. A casa era verde."

"Aquela casa ocupa dois lotes, então havia duas casas ali, eu acho", comenta Debbie, olhando na mesma direção.

"Certo", diz Sandra. "Tanta coisa muda."

Ao longo da conversa, Nancy assumiu uma formalidade fria, enquanto Debbie, com os movimentos velozes de cabeça e os olhos arregalados atrás dos óculos, que ficaram transparentes na sombra da varanda, acabou embarcando.

"Nancy, se lembra daquele cara que apareceu batendo na minha porta não muito tempo atrás?", pergunta Debbie de repente. "Ele era da mesma família?"

"Era", confirma Nancy. E embora Sandra esteja a poucos momentos de perceber, parada ali, ouvindo sem muita atenção esse comentário irrelevante, a arquitetura do mundo dela está prestes a ser drasticamente alterada.

"Simon", diz Debbie, lembrando de novo o nome dele.

Está circulando como um pássaro essa forma que agora pousa em mim com um peso. Olho para Sandra para ver se ela também sentiu. Mas sua mente foi treinada por muito tempo para ignorar certas formas. Então, digo baixinho para ela: "Seria seu filho?".

"Ahpodiasermeufilho!", exclama Sandra.

"Ele apareceu batendo na porta com a mãe. A mulher tinha cabelo escuro. Ele trabalha em uma loja de surfe", informa Debbie, dando a Sandra a primeira informação sobre o filho dela em quarenta anos. "Onde ficam todas as lojas de surfe? Em Torquay ou uma delas, sim."

Ela se vira para Nancy. "Tom ainda está muito doente."

"Ele foi trabalhar hoje?", pergunta Nancy.

"Foi. Não devia, mas foi mesmo assim", responde Debbie. "Meu marido ficou muito doente", explica para Sandra. "Teve infecção no cérebro e está bem doente."

Sandra assente com empatia. "Simon deixou um número de contato, por acaso?", pergunta ela.

"Ele deixou um cartão com você", diz Debbie.

Nancy vai procurar. Pergunto a Debbie se ela lembra o que Simon estava perguntando naquele dia.

"As mesmas coisas que vocês", responde Debbie.

"Uau. Não é incrível?", fala Sandra, maravilhada.

"Você não o vê?", pergunta Debbie.

"Não", admite Sandra. "Vou contar a situação. Eu era pai deles. É por isso que as coisas estão como estão."

"Certo", diz Debbie com neutralidade. "Quer saber? Agora entendi." Ela faz uma série de pequenos movimentos de cabeça que fazem seus cachos balançarem. "E, quer saber? Ele disse isso."

"Disse?", pergunta Sandra.

"Disse, sim", responde Debbie.

"Então ele está procurando", conclui Sandra, impressionada.

"Ele com certeza está procurando", confirma Debbie.

"Não é incrível?", diz Sandra para si mesma.

"Ele está procurando desesperadamente", acrescenta Debbie.

"Eu queria isso, mas, sabe, quando o divórcio aconteceu, eu não podia falar e nem tocar neles", explica Sandra.

"Certo", fala Debbie, assentindo rapidamente.

"E todos esses anos eu não apareci. Tenho uma foto deles no meu quarto, meus dois meninos. Todo mundo me diz: 'Por que você não faz contato com eles?', e eu digo 'Porque não tenho permissão, por lei'. Mas eu os receberia de volta na minha vida se eles quisessem", declara Sandra.

"Sinto muito, não guardei", desculpa-se Nancy, voltando para a porta da frente.

"Ah, droga", lamenta Sandra.

"Era de uma loja de surfe. Se você for a elas, vai encontrar um Simon", diz Debbie, tranquilizadora. "Mesmo que você tenha que ir a todas. Era em Torquay. Tenho quase certeza de que ele disse Torquay."

"Sim, excelente, obrigada. Vamos pesquisar mais um pouco", responde Sandra.

"Ele era um bom menino, não era?", diz Debbie, virando-se para Nancy.

"Ah, sim", concorda Nancy.

"Ele era muito feliz, sociável", continua Debbie. "E tinha dois filhos. Acho que foi isso que ele disse."

"Uau!", exclama Sandra.

"Quem você acha que Simon é?", pergunta Nancy com doçura, depois de perder essa parte da conversa enquanto estava procurando o cartão de Simon.

"Ele é meu filho", responde Sandra. "Sou o garoto Collins mais velho."

Nancy assente com educação. "Mas se Simon é seu filho, você não saberia o que ele está fazendo?", pergunta ela.

"Não, porque nos afastamos. Porque eu era pai dele", explica Sandra.

"Sei que houve problemas na família", comenta Nancy lentamente.

"Você por acaso era uma das moças do Les Girls? Que nada, só estou brincando", diz Debbie, rindo.

"Sim, eu trabalhei no palco." Sandra sorri.

"É mesmo?" Debbie está encantada. "Vamos ter um pouco de história pra contar sobre a nossa casa!"

Sandra agradece a Nancy e se despede.

"Escute", chama Debbie com ansiedade enquanto andamos para o carro. "Você vai encontrar Simon porque ele trabalha mesmo na loja de surfe."

"Há quanto tempo ele esteve aqui?", pergunta Sandra.

"Uns seis meses atrás. Está vendo, não tem tanto tempo!", diz Debbie quando paramos na frente da casa dela. "Eu convidaria vocês para entrar, mas Tom, meu marido, está doente."

"Tudo bem, querida", fala Sandra.

"Renee está fazendo o eBay dela", declara Debbie. "Renee é uma pessoa com deficiência, sabe."

"Nós lidamos com crianças com deficiências o tempo todo por causa do tipo de negócio com que trabalhamos", diz Sandra. E, como um mantra: "Nós fazemos faxina industrial para pessoas que não conseguem lidar com sua limpeza. Fazemos isso e também cenas de crime, e laboratórios de anfetaminas e ajudamos pessoas com tarefas domésticas". São poucas as coisas que Sandra não encara com naturalidade, mas mesmo quando está abalada, ela está sempre disposta a discutir o trabalho. É uma coisa que a ajuda a ficar com o pé no chão: um consolo.

"Sabe o que você devia fazer? Você devia ir a Torquay, ir para um daqueles hotéis pra passar uma noite e dar uma boa olhada. Ele está lá e é mesmo meio parecido com você. É mesmo, não estou falando por falar", afirma Debbie. "Estou feliz por você."

"Obrigada", agradece Sandra. "Faz muito tempo. Por causa do tribunal de família."

"Vou só fazer uma pergunta: o que te levou a fazer isso?", pergunta Debbie, olhando para o rosto de Sandra.

"É que... eu senti...", começa ela, mas para. "Decidi que não ia fazer contato com meus filhos porque achei que seria abuso infantil se fizesse. Até onde sei, a mãe deles disse que eu estava morta. Agora, como eu posso aparecer assim?"

Debbie assente. "Minha mãe faleceu. Cometeu suicídio na minha frente, uma coisa que nunca vou esquecer. Me fez muito mal."

"Muito!", concorda Sandra.

"Ela teve um colapso nervoso. Meu pai era alcoólico e eles bebiam, bebiam, bebiam. Oito filhos na família. Ele batia muito nela. Eu via quase sempre."

"Que horrível", diz Sandra.

"Era bem ruim", continua Debbie. "Sei que você vai encontrar ele porque sei que ele trabalha em uma das lojas de surfe. Como falei, ele é dono ou gerente." Debbie deseja sorte a Sandra e segue pelo caminho até a casa.

Sandra bate a porta do carro, se encosta por um momento no couro preto e fresco e olha pelo para-brisa, atordoada. "Eu sempre acreditei de coração que Simon voltaria para mim."

Sugiro que ela pode encontrá-lo no Facebook.

Ela pega o celular e abre o aplicativo. "Vamos dar uma olhada. Será que ele se chama Simon Collins ou Simon Hughes?", indaga ela, considerando a possibilidade de ele ter assumido o sobrenome da família da mãe.

Ela começa com o sobrenome antigo. Clica no primeiro resultado. Olha um rosto com o formato do dela, sorrindo o sorriso dela. É, inconfundivelmente, o rosto do bebê mais velho do porta-retratos prateado que virou adulto.

"Uau. Sim...", fala Sandra com surpresa por causa do rosto dele e da sensação, e da sensação de ter uma sensação. E seu impulso seguinte é tão forte quanto reflexivo: escrever para ele, correr até ele naquele mesmo segundo, porque, assim como a casa à esquerda e a casa à direita, o ginásio, a escola, as pessoas fazendo compra no Sims e o jeito como a gagueira de Debbie piora um pouco quando ela fala sobre a mãe, o fato de que tudo mudou não muda nada, na verdade.

"Como faço contato com ele?", pergunta ela.

Uma parede foi derrubada inesperadamente na casa de Sandra e ela não sabe ainda o que sente sobre a nova aparência do espaço; não sabe se consegue viver lá. Ainda assim, na segunda semana de setembro, uma semana depois de saber que Simon tinha ido atrás dela, Sandra escreve para ele, à mão, com a caligrafia inclinada elegante de letras que parecem setas subindo e descendo. Ela explica suas escolhas, sem pedir desculpas nem procurar ser perdoada, e o convida a fazer contato com ela se ele ainda desejar. Assina com *Respeitosamente, Sandra*. Então se coloca dentro deste envelope, envia para o endereço que um amigo descobriu e espera.

"Teve notícias de Simon?", pergunto na segunda semana de outubro.

"Não houve resposta", diz ela, com jeito casual demais.

Uma semana depois, pergunto de novo.

"Não", repete em tom leve. "Não estou nem pensando nisso. O que será, será. Se vier, vejo como lidar. Não adianta ficar pensando por antecipação, já tenho coisa demais na minha vida."

Apesar de parecer ambivalente, ela só está amortecendo a dor da rejeição que virá com pensamentos compensatórios sobre a continuação da sua vida pacífica e previsível. Encurralada entre o medo de seu filho não responder e o medo de ele responder, ela bota a ansiedade de esperar e os pensamentos conjecturais a respeito disso em uma caixa. Tranca-a. Volta a mente para questões mais imediatas: contratar funcionários novos, organizar um evento de arrecadação de dinheiro para vítimas de violência doméstica, a manutenção do escritório, convidar seu representante federal local para o "lançamento oficial" desse escritório e descobrir a causa das "porras de convulsões" que andam afligindo o pobre Moët Chandon, que piorou de repente "depois do banho do sábado passado". Embora pareça a técnica cognitiva de *mindfulness* e apesar de servir a certos propósitos, é diferente em textura e efeito.

As emoções mais verdadeiras de Sandra estão enterradas em tumbas seladas com maldições. Negação, distração e extirpação são leis fundamentais da física no universo dela. São as estratégias de enfrentamento que permitiram que ela continuasse seguindo em frente e, com sua automedicação, foram suas únicas estratégias de enfrentamento. Portanto, embora sejam tão úteis para a manutenção de relacionamentos íntimos quanto uma vassoura para uma cirurgia cerebral, elas permitiram que Sandra continuasse em frente e encontrasse momentos de paz no caminho.

No universo de Sandra, paredes caem e rugas são preenchidas, os membros da família composta de amigos e os fatos do passado são totalmente intercambiáveis; tudo está sempre melhorando. Mas a vida é um meio imperdoável e a mão do artista deixa rastros que nem sempre podem ser apagados. A começar com a visita de Simon à rua Birchill antes de nós, há agora sinais de que o passado está se aproximando dela.

Um dia depois do trabalho, ela para em um bar aleatório em um bairro vizinho com um dos funcionários para um drinque. Ela nunca foi lá, mas acha que reconhece a mulher de expressão severa atrás do bar.

"De onde eu conheço você?", pergunta Sandra.

"Você não vai ficar feliz quando eu contar." Essa é a resposta.

"Hã?"

"Anita Pankhurst." Filha de George. Sua enteada por catorze anos, que ela não vê desde 2003. Sandra se afasta.

Pouco tempo depois, vai parar no hospital por um problema na retina e, para sua irritação, precisa passar a noite. Há três outros leitos no quarto em que ela fica, e um desses leitos está ocupado por sua ex-esposa, Linda.

Como Sandra e eu e Linda e quase 6 milhões de outras pessoas vivemos em um estado que cobre uma área de 237.629 km², as chances disso acontecer são tão remotas que, quando Sandra me manda uma mensagem de texto do hospital contando essa notícia, fico imaginando com que drogas está sendo tratada. Nessa hora, ela me manda uma foto que tirou escondida de uma pessoa que sei, por nossas buscas mútuas e separadas pelo Facebook, que é inegavelmente Linda. Nessa hora, ela também me manda a confirmação por mensagem de texto de que a enfermeira falou o nome completo de Linda, que não mudou. Sandra continua em silêncio, mas, mesmo assim, está sendo levada de volta ao passado.

Sandra começou o dia, como sempre, com o noticiário de televisão. Esta manhã, a informação foi de que uma mulher de 70 anos foi esfaqueada e morta em casa. A casa dela cai na área de captação de Sandra e, depois do tempo normal para a equipe da perícia terminar o trabalho, ela acha que vai receber uma ligação para fazer a faxina em breve. Até lá, pode levar uma amiga ao médico e tentar encontrar um tipo específico de chá italiano que descobriu recentemente. Assim, está tendo um dia normal quando eu pergunto o que ela acharia de eu falar com a ex-esposa dela.

"Pode ir em frente", responde Sandra, dizendo que eu talvez tivesse uma perspectiva diferente das coisas, o que seria valioso.

"Tem alguma coisa que você prefere que eu não conte a ela?", pergunto, admirando como parece tranquila.

"Não me importo. Estou mesmo cagando", diz ela, ríspida demais.

Portanto, faço contato com Linda e vou me sentar na cozinha dela e escuto-a falar sobre Pete, seu ex-marido e pai dos filhos. Assim como seus filhos, e diferentemente de Sandra, o sobrenome dele ainda é o dela. Linda fala sem animosidade nenhuma, embora se lembre em detalhes, quarenta anos depois, a quantia que recebia do governo para tentar alimentar, vestir e abrigar a si mesma e aos dois filhos pequenos: uma quantia que era sempre pequena demais, a ponto de que, quando comprava algo, outra coisa era deixada de lado.

Ela está com sessenta e poucos anos agora, ainda trabalha e menciona uma coisa sem querer que indica que se preocupa com a aposentadoria. Ela voltou ao trabalho muito depois do que pretendia; cada vez que tentava deixar os meninos na creche, o mais velho vomitava de ansiedade.

"Simon vomitava todos os dias. Era só o período de adaptação ainda", explica ela. "O serviço social naquela época aparecia para ver como estávamos o tempo todo. Diziam: 'O que você está fazendo?', e eu respondia 'Preciso conseguir dinheiro. Preciso voltar a trabalhar'. Eles diziam 'Pra que você acha que nós damos dinheiro? Pra você ficar em casa. O pai já saiu. Eles precisam de você aqui com eles'."

Na cozinha de Linda, conheço Pete, o deus dourado sorridente e barbado, o marido, o pai, o amigo, nos álbuns de fotos que ela tem empilhados. São álbuns de família que sumiram um dia e que ela encontrou escondidos pelos filhos adolescentes na garagem, que se sentaram em segredo procurando respostas sobre o pai. Vejo o casamento e as madrinhas e padrinhos de vermelho, a casinha na rua Benjamin. Vejo Pete decorando a frente da casa com o pai de Linda. Vejo os batizados, os Natais, o bebê deitado nu no peito de Pete e como o pai e o filho sorriem para a câmera. Vejo os brinquedos doados pelo Exército da Salvação e os sorrisos de cada menino mostrando um Ernie e um Bert.

E embora Linda me dê tortinhas quentes de creme e me mostre com orgulho as fotos dos netos — embora Linda seja ótima em botar um pé na frente do outro —, quando peço para usar o banheiro e esqueço que porta ela disse que era, escolho uma com hesitação, como se pudesse entrar por ela e cair em um rio escaldante de dor que iria me engolir para sempre.

Sandra liga no dia seguinte para saber como foi. Ela age de novo com um jeito blasé, mas vejo que está se preparando. Conto que agora consigo preencher algumas lacunas. Por exemplo, ela teve uma recepção de casamento. Ela que fez toda a comida, comprou vieiras frescas com o pescador vizinho e tudo foi lindo. "Hummm!", maravilha-se ela. E: "Não me lembro, mas parece que seria assim mesmo...".

Conto que ela esteve presente no nascimento dos dois filhos. E que Ailsa ajudou Linda só um pouco e a abandonou completamente quando ela ficou grávida do novo companheiro, seis anos depois de ser deixada. "Hummm", diz Sandra. E há um som estranho e peculiar, ao mesmo tempo extraterrestre e íntimo. Ela está chorando.

Não queria que eles passassem por tudo aquilo, diz ela. Tem tanta coisa de que não se lembra, continua a dizer, tanto que perdeu. E embora ainda saiba pouco da narrativa, talvez os fatos sejam secundários ao sentimento que agora percorre caminhos vestigiais que eu achava que tinham se atrofiado. Por um breve momento, o som que ela está fazendo soa pela linha como um êxtase de dor, e a imagem que tive tantas vezes — de um navio fantasma majestoso destinado a nunca atracar, pelágico, singrando todas as latitudes no vento e na maré, destemido por estar vazio — evapora. Ela funga e me conta sobre o escritório novo cujo aluguel está prestes a assinar e que adora seu carro novo.

A mensagem de texto de Simon surge no celular de Sandra como um beijo atrás da orelha. Ele adoraria vê-la, está muito feliz de ela ter feito contato, está procurando-a desde sempre. Respeita a coragem dela, está só olhando para o futuro. O motivo para ele não ter respondido antes foi que a carta foi entregue na casa errada. Depois de mais de dois meses esperando a resposta dele, outra amiga de Sandra decidiu resolver as coisas por si mesma e, sem consultar Sandra nem saber por que Simon não tinha respondido, procurou as informações de contato dele e ligou para informar que "seu pai" estava tentando contatá-lo.

Simon foi receptivo e entusiasmado, por sorte. Ele não guarda ressentimentos. Nathan é diferente. O filho mais novo de Sandra não foi incluído na carta porque não foi procurá-la. Ela pretende respeitar esse fato, que também encaixa com a hesitação dela, considerando que ele era muito novo quando foi embora.

Enquanto espera o fim de semana em que finalmente vai se encontrar com Simon, Sandra fica exultante. No entanto, ao mesmo tempo, essa empolgação perturbou o solo no qual ela criou raízes tão fundas. A ansiedade feliz que ela está sentindo agora provoca a mesma sensação de ansiedade aguda e a deixou exausta. Está nervosa sobre o que vai ser dito e o que vai ser esperado dela e como isso vai se desenvolver no futuro. Ela tem muitos medos relacionados às grandes dificuldades, constrangimentos e expectativas que podem surgir se ela for reintegrada à vida familiar de repente.

Essas preocupações não são aliviadas depois de seu encontro inicial com Simon e sua companheira, embora tudo seja maravilhoso. Nem depois que ela conhece os lindos netos. Essas preocupações estão lá, no fundo, embora o tom seja mais leve quando ela fala da família ("É tão amorosa"). Essas preocupações se esgueiram no fundo da mente dela quando ela passa o fim de semana na casa de Simon, e quando a família dele vai para a casa dela e quando ela começa a ligar com menos frequência do que gostaria e quando não tem respostas claras para a pergunta sobre o quanto deveria se intrometer quando problemas familiares surgirem, o quanto falar do passado e como vai ser o futuro.

Sobre isso, fico inicialmente não só despreocupada, mas acho graça. Muitos desses problemas são o mesmo problema e esse problema é a confusão do amor e da família. E por que ela deveria ficar isenta disso?, eu pergunto a ela.

Mas meses se passam e fica claro que qualquer relacionamento com os filhos vai levar muito mais tempo e, provavelmente, precisar de muito mais ajuda profissional para resolver as feridas profundas do passado. Essa situação inflamou a antiga vergonha oculta, a posição defensiva que ela tem por ter abandonado os filhos. Os dois são agora homens bem diferentes com rostos bem parecidos; é o rosto do pai: franzido no meio, entre os olhos, onde as dores individuais se acumularam, bloqueando a luz.

A vida pessoal pouco populosa de Sandra não é perfeita, mas é perfeitamente ordenada e relativamente pacífica. Isso é a compensação pela dor que ela sofreu com a família original, como me contou em uma das nossas primeiras conversas.

"Você ainda os ama, ainda quer ser aceita, todo mundo precisa ser amado e blábláblá... mas, em alguns aspectos, eu aprecio isso agora, porque me deixou forte, me deixou resiliente, me fez pensar 'estou pouco me fodendo'. E não *preciso* ter uma família. Tenho minha cunhada e meu irmão, com quem não tive tanta proximidade quando estava vivo. Minha cunhada insistia para fazermos contato, mas eu nunca os tive, então não preciso deles. Tenho bons amigos, de quem gosto, mas se eles fizessem alguma coisa errada comigo" — ela bateu palmas alto — "eu nem piscaria duas vezes, me viraria e diria 'Adeus!'. Não tenho esse tipo de apego que me faz precisar de gente na minha vida."

Quando Sandra escreveu na primeira carta para Simon *Não me arrependo de ter deixado você e seu irmão e sua mãe, porque eu estava infeliz comigo e com a minha vida na época e tinha que fazer o que me fazia feliz*, acredito que ela não estava falando sobre "felicidade" em si, mas sobre o fato de que tinha passado por um "limite clínico" no qual as incertezas persistentes sobre seu gênero tinham se tornado uma luta tão intensa que parecia a parte mais importante da vida.[8] Mas quanto mais contato ela tem com os filhos e quanto mais discutimos sobre os sentimentos dela em relação a essa reconexão, mais acredito que o ponto não foi só expresso de forma deselegante; foi sentido de forma insuficiente.

"Isso afetou seu testamento?", pergunto, em referência à pequena propriedade dela.

"Não", responde Sandra. "Já falei pra eles que meu testamento está pronto. Tudo vai pra universidade, pra custear bolsas no meu nome."

Ao ouvir isso, surge silenciosamente dentro de mim, como o porta-malas de um carro no qual poderia caber o universo: a raiva.

Ela grita tão alto, essa raiva que não senti dela antes, ao se jogar contra a porta trancada da emoção dela; essa raiva que grita que não é o dinheiro, mas o ato de conexão e preocupação, de cuidado e responsabilidade que representaria para os filhos ou para Linda. Essa raiva grita tão alto dentro de mim — essa raiva de e pela criança abandonada — que esqueço — por semanas eu esqueço — minha única tarefa: ouvir o som mais verdadeiro.

Minha raiva é o uísque de Sandra. É o vinho, os comprimidos para dormir, os anos de bala e de "mandrix deixa a vida estimulante", é a negação, o esquecimento. Essas são as formas como entorpecemos a dor da vulnerabilidade, mas a emoção não pode ser entorpecida seletivamente.[9] Se formos bons demais nisso por tempo demais, nós vamos entorpecer nossa capacidade de fazer conexões verdadeiras, com nós mesmos e com outros, que são a única coisa pela qual estamos aqui — se é que estamos aqui, grudados na mesma pedra suspensa no nada, por algum motivo.

A pesquisadora social Brené Brown explica que precisamos de "vulnerabilidade excruciante" para que a conexão humana significativa aconteça. Ou seja, temos que superar nosso medo de não sermos dignos dessa conexão e nos permitir sermos vistos de forma verdadeira.[10] Acomodados com nossa vulnerabilidade, podemos seguir em direção à empatia — sentirmo-nos não apenas *por*, mas verdadeiramente *com* os outros — e formar conexões verdadeiras. Ou acomodados com nossa vulnerabilidade, podemos nos afastar da empatia na direção da vergonha — o medo profundo de que, se formos vistos de fato, vamos ser considerados indignos de conexão humana. Isso quer dizer que a vergonha "alimenta o medo, a culpa e a desconexão"; "desliga nossos relacionamentos e nossas conexões com outras pessoas".[11] E a vergonha foi diversas vezes o único tipo de vulnerabilidade que Sandra teve permissão de sentir.

Quando lhe negaram comida e sabonete e amor, quando a amarraram ao varal para bater melhor nela, quando fecharam a porta na cara dela para sempre, Ailsa e Bill a empurraram para a desconexão. Os membros do governo de Victoria que aprovaram e preservaram leis contra a "homossexualidade" e usar roupas de mulher a empurraram para a desconexão. Os membros da comunidade de Victoria que apoiaram essas leis, ativamente ou com o silêncio, a empurraram para a desconexão. Os policiais dos anos 1970 que a ameaçaram, os homens que pagavam para bater nela e para comê-la, o estuprador e o assassino da namorada dela e os burocratas que anularam seu casamento, todos a empurraram para a desconexão. As pessoas que, mesmo agora, legislam e policiam e "escolhem" o gênero dela a empurram para a desconexão.

Então, apesar da grande e maravilhosa energia que Sandra consegue gerar, ela exige uma boa parte para si mesma, só para continuar respirando. Não consegue conceber uma generosidade emocional ou financeira com os filhos e Linda dos modos como eu desejo ver. Mas me deu o meio para entender sua reação: compaixão. Como ela falou: "Acho que é uma motivação pra mim que todo mundo mereça porque eu também mereço".

Compaixão, Brené Brown explica, é a expressão de "uma crença profunda de que somos inextricavelmente ligados uns aos outros" pelos laços da imperfeição humana compartilhada, do sofrimento, do amor e da bondade. Se fazemos a escolha vulnerável de nos conectar com empatia — de ser vulnerável de forma excruciante para acessar aquilo em mim que sofreu como você está sofrendo agora —, damos vida à compaixão ao comunicar esse laço, para que os outros saibam que nunca estão sozinhos.[12]

Dos jardins dos pais ao convento das freiras, das casas de massagem à funerária às casas escuras onde pessoas quase sem contato humano nenhum esperam para morrer, Sandra passou a vida servindo com entusiasmo aos outros. Há um amor profundo em Sandra, mas, apesar de todos os estranhos desesperados que ela ajudou de forma tão grandiosa ao longo da vida, ele ainda nem começou a ser verdadeiramente expressado.

Como formamos conexões verdadeiras? Morrendo de medo de contar nossa história e contando mesmo assim.[13] Quando Sandra aceitou conversar comigo, ela estava, finalmente e pela primeira vez, pronta para contar sua história. Mas, àquela altura, não conseguia mais lembrar. Portanto, fiz o melhor que pude para devolvê-la a ela. E minha escolha de ver os aspectos mais sombrios no contexto completo não é só a escolha justa da perspectiva; é uma ferramenta de vida diária, um dom de valor e pertencimento que dou não só para Sandra.

Sandra, você existe na Ordem das Coisas e na Família das Pessoas; você faz parte, você faz parte, você faz parte.

A casa de Sandra em Frankston fica a uma hora de distância de carro da casa onde ela passou a infância, mas a distância é medida de forma mais apropriada em unidades astronômicas porque, na verdade, é mais longe do que dirigir até o Sol. A luz na casinha dela é sempre linda e, em vez de uma arrumação perfeita, a impressão sufocante passada pelo espaço é de harmonia saudável. A bagunça organizada (um quadro de cortiça na cozinha cheio de cartões e folhetos, escovas de cachorro em uma cesta embaixo da mesa de centro, os bibelôs que enchem o armário no quarto dela) funciona como anotações nas margens de manuscritos, atestando a vida do texto organizado em seu interior.

A sensação de harmonia é igualmente uma função dos vários estilos que ela inseriu sem esforço em cada aposento; há almofadas estampadas e vasos chineses, um aparador francês provinciano cheio de cerâmica colorida, uma mesa de jantar de prata com decoração intrincada para seis pessoas, litografias emolduradas de cavalheiros vitorianos de tweed, esculturas pesadas de madeira em suportes de mármore no saguão, um aro de prata líquida vertical que parece um Brancusi. Há pássaros no espaço dela: pintados, empalhados, feitos de madeira, gravados em vidro. Tem um pôster francês em estilo vintage de uma propaganda de conhaque acima do sofá, uma gravura de Marilyn Monroe fica de vigia acima da mesa, e ao lado da porta ela deixa dois azulejos com retratos clássicos indianos tão delicados que parecem ter sido pintados com um cílio.

Eu vou em frente. A harmonia na casa de Sandra também é função da sensação passada pelo espaço: a energia, se posso dizer sem me odiar. Além da luz do sol que se espalha por toda casa como chá de camomila, banhando nossas pálpebras de uma forma que faz você desejar um cochilo, há flores lindamente arrumadas, tanto artificiais quanto reais, tapetes agradavelmente macios e sofás nos quais afundar. Há poltronas estofadas com apoios para os pés e toalhas de mão macias e cestos trançados cheios de revistas *Donna Hay*. Tem sabonete perfumado para mãos, televisão a cabo e uma geladeira limpa coberta de ímãs com reproduções impressionantes de arte e slogans mordazes como *Rainha da porra toda* e *Que tal uma xícara de lágrimas dos meus inimigos?*

Eu vou em frente. A harmonia na casa de Sandra também é resultado do fato de que, quando você para no saguão com as fotos emolduradas, é 2016, mas também é 1989 e você está sorrindo para George sorrindo para Sandra e, quase no papel como era na vida, admirando a beleza de Craig. Quando você vai do quarto dela na direção da cozinha, como ela faz todas as manhãs para fazer café, os filhos bebês sorriem do porta-retratos de prata e é 1974 de novo, e ela sorri entre a irmã mais velha e o irmão menor e também é 1958.

Eu vou em frente. A harmonia na casa de Sandra é, mais do que tudo, resultado do fato de que, embora a vida seja inescapavelmente confusa e discordante, sua beleza é no fim uma questão de proporção. Sandra pode contar a História da Sala Verde mil vezes e nunca perder o triunfo daquele sofá — desde que duas dela pudessem se deitar esticadas para assistir a *The Bold and the Beautiful* juntas — que ela comprou antes da casa estar pronta e que colocou no depósito enquanto esperava ansiosamente para se mudar. Ela não sabia se tinha o tamanho certo, mas "quando chegou, foi como um *Aleluia*" — ela estala os dedos — "coube certinho no lugar. Fui tão abençoada".

E isso é tudo. Sandra nunca respira com facilidade e vive com um risco significativo de desenvolver câncer de fígado.* Se ela fica em um lugar silencioso por tempo demais, o Velho Medo vem com tudo, atacando-a com as patas escuras, derrubando-a por aí. Sandra tem insônia crônica e crises de insegurança vertiginosa; ama rapidamente, dá rapidamente e, quando sente que fizeram mal a ela, muda rapidamente para a raiva e a rejeição que são o oposto daquela doçura defensiva. Sandra tem preocupações financeiras e preocupações familiares e uma dor subterrânea que cresce dentro dela feito um grande oceano no manto profundo da Terra. Ela é hipervigilante, o que rouba injustamente a energia que poderia usar melhor em outro lugar. Tem intervalos de exaustão profunda e distração profunda, pulmões que se apertam dentro dela como punhos e uma pele que rasga como papel; tem uma memória que a traiu e apagou o bom juntamente com o ruim.

Mas o oposto de trauma não é a ausência de trauma. O oposto de trauma é ordem, proporção; é tudo no seu lugar. É um sofá verde comprido em um canto ensolarado, parecendo ter sido feito para aquele espaço, esperando você. É um ato de ver o que quer, uma escolha consciente sobre perspectiva. Uma cabeça de jaguar de bronze protege a mesa de cabeceira do quarto de hóspedes de Sandra, o verniz derretido pelo fogo que consumiu sua casa alugada com George. Não é por isso que ela o guarda. Essa não é a história daquele objeto, foi só uma coisa que aconteceu com ele uma vez. Ela exibe o jaguar agora pelo mesmo motivo que o comprou originalmente: gosta da aparência dele. Ali, naquela casa,

---

* Sandra Pankhurst faleceu em 2021, em Melbourne. [NE]

naquela luz, as piores partes do passado de Sandra ainda se esgueiram, mas são obrigadas a abrir espaço para as boas lembranças e os novos planos e a nova vida e um viver que ocupa boa parte do espaço agora.

    A casa de Sandra se estende até a varanda de trás, onde ela perdeu o dedão. A varanda é protegida por um teto de vidro, mas entra brisa suficiente para lembrar que, embora seja possível derrubar paredes e mudar o endereço e a topografia do seu rosto, há muita coisa que não dá para controlar. Há plantas e cadeiras com almofadas à prova de água e alto-falantes nos quais ela pode ouvir CDs e tomar uísque enquanto ouve Celine ou Whitney ou Madonna ou Mariah ou Babs ou Bette. Mas, independente do que esteja tocando e de que ruídos a música esteja sufocando, a varanda é dominada por uma figura de proa de 2,5 metros em estilo clássico de uma mulher fixa na parede.

    Ao ver essa peça em uma loja, Sandra tentou, usando a escavadeira do seu charme ao longo de um período de dois anos, negociar com o dono para baixar o preço. O dono não cedeu, mas Sandra comprou mesmo assim, porque ela "tinha que ter aquilo".

    A figura é de gesso, mas parece ter sido entalhada em pedra. Embaixo dos braços, que estão cruzados em posição protetora acima da cabeça, os olhos estão baixos e o queixo está encostado no peito. Nua da cintura para cima, o cabelo longo cai sobre os seios. Ela foi montada a partir de duas peças, mas não consigo saber onde acaba uma peça e começa a outra — o que provavelmente é, sim, um ato de ver o que quer: uma escolha sobre perspectiva.

    Ela me lembra você, minha amiga — como se precisasse, eu penso em você com muita frequência. Ela me lembra todas as vezes que o mundo falou para você parar de lutar e afundar e que, com os olhos grudados no horizonte, você recusou. Ela me lembra a distância que você ultrapassou, centímetro a centímetro. O peso impressionante de tudo que você carregou e tudo que perdeu. Ela me lembra, essa guerreira magnífica que é infinitamente mais do que seus pedaços, que a vida pode quebrar outras pessoas como uma onda em uma proa.

    Mas não é assim que Sandra Pankhurst vai terminar.

Agradecimentos

Eu não teria conseguido entender os muitos mundos nos quais Sandra Pankhurst viveu sem as dicas oferecidas pelas seguintes pessoas e sem o acesso aos materiais oferecidos pelas seguintes instituições. Tenho uma dívida de gratidão com cada uma delas: a mulher chamada de "Linda Collins" neste livro, Pat Balfour, Margaret e John, a equipe de funcionários da STC Services, Simon Ceber, Doug Lucas, Terri Tinsel, os amigos e a cunhada de Sandra, Lois Greig, Sally Goldner da Transgender Victoria, Nick Henderson da Australian Lesbian and Gay Archives, os arquivistas de pesquisa da Divisão de Manuscritos, Arquivos e Livros Raros da Biblioteca Pública de Nova York, que me guiaram pela ampla coleção de periódicos LGBTQIAPN+, os bibliotecários da Biblioteca Estadual de Victoria e da Biblioteca da Suprema Corte de Victoria, os muitos contribuintes do grupo de Facebook "Lost Gay Melbourne" e Elaine McKewon, pelo estudo importante e cativante *The Scarlet Mile: A Social History of Prostitution in Kalgoorlie, 1984-2004* (University of Western Australia Press, 2005), que me deu uma teia intricada de detalhes históricos na qual situar a experiência pessoal de Sandra. Além disso, sou grata pelo tempo levado para identificar e obter os registros pela polícia de Victoria, a Corte do Condado de Victoria, a Suprema Corte de Victoria e o Registro de Nascimentos, Mortes e Casamentos de Victoria.

Meus profundos agradecimentos às seguintes pessoas:

Aos editores da *Narratively*, por publicarem uma encarnação inicial desta história. A Hanna Ozer por botar a bola em jogo.

A Josie Freeman, Daniel Kirschen e Heather Karpas da ICM Partners e a Karolina Sutton da Curtis Brown, por acreditarem neste livro desde o começo, pela boa orientação e pelos esforços que fizeram por mim.

A Michael Heyward, à equipe talentosa da Text Publishing e a Mandy Brett, incrível editora e incrível ser humano, que vê a beleza no "veludo escuro" — obrigada parece pouco em troca por tudo que você fez, mas aqui está: obrigada.

Aos meus primeiros leitores, por seu tempo valioso e conselhos sábios: Paul Chadwick, Declan Fay, David Krasnostein, Patricia Stragalinos, Charlie Pickering, Alexandra Bowie e Nina Collins.

Norma e Jack Krasnostein, Ruth e John Krasnostein, a família Stragalinos, a família Pickering, a família Berger, Tony Jackson, Nina Bilewicz, Laura Chasen, Lee Kim, David Philips, Caren Silver, Fran Brooke, Kris Smith, Emily Fishman, Gaby Wolkenberg, Sarit Musat, Emily Mars, Nina Collins, Lisa Kentish, Roslyn Borg e Joanna Kahn pela sabedoria e calor humano e por tornar possível, cada um à sua maneira, que eu escrevesse este livro.

Pelo tipo de amor e apoio ilimitados, sem os quais livros não podem ser escritos: ao meu pai, David Krasnostein, que é meu herói e meu guia; à minha madrasta, Patricia Stragalinos, cuja positividade e lindo senso de perspectiva sempre me inspiram; ao meu irmão, Josh Krasnostein, que é inteligente e hilário.

Ao meu marido, minha pessoa, Charlie Pickering, por tudo, para sempre. E à nossa grande alegria, nosso lindo filho, por abrir portas na minha casa que eu nem sabia que estavam lá e por as encher só de luz.

Este livro é dedicado à indomável sra. Sandra Pankhurst, pela coragem e pura força. "Minha vida é um livro", disse ela para mim no nosso primeiro dia juntas. Sandra, você estava certa. Minha honra será eterna por você ter me deixado escrevê-lo.

Notas da autora

1. Vivian Sherman citada em "Transsexuality: An Interview with Vivian Sherman" (1975), Gay Liberation Press 2, 49.
2. Devo essa ideia de "grande preparação" a Alfred Kazin. Ver Alfred Kazin, *New York Jew* (Knopf, 1978).
3. Essa imagem é de Susanna Valenti: ver "Susanna Says" (1961) 12 *Transvestia* 1.
4. Michael Hurley, "Aspects of Gay and Lesbian Life in Seventies Melbourne" (2011) 87 *LaTrobe Journal* 44, 58.
5. Elaine McKewon, *The Scarlet Mile: A Social History of Prostitution in Kalgoorlie*, 1894–2004 (University of Western Australia Press, 2005) 1.
6. Brené Brown, *The Gifts of Imperfection* (Hazelden Publishing, 2010).
7. Victorian Parliamentary Debates, Legislative Assembly, Second Reading Speech, 22 abril 2004, 790 (Robert Clark, Attorney-General).
8. Harry Benjamin International Gender Dysphoria Association, *Standards of Care for Gender Identity Disorders*, 6th version (2005).
9. Brené Brown, Shame & Empathy (https://youtu.be/qQiFfA7KfF0).
10. Brené Brown, The Power of Vulnerability (http://ted.com/talks/brene_brown_on_vulnerability).
11. Brené Brown, Shame & Empathy (https://youtu.be/qQiFfA7KfF0); Brené Brown, The Power of Vulnerability (http://ted.com/talks/brene_brown_on_vulnerability).
12. Brené Brown, *The Gifts of Imperfection* (Hazelden Publishing, 2010); Brené Brown, Brené Brown on Empathy (https://youtu.be/1Evwgu369Jw); Brené Brown, Boundaries, Empathy and Compassion (https://youtu.be/utjWYO0w1OM).
13. Brené Brown, Shame & Empathy (https://youtu.be/qQiFfA7KfF0).